Hablemos Embebido

Guía para Diseñar Sistemas Embebidos

1ª. Edición

Dr. Marco A. Aceves Fernández, Ph.D.

"Hablemos Embebido"

Guía para Diseñar Sistemas Embebidos

Marco Antonio Aceves Fernández

© Asociación Mexicana de Software Embebido A.C.

Senda de la Aurora #34, Colonia Milenio III, C.P. 76060,

Querétaro, Qro. México.

Internet: http://www.amese.net

1ª Edición, 22 de Febrero del 2019

ISBN 978-607-98243-1-0

Nota al Lector

Este libro fue pensado para ofrecer una guía en el desarrollo de Software, enfocado principalmente al desarrollo de proyectos en Software Embebido.

Dado el crecimiento del sector de Software Embebido, me pareció importante no solo incluir las metodologías existentes de desarrollo, sino también incluir ejemplos, a manera de casos de estudio para ejemplificar mejor la manera en la que se podrían abordar algunos proyectos.

Al respecto quisiera mencionar que los casos de estudio fueron abordados de la que se consideró la mejor manera para ejemplificar un cierto punto durante el desarrollo de este libro y representa únicamente mi punto de vista, no así el de ninguna institución educativa o empresa.

Finalmente, quiero comentar que algunos casos de estudio fueron modificados para no infringir ninguna cláusula en convenios de confidencialidad los cuales fueron revisados por personal jurídico especializado sin perder la esencia del caso de estudio a analizar.

Dr. Marco A. Aceves Fernández

Dedicatoria

Este libro lo dedico a mi madre:

Ma. Del Socorro Fernández Valadez (Q.E.D)

Tus enseñanzas, tu ejemplo.

Siempre estaré agradecido por ser mi mentora.

Prólogo

A lo largo de los más de 17 años que tengo de experiencia desarrollando Sistemas Embebidos tanto para la industria, como academia e investigación, me he topado con un gran número de casos, que he tratado de plasmar en este libro. Ha sido un gran reto, pero muy satisfactorio por la gran cantidad de información que he intentado desmenuzar para los lectores para hacerla entendible fácilmente, espero haberlo logrado.

Este libro nació de la necesidad que he observado del desarrollo de proyectos en las áreas en las que he tenido el gran privilegio de trabajar, como aplicaciones médicas, industriales, robótica, ambiental, aeroespacial, aeronáutica, automotriz, de consumo, entre otras. En dichos proyectos se han observado un gran número de problemas entre las personas que laboran en el proyecto, muchas de ellas llegan a una empresa a colaborar para un proyecto sin más herramientas que su capacidad de abstracción para hacer código y sus ganas de querer colaborar en algún proyecto.

Cuando un desarrollador llega a una empresa que desarrolla sistemas embebidos sólo con esas herramientas, en mi percepción, es como sentirse preparado para una batalla contra un ejercito numeroso blandiendo únicamente un cuchillo de plástico.

El objetivo de este libro no es de ninguna manera dar una guía única sobre los pasos a seguir para desarrollar un proyecto. Habrá más de un experto en cierta área que no concuerde con la manera en la que este autor aborda algún proyecto o caso de estudio y respeto su punto de vista. Cada uno de los casos de estudio que se abordan en las distintas áreas en las que he colaborado se intenta abordar de cierta manera para ejemplificar (y simplificar) algún punto en un capítulo de este libro, pero deja abierta la puerta para poder ser abordado de otras maneras.

De la misma manera incluí algunos tips que he plasmado en este libro. Dichos tips reflejan solamente mi experiencia, NO son de ninguna manera recetas de cocina que TODOS los proyectos de Software deben de seguir sin analizar ni revisar si es conveniente para dicho proyecto. Sin embargo, creí conveniente mencionarlos con el afán de que a algún desarrollador e interesado en esta fascinante área que es el Software Embebido, le pueda ser de utilidad.

Resúmen de Contenido

Contenido

Lista de Figuras

1. Introducción

Los Sistemas Embebidos son dispositivos especializados y compactos, generalmente utilizan microprocesadores, microcontroladores o alguna otra arquitectura de Hardware dedicada y típicamente ejecutan tareas predefinidas y específicas. Algunos ejemplos incluyen sistemas automotrices, aviónica, dispositivos de comunicación, electrónica de consumo, dispositivos vestibles (comúnmente llamados wearables), drones, dispositivos médicos, controles industriales, entre otros.

El mercado de los sistemas embebidos ha crecido exponencialmente en los últimos años. Incluso, su crecimiento es mucho mayor que el crecimiento que se manifiesta en la ley de Moore. Hay algunas industrias que están creciendo a este ritmo tan acelerado. Por ejemplo, el mercado de los smartphones, wearables, drones, etcétera. Esto implica que dicho crecimiento se vea amenazado por algunos factores, al mismo tiempo que se tengan retos para poder mantenerse a la expectativa de los mercados. Algunos de dichos retos son los siguientes:

- **Menor Tamaño.** Cada vez mas capacidades y funciones están siendo diseñadas cada vez con diseños más pequeños sin sacrificar tamaño de memoria, funcionalidad, número de puertos, tamaño de los buses, etcétera.

- **Mayor Funcionalidad e "Inteligencia".** Las demandas del consumidor crecen también de manera muy importante. Esa necesidad cada vez más grande de que los dispositivos que usamos estén "conectados", a la vez de que tengan más funciones, que se comuniquen más rápido, tarden menos en acceder a datos o abrir aplicaciones, las interfaces gráficas sean más intuitivas o "inteligentes" están abriendo nuevos segmentos de mercado y haciendo crecer la cantidad de productos disponibles de manera importante.

- **Menor Costo.** Al mismo tiempo que se requieren de mayores capacidades en los sistemas embebidos, también se requiere que el sistema sea de menor costo. Dado que una parte considerable del costo final del producto se debe al costo de desarrollo del Software (requerimientos, codificación, verificación, validación, integración, etcétera), el costo del Hardware es el que generalmente baja considerablemente. Desde el punto de vista del consumidor ésto es transparente, pero del punto de vista del consumidor, debe de cuidarse el costo del Hardware principalmente y tener una plataforma robusta de Software para que los productos que se ofrecen puedan competir.
- **Menor Consumo de Energía.** En la mayoría de los casos, principalmente para dispositivos portatiles, el consumo de energía ha tenido que bajar drásticamente, para que el dispositivo dure mas tiempo sin recargarse. En paralelo, se están creando nuevos tipos de baterías y los costos de las mismas han bajado significativamente.
- **Conectividad.** Cada vez con mayor frecuencia se trabaja en áreas donde la conectividad juega un papel muy importante. Equipos, sistemas, todo compartiendo información. Esto incrementa la complejidad de los sistemas y términos como "Big Data" e "Internet de las Cosas" están cobran una fuerza y empuje cada vez mayor.

En el pasado, se consideraba a los Sistemas Embebidos como sólo Software en computadoras pequeñas. Aunque esta visión de los sistemas embebidos aún persiste, los sistemas embebidos son mucho más. Un buen programador de C/C++ para Software "tradicional" no necesariamente será un buen programador de Software Embebido. Se necesitan otras herramientas de desarrollo, al mismo tiempo que se deben de tomar en cuenta cosas muy diferentes en ambos mundos de Software.

En este libro se abordarán muchos conceptos que aún para los expertos en desarrollo de Software serían nuevos si no se ha desarrollado una aplicación en Software Embebido. Por ejemplo, conceptos de latencia, reactividad, heterogeneidad de Hardware, concurrencia, connacencia, entre otros, son conceptos que pueden parecer fuera del área de Software, pero para el caso de Sistemas Embebidos son cruciales.

Así mismo, se desglosan algunas metodologías para ayudar a los desarrolladores a tener las herramientas para desarrollar proyectos basados en sistemas embebidos exitosamente. Las metodologías se ejemplifican con casos de estudios cuidadosamente seleccionadas para que sea más fácil el aprendizaje de las mismas.

2. Sistemas Embebidos

Normalmente, los sistemas electromecánicos constan de elementos digitales y analógicos, además de software. De esta forma, dichos sistemas contienen sensores actuadores, subsistemas electrónicos para funciones específicos, etcétera, con la finalidad de operar en el mundo real.

La complicación de ésto es que el mundo real es analógico, de ahí la importancia de saber como operan, se interconectan y se programan los sensores, y actuadores como interfaces del medio ambiente que lo rodea. Por otro lado, la electrónica que procesa todo esto es digital. Los dispositivos programables digitales son usados para el control del algoritmo y la adquisición y manipulación de los datos.

Por éstas razones, existen diferencias críticas para el desarrollo de sistemas embebidos con respecto a sistemas tradicionales que se abordarán en el presente texto.

Una manera simplista de ver a los Sistemas Embebidos, que a mi parecer es incorrecto (por no decir miope) de algunos desarrolladores es que los Sistemas Embebidos son simplemente Software en computadoras pequeñas. Existen diversos conceptos a tomar en cuenta para una correcta implementación y ejecución de un programa en un Sistema Embebido. Aunque se pueden mencionar más, algunos conceptos en la correcta abstracción de los programas en Sistemas Embebidos son los siguientes:

Temporización. Aunque no se escuche muy bien en español, es un concepto muy importante en Sistemas Embebidos. Algunos puristas de "Software Tradicional" podrían decir que hace años que no se toma tanto en cuenta ni se enfatiza la noción del tiempo de ejecución de un programa. Sin embargo, es esencial este concepto en SW embebido.

Si en SW no embebido (tradicional), por ejemplo, una base de datos que se accesa desde Internet por medio de un dispositivo móvil, digamos una tableta electrónica, se tarda unos 100 milisegundos (ms) más debido al algoritmo de indizado de los registros en la base de datos no tendríamos ningún problema, incluso muchos de nosotros ni siquiera lo notaríamos. Si por el contrario en un Sistema Embebido crítico, por ejemplo en la apertura de una bolsa de aire de un vehículo, esos 100ms de latencia serían desastrosos.

En dicha apertura de bolsa de aire se consideran una serie de factores de sensado de parámetros del automóvil por ejemplo nivel de desaceleración, si intervino el pedal del freno, velocidad inicial, velocidad final, incluso fractura del metal en punto de choque para algunos vehículos, y resulta crítico disparar la bolsa de aire en el momento correcto de acuerdo a los parámetros de entrada que ya mencioné. La apertura de la bolsa de aire 100ms más tarde de lo que debería de dispararse, como en el ejemplo de la base de datos, no solo resultaría crítico o catastrófico, sino incluso más perjudicial dispararla más tarde que no dispararla en ningún momento (aunque las compañías aseguradoras no piensen lo mismo), por lo que el concepto de tiempo máximo de ejecución o tiempo crítico en un sistema embebido son fundamentales.

- **Concurrencia.** Los Sistemas Embebidos rara vez interactúan con un solo proceso físico.

En lugar de esto, deben de interactuar y reaccionar simultáneamente de una red de sensores, actuadores, es decir, de estímulos externos, esto implica que el Software Embebido es concurrente. Hilos (threads), procesos, semáforos, sincronización, monitores, son herramientas básicas para manejar la concurrencia y son conceptos que no muchas veces se manejan en Software no embebido o tradicional. Desarrollar el Software tomando en cuenta la concurrencia del sistema es muy usado principalmente en aplicaciones de tiempo real donde la seguridad es de importancia critica.

- **Heterogeneidad.** La heterogeneidad tiene que ver con la mezcla de estilos computacionales, tecnologías de implementación, arquitecturas de Hardware, entre otros. Primeramente, los Sistemas Embebidos se entienden como una mezcla de diseños y arquitecturas de Hardware y de Software para un propósito específico, por lo tanto, el Software Embebido interactúa con Hardware que está específicamente diseñado para interactuar con el.

En general por la naturaleza de los desarrolladores tanto de Hardware como de Software que manejan Sistemas Embebidos, buscan evitar la heterogeneidad con una especie de teoría del todo, donde todos los eventos sean manejados de la misma manera, un solo sistema de Software con un sistema de Hardware todo interconectado como un idílico mundo digital. La realidad es muy diferente. Se tienen que manejar por ejemplo eventos no periódicos, diferentes prioridades y procesos, todo mientras se ejecutan rutinas que pueden ocurrir en diversas arquitecturas de Hardware, sistemas operativos de tiempo real, Firmware y Software tanto legacy (que ha quedado sin modificar por muchos años, incluso en lenguajes que ya no son estándares como Ada, Cobol, etc) como estándar y todo tiene que funcionar de manera correcta por periodos largos de tiempo, todo esto siendo transparente para el usuario final.

2.1. Arquitecturas de Dispositivos Programables

Los dispositivos lógicos programables pueden dividirse en cuatro de acuerdo a su funcionalidad: Dispositivos de Funcionalidad Pre-definida, Procesadores, Dispositivos Lógicos Programables (PLD) y Memorias. Esta división se muestra en la figura 2.1

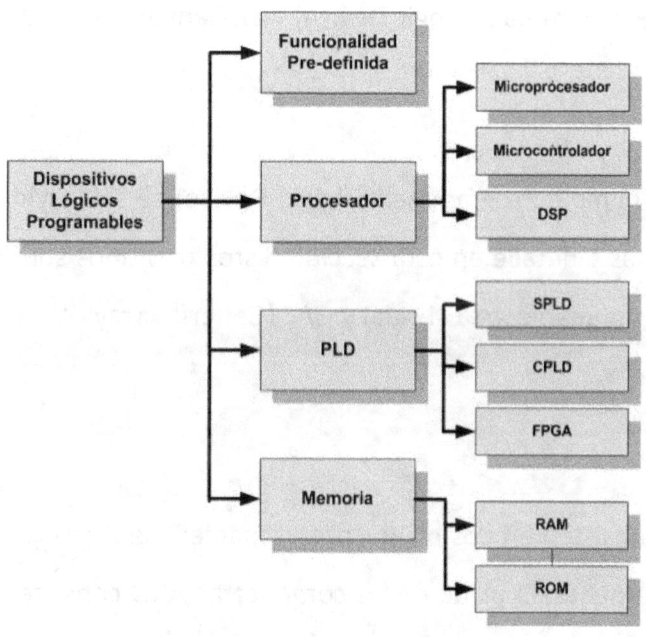

Figura 2.1. Categorías de los dispositivos programables.

2.1.1. PLD

PLD: Programmable Logic Device o Dispositivo de Lógica Programable son muy usados en la actualidad dada su flexibilidad. Los PLDs son dispositivos que contienen bloques de lógica digital y se pueden interconectar entre sí. La idea básica con estos dispositivos es permitir al diseñador configurar los bloques de acuerdo a la funcionalidad a ser implementada. Existen tres tipos diferentes de PLDs: los dispositivos lógicos programables simples (SPLD – Simple Programmable Logic Device), los dispositivos lógicos programables complejos (CPLD - Complex Programmable Logic Device) y los llamados FPGAs (Field Programmable Gate Array).

2.1.1.1. SPLD

Los SPLD (Simple Programmable Logic Device) se sub-dividen en tres tipos, de los cuales se hablará mas a detalle en esta sección. Estos tres tipos son: PLA (Programmable Logic Array), PAL (Programmable Array Logic) y GAL (Generic Array of Logic)

2.1.1.2. PLA

Los PLA consisten en dos planos programables mediante una serie de compuertas AND y OR, respectivamente. El plano de las compuertas AND consiste en interconexiones programables con dichas compuertas, mientras que el plano OR consiste en interconexiones programables con compuertas OR. En la figura 2.2 se muestra una lógica simple de cuatro entradas y cuatro salidas. Inicialmente, los puntos de interconexión no están conectados eléctricamente. Sin embargo, al configurar el PLA se le puede conectar únicamente los puntos que se requieran de acuerdo a la funcionalidad que se busque.

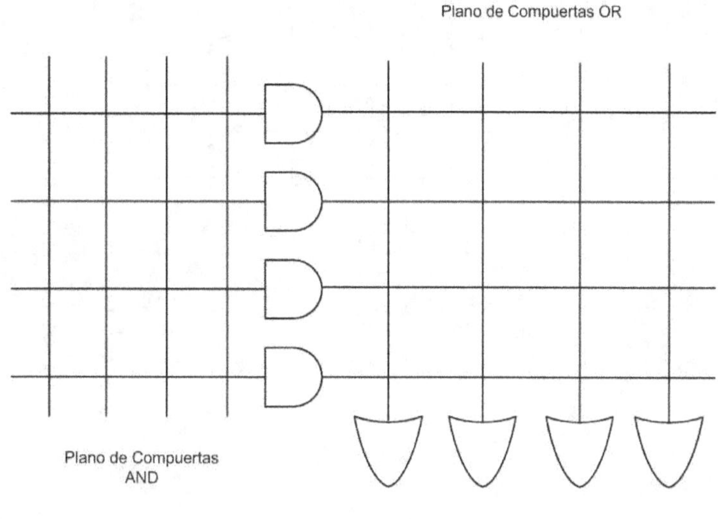

Figura 2.2. Ejemplo de una arquitectura programable PLA

2.1.1.3. PAL

El tipo de arquitectura SPLD-PAL es similar al PLA, con excepción que solo hay un plano de programable, el plano de las compuertas AND. Esta arquitectura es mas simple que el PLA y mas rápida, ya que remueve los retardos asociados con la interconexión de los dos planos de la arquitectura PLA. Sin embargo, limita los diseños lógicos que se pueden implementar con estos dispositivos. La arquitectura interna PAL se muestra en la figura 2.3.

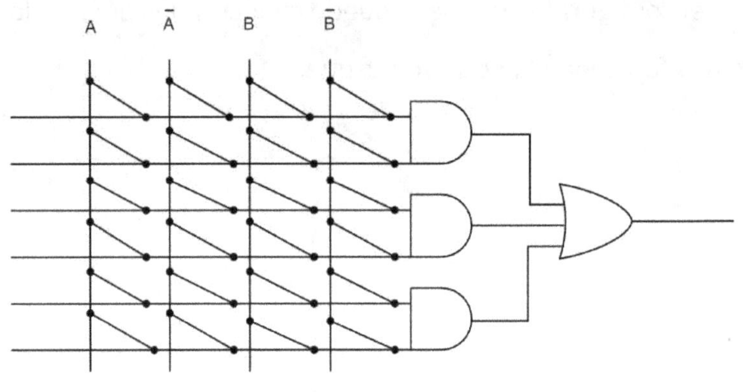

Figura 2.3. Arquitectura programable PAL

2.1.1.4. GAL

Los dispositivos PAL y PLA se pueden programar una sola ves, por lo que su funcionalidad no puede ser cambiada. En este sentido, los dispositivos GAL (Gate Array Logic – Lógica de Arreglo de Compuertas) pueden ser borrados y re-programados. Esto se debe a que la arquitectura interna de una GAL se basa en una memoria EEPROM.

Una desventaja de este tipo de dispositivos es que necesita de hardware especial para poder ser re-programada. Además, los dispositivos GAL tienen una lógica de salida re-programable. Esta característica, la hacen particularmente útil para diseñar prototipos de software embebido, debido a que cualquier error puede ser corregido y re-programado. Un diagrama típico de una arquitectura GAL se muestra en la figura 2.4.

10

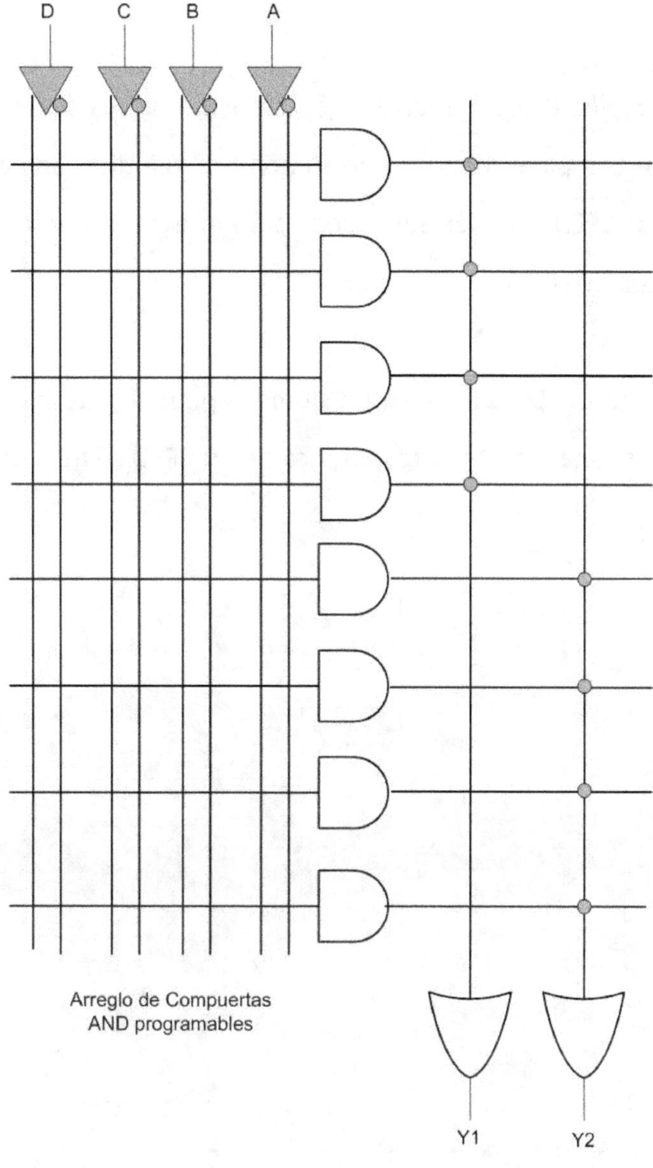

Figura 2.4. Arquitectura programable GAL

2.1.1.5. CPLD

El CPLD (Complex Programmable Logic Device, por sus siglas en inglés ó Dispositivo Lógico Programable Complejo) tiene, como su nombre lo indica, una arquitectura más compleja que los SPLDs. Los CPLDs pueden ser usados para integrar las funciones lógicas de varios SPLDs en un solo dispositivo CPLD.

La arquitectura CPLD se basa en un número pequeño de bloques lógicos e interconexiones programables. Una arquitectura genérica de un CPLD se muestra en la figura 2.5.

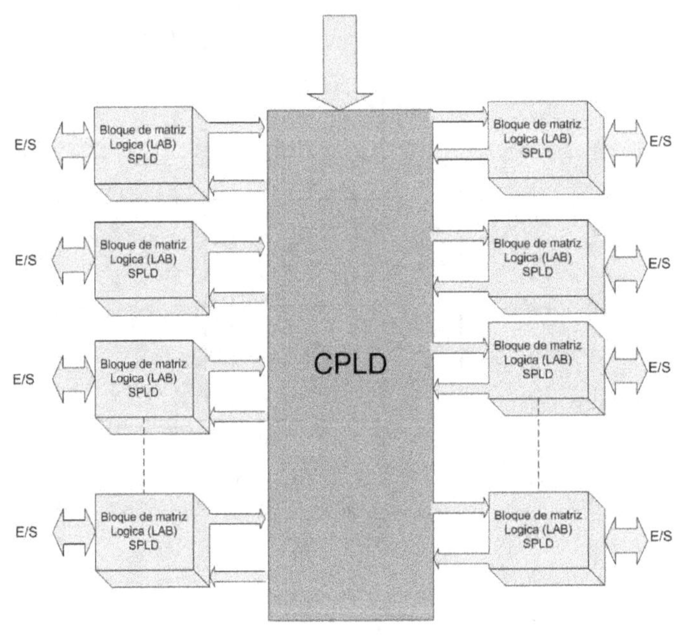

Figura 2.5. Arquitectura genérica CPLD

El CPLD consiste en un número determinado de bloques de matriz lógica (también conocidos como bloques funcionales). El número de bloques de matriz lógica varia de CPLD en CPLD. Mientras mas bloques estén disponibles, se puede configurar diseños mayores. En el centro del diseño se encuentra la interconexión entre bloques.

El arreglo de interconexiones permite que cualquier señal de los bloques de matriz lógica se puedan conectar entre sí.

2.1.1.6. FPGA

A diferencia de la CPLD, la arquitectura FPGA fue desarrollado bajo un concepto diferente. Los FPGAs son dispositivos lógicos que contiene bloques de lógica cuya interconexión y funcionalidad se puede programar, es decir, son dispositivos reprogramables. Esta arquitectura se basa en un arreglo de bloques lógicos como se muestra en la figura 2.6. Los dispositivos de arreglos de compuertas programables de campo (field-programmable gate arrays – FPGAs) son capaces de implementar sistemas completos en un solo chip.

Los FPGAs tienen varias características que los hacen versátiles y únicos. Por ejemplo, los desarrolladores pueden concentrar todos sus esfuerzos en el desarrollo de la aplicación, dejando tareas complejas como fabricar el dispositivo o la placa PCB de lado.

De esta forma, el costo de desarrollar uno o más productos se compensa con el costo del dispositivo FPGA. En la figura 2.6 se muestra la diferencia entre desarrollo tradicional y desarrollo de varios productos utilizando FPGAs.

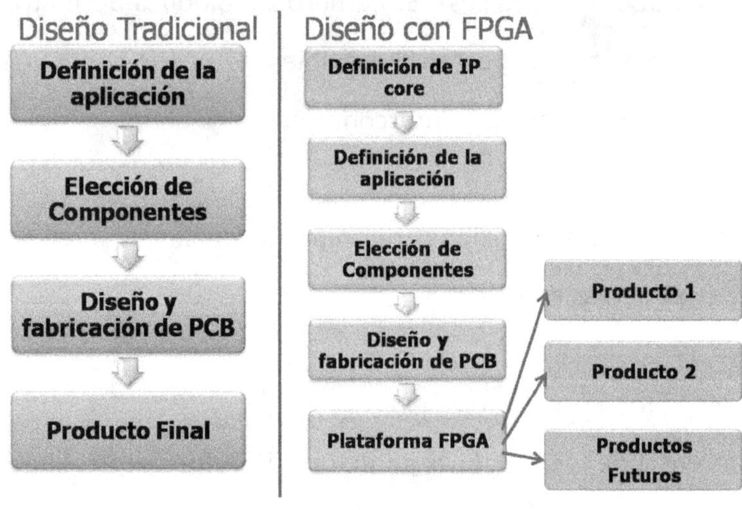

Figura 2.6. Diferencia entre Diseño tradicional (izq) y utilizando FPGAs (Der)

La arquitectura básica se basa en un arreglo de bloques de lógica programable y una matriz de interconexiones alrededor de dichos bloques. Existen además bloques programables de puertos de entrada/salida. Esto se muestra en la figura 2.7. Los detalles específicos de las interconexiones programables dependen del fabricante.

14

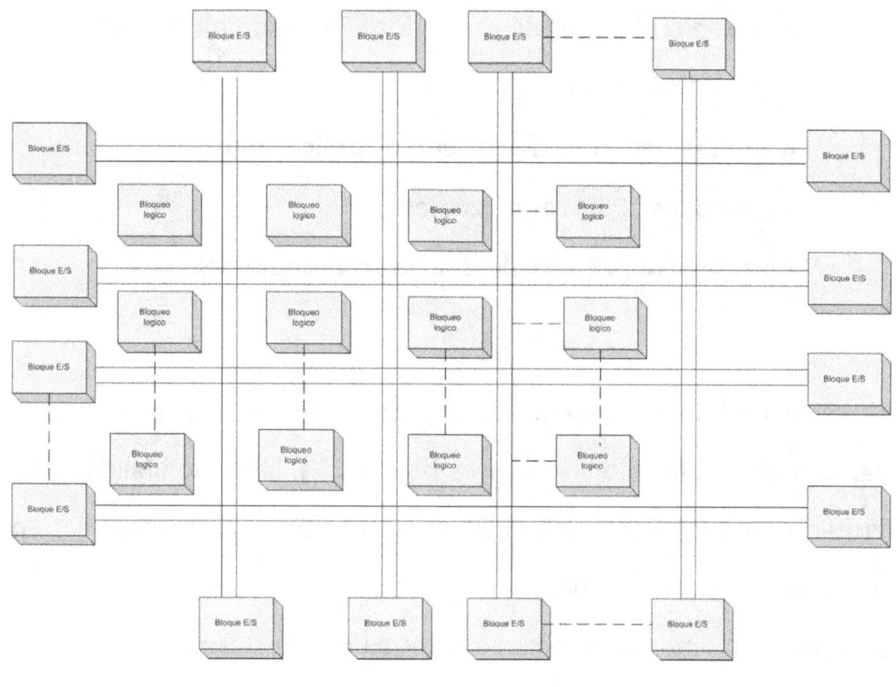

Figura 2.7. Arquitectura genérica de los FPGA

Los FPGAs tienen las siguientes características:

- **Re-programables y Re-configurables** (dueños de la tecnología). En ocasiones, se requiere re-programar los prototipos ya sea por cambios en los requerimientos o para un nuevo prototipo. En estos casos, los FPGAs son muy útiles, ya que se pueden re-programar y re-configurar de acuerdo a las necesidades del sistema.

- **Procesamiento en Paralelo.**

- **Bajo costos en el desarrollo de Aplicaciones** (cambio de especificaciones).

- **Se elimina el tiempo de fabricación del chip.** Debido a que no se tiene que fabricar prototipos el placas de cobre, los FPGAs son muy versátiles pues terminado el diseño, el prototipo esta listo.

- **Menores tiempos en el diseño de aplicaciones.**
- **Desarrollos 100% re-utilizables.**
- **Portabilidad (0% Obsolescencia en Tecnología).**

La capacidad de implementar cualquier función combinatoria o secuencial depende de las capacidades de los bloques lógicos (figura 2.7). La disponibilidad de los recursos de memoria incluidos en los dispositivos FPGA son otra ventaja de desarrollar aplicaciones con estos. De esta forma, los FPGAs modernos incluyen dispositivos de memoria que pueden ser vistos como arreglos de memoria de acceso aleatorio (RAM) estáticos.

En cuanto a los recursos para operaciones aritméticas mas usadas para FPGAs se pueden mencionar el de multiplicar y acumular (también llamado MAC). Los circuitos MAC son muy utilizados en aplicaciones de filtrado, sistemas de radar, etc. Las operaciones aritméticas de los FPGAs pueden realizar lo siguiente: multiplicar, multiplicar y acumular, sumar tres entradas, comparar magnitudes, funciones lógicas con bits, detección de patrones, chequeo de paridad, entre otras.

2.1.2. Procesadores

El procesador es el más conocido de los dispositivos programables para la mayoría de la gente, debido a que se encuentra más comúnmente en la vida diaria (el corazón de las computadoras del hogar u oficina es un procesador).

Al cambiar el software, el procesador realiza una función diferente. Para escoger que procesador usar se tienen las siguientes opciones:

- **Microprocesador.** Es un circuito integrado que es programable mediante software. Esto se basa en un set de instrucciones que utiliza el software para realizar las tareas requeridas por el sistema. El procesador se basa en un de dos tipos de set: CISC y RISC. Las instrucciones se basan en operaciones aritméticas, lógicas y de transferencia de datos.
- **Microcontrolador.** Es un tipo de microprocesador que contiene circuitería adicional como memoria o puertos de comunicaciones. Con los microcontroladores se reduce los requerimientos de diseño y tamaño. También se refiere a los microcontroladores como MCU (Micro-Controller Unit)
- **Procesador digital de señales (DSP).** Es una forma especializada de microprocesadores orientada hacia el procesamiento de señales digitales en tiempo real (como filtros o transformada de Fourier). Aunque esas tareas las puede realizar un microprocesador estándar, los DSP tienen una arquitectura optimizada para poder realizar operaciones matemáticas de una manera más rápida.

2.1.2.1. Microprocesadores

Los microprocesadores y sus sistemas están interrelacionados. La arquitectura de un micro afecta directamente las capacidades de sus sistemas y viceversa. Cuando se diseña un microprocesador, se realiza tomando en cuenta las características de periféricos, sistemas, entre otros. Una de las principales características de un microprocesador es si soporta un set de instrucciones reducido o complejo.

- RISC: Reduced Instruction Set Computing ó set de instrucciones de cómputo reducido.
- CISC: Complex Instruction Set Computing ó set de instrucciones de cómputo complejo.

En términos prácticos, la diferencia esta en como las instrucciones complejas son manejadas y la complejidad que tiene la lógica de decodificación de instrucciones de un microprocesador. De esta forma, la lógica de decodificación para un microprocesador RISC generalmente es mas simple que en un CISC debido a que tiene menos instrucciones que decodificar.

2.1.2.2. Microcontroladores

En general, los microcontroladores tienen las siguientes funciones que están disponibles en el dispositivo:

- Reset del procesador
- Reloj
- Procesador central
- Pines de entrada salida
- Memoria

- Interface de programación

El diagrama básico de un microcontrolador se muestra en la figura 2.8

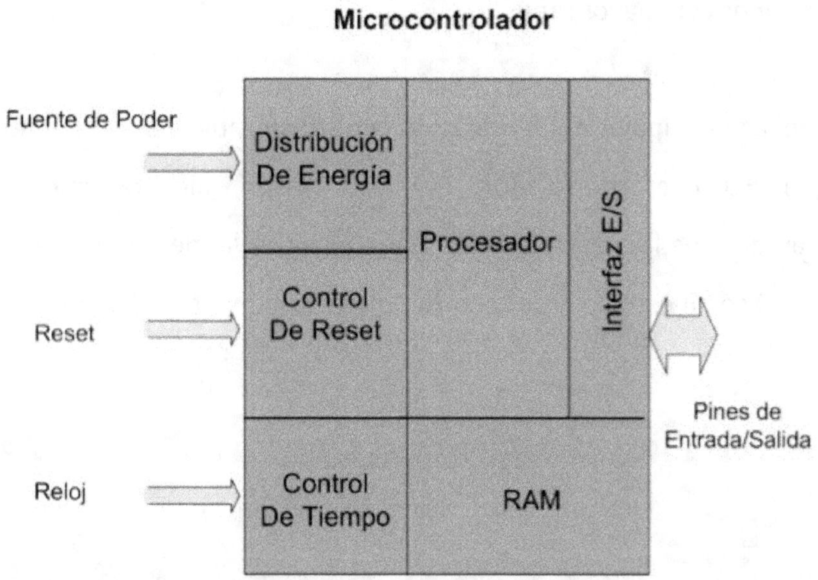

Figura 2.8. Arquitectura de los Microcontroladores.

Algunos microcontroladores más avanzados tienen, además, las siguiente características:

- Programa de depuración embebido
- Capacidad de interrupción de hardware
- Entradas y salidas análogas

- Interfaces de memoria externas

- Transferencia de datos asíncronas

Todas estas características incrementan la flexibilidad del dispositivo y permite desarrollar las aplicaciones con mayor robustez,

Una de las principales desventajas de estos dispositivos es el tiempo de acceso a la memoria interna del microcontrolador. Por esta razón, algunos microcontroladores dependen enteramente de la memoria externa, en lugar de la memoria incluida en el dispositivo. En la figura 2.9 se muestra la arquitectura típica de un microcontrolador con memoria externa.

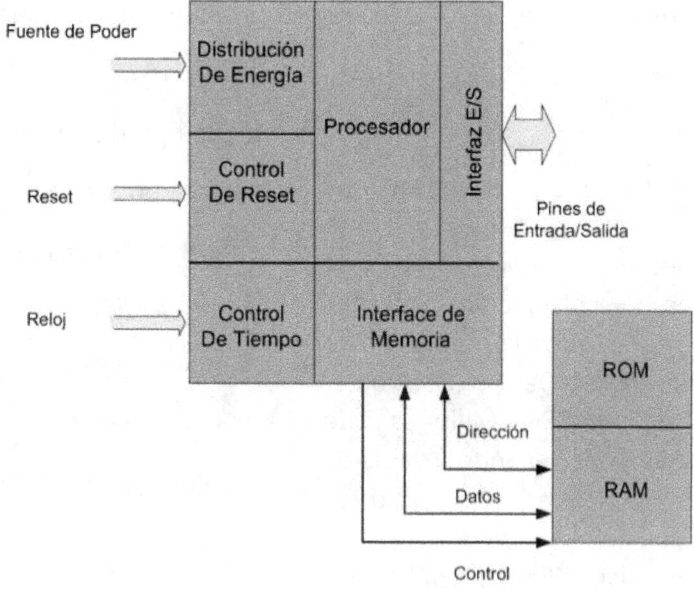

Figura 2.9. Arquitectura típica de un Microcontrolador con memoria externa.

2.1.2.3. DSP

Parecería que es posible utilizar un procesador de propósito general para realizar las operaciones de procesamiento digital, sin embargo las restricciones de tiempo imponen condiciones en el procesador:

- Las operaciones de multiplicación y suma deben de utilizar pocos ciclos de reloj (Generalmente 1).

- Uso de registros de acumulación de resultados de alta precisión por lo general tienen mas de bits que el resto de los registros del procesador (ejemplo: 18-24 bits en lugar de 16).

- Requieren de un ancho de banda de memoria mayor que en los procesadores convencionales por lo general se separa la memoria de datos de la del programa (Arquitectura Harvard).

- Requieren de un conjunto de instrucciones fijo y sencillo que permita ejecutar múltiples instrucciones en un solo ciclo.

Para ello se tienen las siguientes soluciones:

- **Especializar el Hardware**. Para que el multiplicador como el sumador se puedan comunicar rápidamente.

- **Multiplicadores y sumadores de alta velocidad**.

- **Restringir el uso de registros**. Para ciertas operaciones de tal forma que se pueda combinar instrucciones y ejecutarlas simultáneamente

- **Memoria de alta velocidad** dentro del chip y segmentarla en bancos para poder proporcionar altos anchos de banda

- **Programar en ensamblador** para optimizar el uso de recursos. Ahora es responsabilidad del programador el diseñar los algoritmos de tal manera que se acoplen al hardware del procesador.

Esto nos llevaría a la pregunta si los DSP por las ventajas mencionadas son mejores que cualquier otra arquitectura de Hardware, la respuesta es NO. Siempre se recomienda evaluar la aplicación, las necesidades , hacer un análisis de los requerimientos.

Un procesador digital de señales (digital signal processor) es una forma especial de microprocesador. Tiene todas sus características básicas y componentes, como por ejemplo: CPU, memoria, set de instrucciones, buses, etcétera. La principal diferencia es que estos componentes están optimizados para realizar ciertas operaciones más eficientemente.

Los DSP son optimizados para procesamiento numérico de alta velocidad y procesamiento en tiempo real de señales analógicas.

Hay muchas ventajas de usar los DSPs sobre otros procesadores, algunas de ellas se listan a continuación:

- **Habilidad para cambiar / actualizar el sistema**. Como en otros dispositivos (ej. FPGAs) es fácil reprogramar Sistemas Embebidos para otra aplicación o actualizar la aplicación existente.
- **Tamaño, peso y consumo de energía**. En general, los DSPs tienen características de poco tamaño, peso y poco consumo de energía con respecto de otros dispositivos programables.
- **Confiabilidad**. En otros sistemas, solo serán confiables mientras que los dispositivos de

Hardware funcionen propiamente, si algún componente falla, el sistema entero fallará. Una solución de un sistema embebido basada en un DSP funcionará apropiadamente mientras que el Software sea implementado correctamente.

Las señales de un DSP vienen del mundo real. Debido a esto, el DSP tiene que cambiar de acuerdo a como cambian las señales en el mundo real. El mundo real es un mundo analógico en donde la información que nos rodea cambia rápidamente. Los dispositivos DSP tienen que ser capaces de procesar esas señales analógicas y responder de manera rápida y efectiva. Un sistema DSP típico consiste diversas partes, como se muestra en la figura 2.10:

- **Señal del mundo exterior**. Esto se refiere a la señal de entrada, como un sensor, actuador, etc.
- **Procesamiento de señal analógica**. ASP o Analog Signal Processing. Se trata de los circuitos para realizar una amplificación de señal inicial o filtrado.
- **Conversión Analógica/Digital (A/D)**. Un proceso electrónico que consiste en discretizar una señal analógica en una señal digital se definen estados de la señal digital en base 2 (2,4,8,16,32,...).
- **Procesamiento Digital de Señales.** Utiliza diversas técnicas para ordenar, estandarizar o discernir los diversos estados que genera la conversión A/D.
- **Cómputo**. Si se necesita procesamiento adicional en el sistema embebido, se asignan recursos extras en el mismo. Por ejemplo, en caso de que las señales se necesitan procesar y mostrarlas en pantalla.
- **Conversión Digital/Analógica (D/A)**. Se realiza la operación contraria en la cual un

número finito de estados son convertidos en una señal analógica. Ejemplo: una señal de audio que necesita ser enviado a través de cable telefónico.

- **Salida**. Se refiere a la salida de los datos o señales procesador. Esto puede ser una pantalla, una bocina, una computadora, etc.

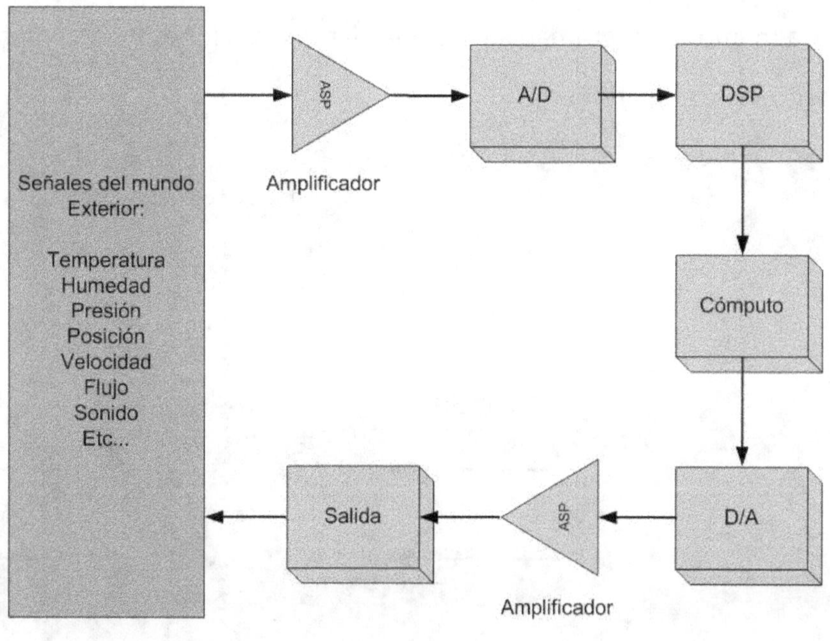

Figura 2.10. Arquitectura típica de un DSP.

Como se ha mencionado, una de las principales ventajas de los DSP es el bajo consumo de energía. En nuestra sociedad actual, muchas personas utilizan sistemas portátiles. Estos sistemas dependen de baterían para operar, por lo tanto, mientras más dure la batería, el sistema es mas conveniente. Por lo tanto, para los desarrolladores del sistema es crítico el consumo de energía.

2.1.2.4. PLC (Programmable Logic Controller)

Los Controladores Lógicos Programables (PLC) son una forma especial de microcontrolador que usa memoria programable para guardar instrucciones y para implementar funciones lógicas o aritméticas (figura 2.11)

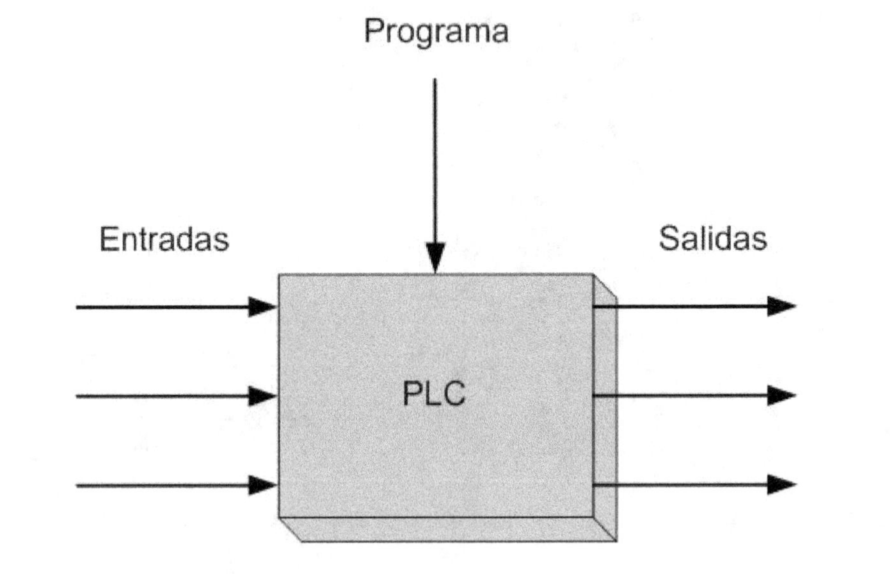

Figura 2.11. Arquitectura típica de un PLC (Programmable Logic Controller).

Los PLC fueron diseñados para ser programados en un lenguaje simple y fácilmente sin amplios conocimientos de programación. Los PLC se programan con implementación lógica de manera

26

intuitiva con comandos como: si A o B ocurre, cambia a C (if A or B occurs, switch on C). los dispositivos de entrada (ej. Sensores) y las salidas (motores, válvulas, etc) en el sistema se conectan al PLC.

El operador determina una serie de instrucciones secuenciales (programa) en la memoria del PLC. Otra ventaja de los PLCs es que si la lógica cambia, no se necesita realizar otro prototipo o re-cablear el sistema. Por lo tanto, este tipo de dispositivos son flexibles y baratos.

Típicamente los PLC tienen algunos componentes funcionales como los de una computadora como unidad de procesamiento (CPU), memoria, fuente de poder, interfaz de entrada/salida, interfaz de comunicación y el dispositivo de programación. Los componentes básicos se muestran en la figura 2.12.

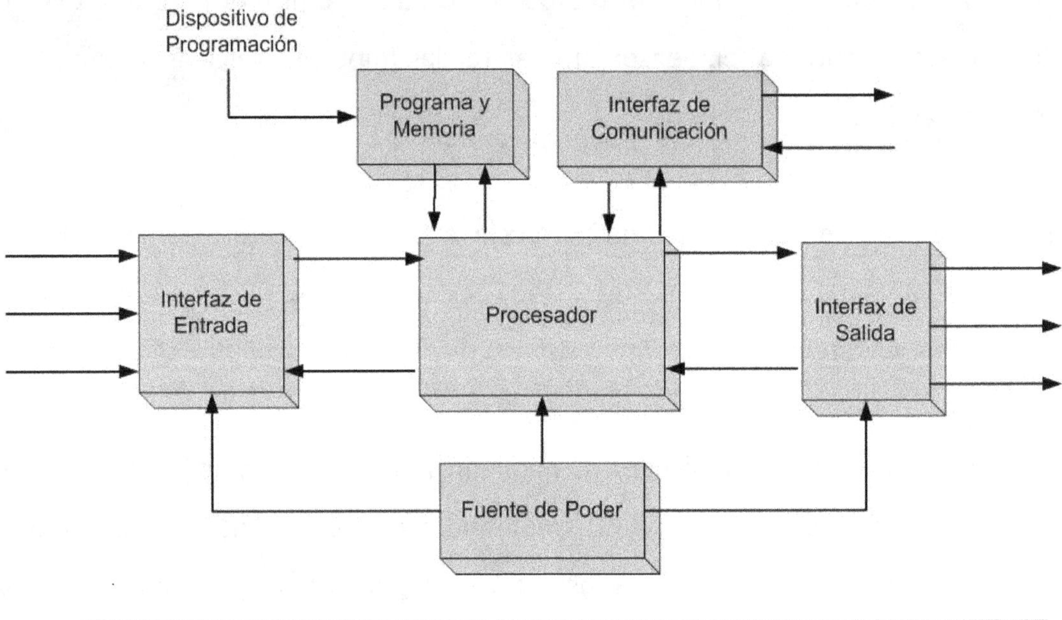

Figura 2.12. Arquitectura interna un PLC.

El procesador central o CPU es la unidad que contiene el microprocesador. Esta unidad interpreta las señales de entrada y realiza las acciones de control de acuerdo al programa guardado en la memoria.

La fuente de poder se necesita para convertir el voltaje de CA a bajo voltaje en corriende directa necesaria para los circuitos del PLC.

El dispositivo de Programación es usado para poder introducir el programa en la memoria del PLC. La unidad de memoria es donde se sitúa el programa que se ejecutará en el PLC.

Las unidades de entrada y salida son donde el procesador recibe la información y los estímulos de dispositivos externos o se comunica con otros dispositivos

La interfaz de comunicación es usada para recibir y transmitir datos a redes de comunicaciones o a otros PLCs.

2.1.2.5. ¿Microprocesadores o Microcontroladores?

Como ya se comentó anteriormente, cada sistema embebido necesita un "cerebro" que realice los procesos y funciones que el Sistema requiere. El problema radica en algunas ocasiones en decidir cuál "cerebro" es mejor para el sistema en cuestión. Debido a esto, se explicarán algunos temas para salir de la disyuntiva entre cuál de los dos cerebros más utilizados en la actualidad: los microcontroladores y los microprocesadores.

Al respecto, existen varias consideraciones para poder tomar tal decisión. Por ejemplo, si el sistema procesará una cantidad significante de datos. Otra consideración es si el Sistema requiere un Sistema Operativo. Si la respuesta a ambas preguntas es afirmativa, entonces recomendaría una arquitectura de Hardware basada en un microprocesador.

Por otro lado, si el Sistema Embebido es relativamente simple y no requiere un procesamiento de alta velocidad ni un sistema operativo, probablemente recomendaría una arquitectura de Hardware basada en un microcontrolador. La siguiente tabla ejemplifica de manera más clara cuándo decidir si se utiliza un microcontrolador o un microprocesador.

	Microcontrolador	**Microprocesador**
Complejidad en el Diseño	Baja	Alta
Sistema Operativo	No	Si
Velocidad de Procesamiento	Baja	Alta
Velocidad de Reloj	Baja	Alta
Consumo de Energía	Bajo	Alto
Costo	Bajo	Alto

Tip:

Diseñar un sistema basado en una arquitectura de microprocesador es generalmente mas complejo que diseñarlo con la de un microcontrolador. Por ejemplo, cuando se tiene mayores velocidades con por ejemplo, módulos de memoria SDRAM, EEPROM, entre otros, se tiene que tener un mayor cuidado con las señales de alta velocidad.

Si de acuerdo a las características recomendadas y el proyecto en cuestión, se elige una arquitectura basada en un microcontrolador, se recomienda realizar de preferencia un diagrama mostrando la funcionalidad requerida y cómo se interconectan los componentes de Hardware. Se recomienda en este caso tener en cuenta lo siguiente:

- ¿Qué dispositivos necesitan ser conectados al microcontrolador?

- ¿Cuántas entradas/salidas de propósito general se necesitan?

- ¿Qué protocolos de comunicación requiere el sistema?
- ¿Cuántos puertos de comunicación requiere el sistema?

Dado que existen muchos tipos, marcas y modelos de microcontroladores, estas y otras preguntas sobre el diseño deberán ser puestas sobre la mesa por el equipo de Diseño de Hardware antes de tomar una decisión final. Por un lado, no se quisiera terminar con un microcontrolador con un rendimiento considerablemente mayor al que se necesita o una tarjeta que haría innecesariamente complejo el diseño final; por otro lado, no se quisiera realizar el diseño demasiado justo, debido a que un pequeño cambio en el requerimiento o una versión futura del Sistema podría requeria todo un re-diseño completo del Hardware debido a las características limitadas del microcontrolador seleccionado.

Existen muchas preguntas cuando se tiene esta disyuntiva, así que a aunque se explican estos conceptos en este texto más adelante, resumiré algunas características principales de los componentes y periféricos que comúnmente se encuentran en la mayoría de los microcontroladores:

- **Memorias**:
  - RAM y FLASH. Este tipo de memorias están incluidas (Embebidas) en la mayoría de los microcontroladores hoy en día, recomiendo revisar la hoja de datos del microcontrolador en cuestión, comúnmente conocido como "datasheet". RAM es una memoria llamada volátil debido a que pierde su contenido una vez que la energía se apaga. Por otro lado, FLASH es no-volátil y en muchas ocasiones

usada para guardar el programa (comúnmente llamado Firmware).

- o EEPROM: También es no-volátil, aunque en este tipo de arquitecturas se utiliza para guardar pequeñas cantidades de datos como variables o configuraciones.

- **GPIO**:

  - o Las entradas y salidas digitales generales de un microcontrolador son comúnmente llamados Entradas/Salidas de Propósito General (o General Purpose Input Output, GPIO). Debido a que manejan corrientes pequeñas, en el rango de pocos mA (miliamperes), se necesita tener cuidado con esto y muchas veces tener circuitos externos que limiten el nivel máximo de corriente permitida por el puerto.

  - o Como siempre, recomiendo que para cualquier dispositivo, arquitectura, periférico, entre otros, revisar la hoja de datos. En el caso de los microcontroladores, el nñumero de GPIO son limitados, y el mapeo de dichos pines es específico, lo que afectará el diseño del diagrama esquemático ("layout").

- **Entradas y salidas analógicas**:

  - o Ademas de los puertos I/O (Entradas y salidad) digitales, la mayoría de los microcontroladores pueden medir con precisión voltajes analógicos. Esto se realiza mediante un ADC (Convertidor analógico-digital). Mientras que el proceso contrario, s decir, convertir una señal digital a una analógica se utiliza ya sea un DAC o un PWM (pulse width modulation o modulación por anchura de pulso).

- **UART**:

- UART (Universal Asynchronous Receiver Transmiter o Receptor-Transmisor Universal Asíncrono) es uno de los métodos más antiguos y usados de comunicación serial. En términos simples, significa que este método de comunicación no tiene una señal de reloj que sincronice el tiempo de transmisión-recepción de una señal.
- UART generalmente se combina con otros estándares como RS-232, RS-485, entre otros. También se utiliza el termino USART cuando el UART es síncrono, el cual no está disponible para todos los microcontroladores.

- **SPI, I2C:**
  - Estos dos protocolos de comunicación son síncronos, al contrario de la comunicación mediante UART. Existen diferentes versiones de cada uno y diferencias entre ambos. En este momento, solo se abordarán un par. SPI requiere de 4 pines, mientras que I2C de 2, aunque SPI es generalmente más rápido, es decir, tiene una mayor tasa de transferencia.
  - Una ventaja de I2C es que es un protocolo de bus, lo que significa que se pueden conectar múltiples dispositivos, aunque como desventaja se puede mencionar que solo es semi-duplex, es decir, que solo puede o transmitir datos o recibirlos a un tiempo y no al mismo tiempo como con el SPI.

- **USB:**
  - Seguramente, el lector habrá escuchado de USB (Universal Serial Bus o Bus Serial Universal, por sus siglas en inglés) anteriormente. En la mayoría de los microcontroladores, USB es el protocolo más rápido y más eficiente que tienen. Es usualmente usado para transferir grandes cantidades de información entre

dispositivos externos desde y al microcontrolador.

- **CAN**:
  - CAN (o Controlador de Red de Área, por sus siglas en inglés) es un estándar de comunicación serial usado para aplicaciones automotrices. Si tu producto no es en este giro, recomiendo no utilizar un dispositivo de Hardware que tenga puerto CAN.

- **Interfaces inalámbricas**:
  - Existen muchos protocolos con capacidades inalámbricas. No todos las plataformas de Hardware tienen todos ellos, pero muchos se pueden adaptar al Hardware elegido.
  - Bluetooth, Zigbee, Wi-Fi, Blue-tooth Low Enery o de baja energía (BLE), entre otros son relativamente comúnes y ya sea que los incluya el microcontrolador o se pueden adaptar con relativa facilidad.

2.1.3. Memorias

La memoria es fundamental en cualquier arquitectura de computadoras. La habilidad de la memoria de un sistema de mover la cantidad exacta de datos en el menor tiempo, tiene un impacto en el rendimiento de un sistema.

Es crucial para el correcto diseño de un sistema que la arquitectura de la memoria sea elegida apropiadamente.

La memoria puede ser clasificada en dos amplias categorías: volátil y no volátil, como se observó en la figura 2.1 y más a detalle como se muestra en la figura 2.13.

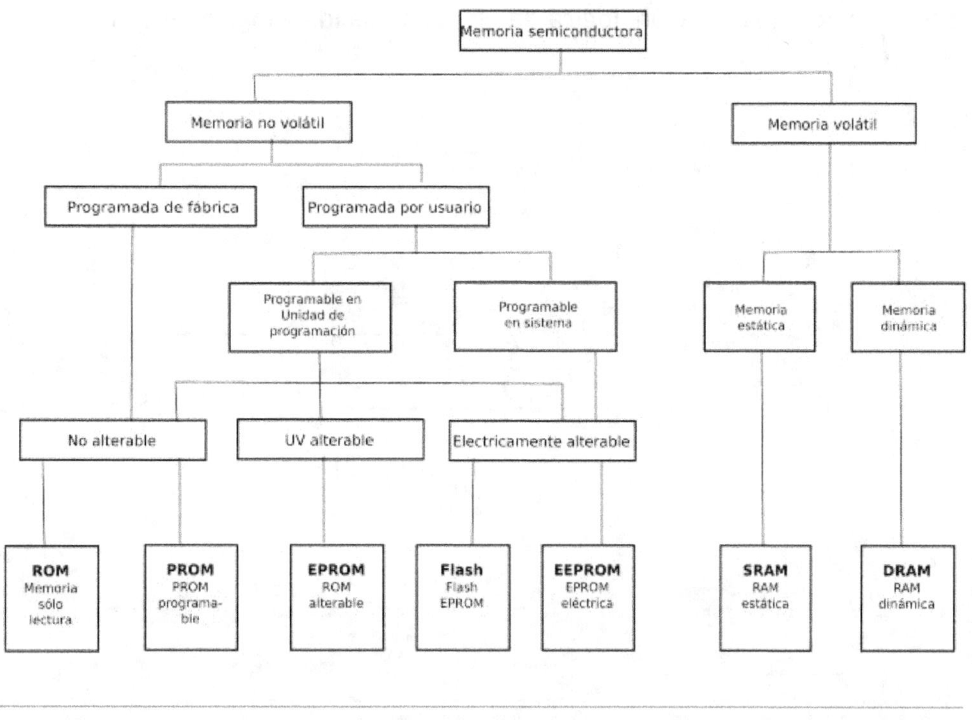

Figura 2.13. Diagrama jerárquico de tipos de memorias.

La memoria volátil pierde su contenido cuando se apaga el computador (perdida de energía). La memoria no volátil retiene su contenido indefinidamente, incluso cuando no hay energía en el computador.

Una vez que el computador inicializa, la memoria no volátil inicia la ejecución del código. Después la memoria volátil es usada para guardar variables e instrucciones.

Dispositivo general de memoria(figura 2.14): arreglo de guardado de bits, lógica de decodificación de dirección, lógica de entrada / salida y lógica de control.

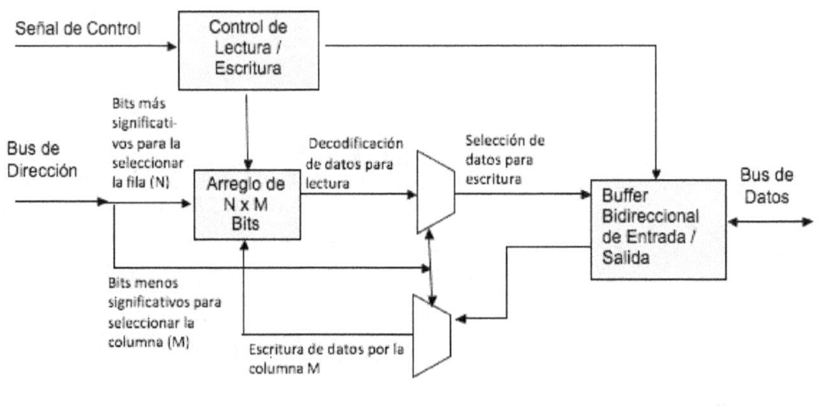

Figura 2.14. Diagrama genérico de memoria volátil.

2.1.3.1. Memoria No-Volátil

La memoria no volátil puede ser subdividida en 2 categorías:

- o Dispositivos que vienen programados de fábrica y que no se espera que los datos cambien.
- o Dispositivos cuyos datos se actualizan por el fabricante durante la vida útil del producto.

2.1.3.2. Memoria ROM

Esta memoria es la más simple de todas. Este tipo de memorias mantienen su contenido incluso cuando no están conectado el equipo. La memoria ROM se programa de fábrica y no puede ser sobre escrita o actualizada, aunque puede ser leída muchas veces. La figura 2.15 muestra el diagrama de una memoria ROM genérica

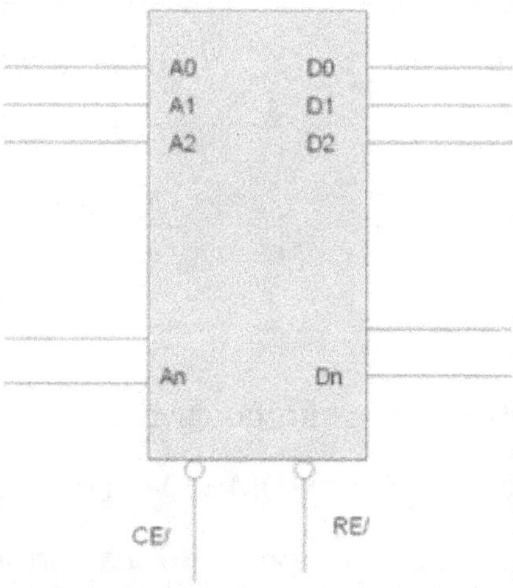

Figura 2.15. Diagrama de una memoria ROM Genérica.

2.1.3.3. Memoria PROM

La principal característica de las memorias PROM (nombre genérico) es que son memorias programables no volátiles, es decir, cuando se desconecta de la corriente, los datos almacenados no desaparecen, a diferencia de las memorias RAM.

Básicamente las memorias ROM se pueden clasificar en:

- **Memorias ROM**. Las memorias ROM pueden ser programadas una sola vez por el fabricante.

- **Memorias PROM**. Las memorias PROM pueden ser programadas una sola vez por el usuario mediante un programador.

- **Memorias EPROM**. Las memorias EPROM pueden ser programadas en repetidas ocasiones pudiéndose borrar y volver a programar por el usuario mediante un programador.

2.1.3.4. Memoria EPROM

Existen varios dispositivos de memorias cuyo contenido puede ser modificado. Una memoria EPROM (Erasable Programmable ROM o Memoria ROM programable borrable) puede ser reprogramada después de que su contenido sea borrado via exposición a la luz ultravioleta.

La memoria EPROM (Erasable Programmable Read Only Memory) es un tipo básico de memoria no volátil que es ampliamente utilizada por los fabricantes debido a su simplicidad y costo.

Una vez programada, la carga de la compuerta MOSFET no puede ser removida eléctricamente. Se requiere de luz ultravioleta para poder re-programar una EPROM, lo que la hace segura a las descargas eléctricas.

EPROMs son muy fáciles de usar por su interfaz asíncrona. En la mayoría de los casos las EPROM se comportan como simples ROMs. El Diagrama típico de una memoria EPROM y su respectivo diagrama de tiempo puede ser observado en las figuras 2.16 y 2.17.

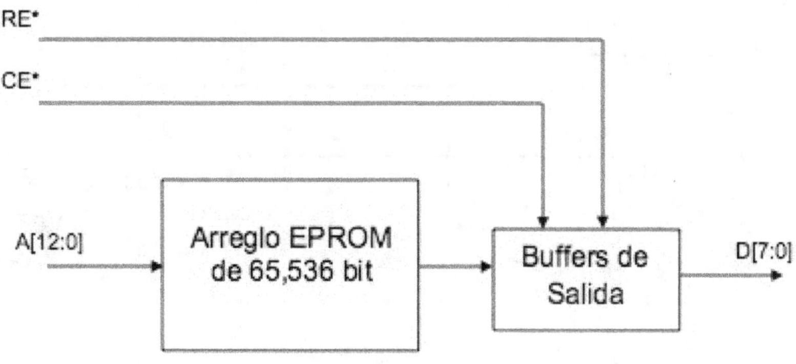

Figura 2.16. Diagrama Esquemático de memoria EPROM (para una memoria de 65Kbit).

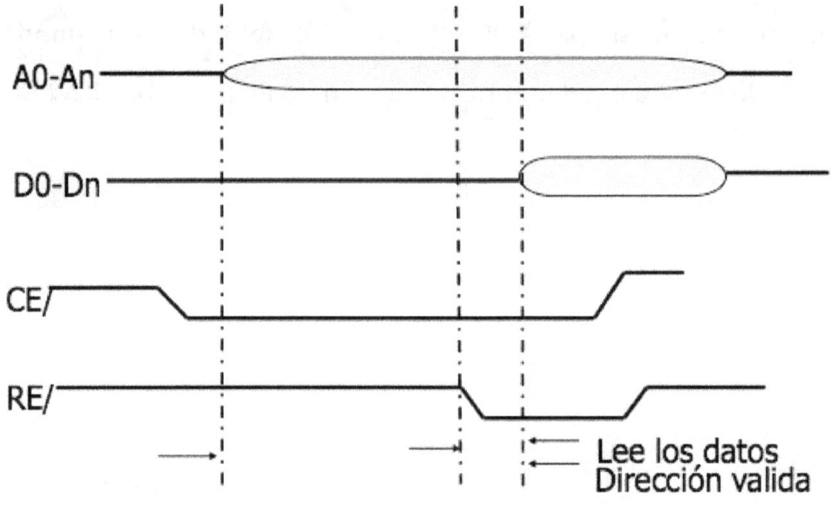

Figura 2.17. Diagrama de tiempo de una memoria ROM

Como puede observarse en el diagrama de tiempo de la Figura 2.17, la señal CE (Chip Enable) y la señal RE (Read Enable) deben de estar en bajo (0) para poder leer los datos desde la dirección válida. En general este tipo de memorias se activan en bajo, es decir cuando su valor binario es 0.

2.1.3.5. Memoria EEPROM

La memoria EEPROM (Electrically Erasable Programmable ROM) es un predecesor de la

40

memoria flash. Este tipo de memoria no se manufactura para grandes densidades generalmente. Se utiliza en aplicaciones que requieren de poca ROM re-programable

Las memorias EEPROM seriales son muy populares debido a su pequeño tamaño y bajo consumo de energía, además de estar diseñadas para minimizar el impacto del sistema sacrificando velocidad del sistema.

Su consumo de energía generalmente se mide en en nanoamperes y microamperes en lugar de miliamperes como sucede con las EPROM y memorias flash.

2.1.3.6. Memoria Volátil

La memoria volátil también puede ser separada en 2 sub-categorías:

- Cuyos contenidos son no-volátiles hasta que se corte la energía (llamados estáticos)
- Aquellos cuyos contenidos requieren periódicamente de estarse actualizando para prevenir pérdida de información (llamados dinámicos).

2.1.3.7. Memoria Flash

La memoria flash es una EPROM mejorada que puede ser programada y borrada eléctricamente sin exponerla a luz ultravioleta.

La memoria flash es más costosa que la EPROM, pero es más flexible y es más usada para la mayoría de las aplicaciones.

La memoria flash se utiliza frecuentemente en teléfonos celulares, automóviles, computadoras personales, etc.

La figura 2.18 muestra un diagrama típico de una memoria Flash

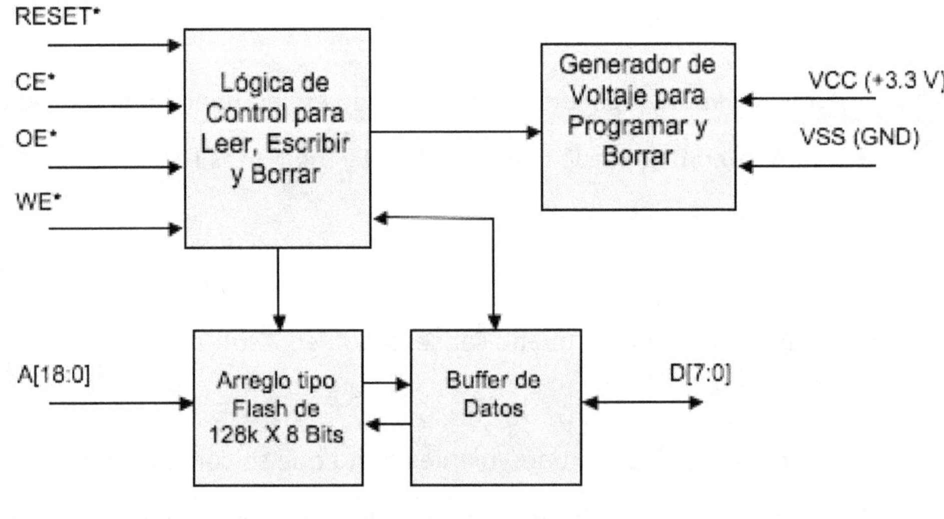

Figura 2.18. Diagrama básico de una memoria Flash

La memoria RAM estática (SRAM) es la más básica y fácil de usar memoria volátil.

Consiste en un arreglo de lógica de decodificación con un circuito de retroalimentación que mantiene un estado por un tiempo indefinido (0 o 1). La configuración más básica de una memoria SRAM puede observarse en la figura 2.19.

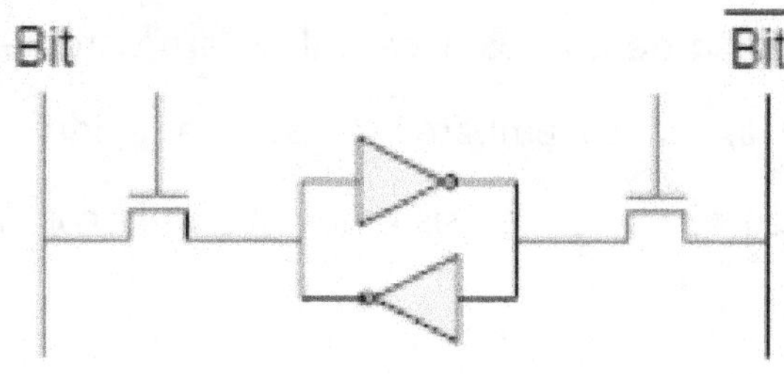

Figura 2.19. Diagrama básico de una memoria SRAM

Las características de las memorias SRAM se pueden resumir de la siguiente manera:

- La implementación de la memoria SRAM requiere de seis transistores por cada bit de memoria
- El tiempo de acceso de la memoria SRAM varía de menos de 100ns hasta 10ns.
- El tiempo de acceso mide tanto el máximo retraso entre la lectura de la dirección hasta la obtención de los datos, como la máxima duración de un ciclo de escritura.
- Su facilidad de uso los hace útiles para sistemas pequeños que no necesitan mucha memoria, pero sin embargo se necesita rapidez.
- También se utilizan en sistemas donde la complejidad y el consumo de energía son vitales.
- No existe límite en la cantidad de veces que se pueden escribir las SRAM durante su ciclo de vida.
- La principal desventaja de este tipo de memorias es la falta de seguridad para proteger la información que maneja.

Así mismo, las memorias SRAM no solamente son implementadas como un chip de memoria discreta, también es encontrado en circuitos integrados de otro tipo, como microprocesadores.

Microcontroladores (microprocesadores integrados con memoria y periféricos en un solo chip) comúnmente contienen SRAM; microprocesadores más complejos pueden contener caches de datos implementados con SRAM

La memoria SRAM es el tipo de memoria volátil más fácil, pero no es el más barato para densidades significativas. Cada bit de memoria requiere generalmente seis transistores. Cuando millones o billones de datos se requieren, la complejidad de todos esos transistores se convierte sustancial.

2.1.3.9 RAM Dinámica (DRAM)

La memoria RAM Dinámica (DRAM) tiene la ventaja de tener un muy simple componente de guardado de energía: el capacitor.

Un capacitor mantiene la carga eléctrica por un número limitado de tiempo hasta que la carga se drena.

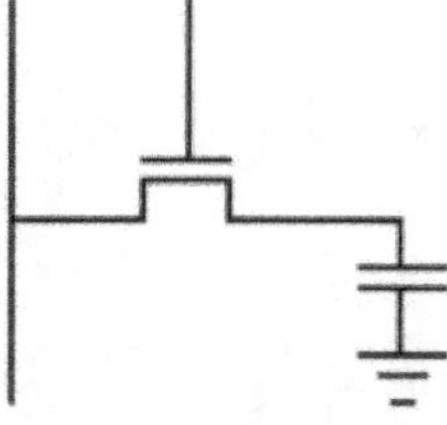

Figura 2.20. Diagrama básico de una memoria DRAM

La memoria DRAM consiste en una matriz de filas y columnas de elementos como los que se muestran en la Figura 2.20.

Para no perder la carga eléctrica, cada bit del DRAM debe de ser actualizado (refresh), de ahí el término dinámico. La reducción de complejidad permite tener más memoria en el mismo espacio (más alta densidad).

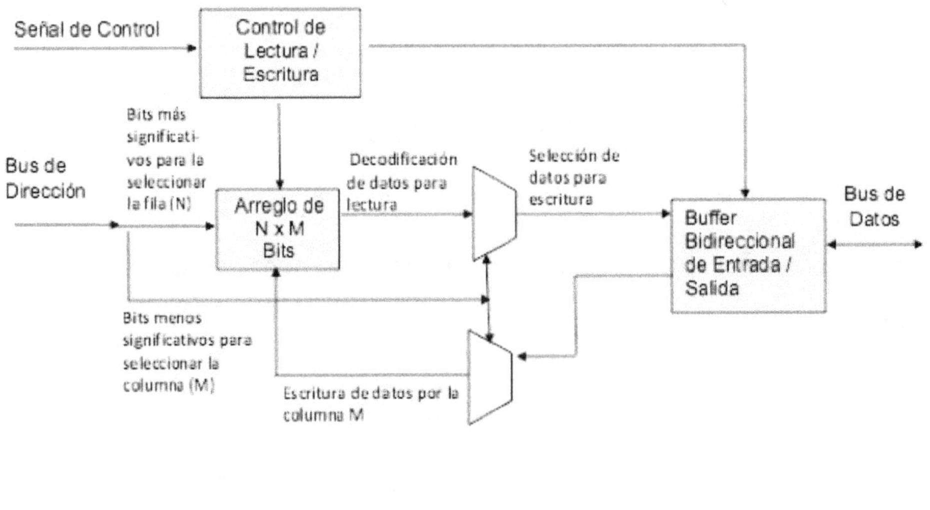

Figura 2.21. Diagrama Genérico de una memoria DRAM

Existen varias características de las memorias DRAM. Por ejemplo, mientras que la SRAM se accesa con la dirección de memoria completa, la DRAM se accesa con la dirección de fila y la dirección de columna.

Para reducir el tamaño y costo de las DRAM, las filas y columnas se multiplexan en el mismo set de pins de dirección mediante el RAS (row address strobe) y CAS (column address strobe). La responsabilidad de mantener el reloj de actualización es la responsabilidad del controlador de memoria. Así mismo, en lugar de actualizar cada bit, la DRAM actualiza cada fila entera.

 Por ejemplo: una DRAM de 64Mb organizada en un arreglo de 4096 filas x 2048 columnas requeriría 4096 ciclos de actualización cada 64ms. Las señales RAS y CAS son las 2 principales señales de control de DRAM. Estas señales no solo le dicen a DRAM cual dirección está siendo accesada, también inicia el ciclo de actualización y acelera la lectura secuencial para mejorar el rendimiento.

3. Diseño de Software Embebido

El tamaño y la complejidad de los sistemas de software (en este caso, embebido) han incrementado de manera abismal en los últimos años. De esta forma, es importante tener metodologías claras y definidas para todas las fases de desarrollo de Software Embebido.

En cuanto al desarrollo de Software Embebido, muchas veces un proyecto comienza con una idea, y la idea muchas veces es simple. Sin embargo, a medida que va creciendo el proyecto y van incrementando los requerimientos, los recursos y el tamaño del código, el reto es seguir manteniendo el control de todas las partes que componen el Software.

Supongamos por un momento que el desarrollador recibe la tarea de realizar un Sistema Embebido simple que requiera un bucle repetitivo que controle un sistema de pregunta y respuesta que haga lo siguiente:

- Generar dos números aleatorios (enteros)
- Enviar los dos números enteros a una pantalla LCD o un Display
- Requerirle al Usuario (está pensado este pequeño programa como un sistema portátil para niños de primaria) que sume ambos números.
- Aceptar la entrada (respuesta) del usuario.
- Revisar la respuesta del usuario y compararla con la respuesta correcta (esperada).
- Responder si la respuesta dada fue correcta o incorrecta.

¿En el ejemplo están los requerimientos especificados? ¿Es todo lo que se necesita para poder hacer un producto vendible o por lo menos que se pueda probar de manera correcta el prototipo (por ejemplo en las escuelas primarias)?

Si se es observador, con esa lista, a pesar de que pudiera ser una buena idea y un producto "vendible" las condiciones para el fracaso ya están puestas. Por ejemplo, ciclos que nunca terminan, la comparación puede fallar si el usuario (tratándose de un niño) incluye espacios en blanco, signos o caracteres especiales o incluso letras si se usa el teclado de una computadora. El procesamiento del error, tampoco está definido. No se especifica tampoco si los números negativos también son aceptables. La satisfacción del usuario tampoco está contemplada.

Tampoco se especifica si el problema se repite una y otra vez hasta que el usuario teclee la respuesta correcta, ni si se va a llevar un conteo del porcentaje de aciertos. En suma, no hay especificaciones del diseño del sistema con respecto al uso, la repetición y la respuesta. Se dará una idea más clara de esto último en el capítulo de requerimientos. Por lo que se puede ver en el ejemplo anterior, hay muchas cosas que no se consideraron al diseñar el sistema, y tener un buen análisis y diseño asegurará en buena parte la correcta ejecución del proyecto.

En otro orden de ideas, los principios del desarrollo de Software implican que su desarrollo ha sido confiable y funcional. La mayoría de las características para que se puedan cumplir éstos principios no pueden ser medidas directamente, aunque si existen muchas métricas al respecto. De esta forma, uno de los mayores retos de la Ingeniería de Software es que el Software es intangible, pero tiene que ser medido de algún modo.

3.1. Medibles en Software

Como ya se mencionó en anteriores secciones, existen varias opciones para los diseñadores en Software Embebido en seleccionar la plataforma de Hardware/Software para el Eistema Embebido. La elección entre PLDs, FPGA, Microcontroladores, etc, depende primordialmente de los requerimientos de diseño y no tanto de la preferencia personal del equipo de desarrolladores.

Por ejemplo, si el diseño requiere un dispositivo programable con muchos cambios de diseño, y algoritmos que realizan numerosas operaciones y secuencias repetitivas, se recomienda dispositivos como los DSP que pueden ser re-programados fácilmente y están diseñados para realizar complejas operaciones aritméticas. Si no requiere particularmente de alta velocidad, pero el costo es un requisito indispensable, se puede considerar un SPLD o un PLC. Sin embargo, si se requiere de un alto nivel de rendimiento, alta velocidad de respuesta y reusabilidad, entonces se puede considerar un FPGA o un microcomputador.

Como regla general, cuando se escoge una plataforma de Hardware, se necesita identificar tanto los requerimientos de diseño como las opciones disponibles de Hardware, para así elegir una plataforma acorde con las características antes mencionadas.

En la siguiente tabla se muestra las características necesarias para poder elegir el dispositivo adecuado.

Característica básica	Dispositivo
- Alta Velocidad de Reloj	FPGA
- Hardware dedicado	FPGA
- Muchas operaciones aritméticas o recurrentes	DSP
- Bloques pequeños de Hardware	PLD, CPLD
- Complejidad de hardware (ej. Video)	DSP, FPGA
- Facilidad de programación, tamaño y confiabilidad	PLC

Hace años (trataré de no recordar hace cuántos) la mayoría de los esfuerzos de diseñar un Sistema Embebido se realizaban en la parte del Hardware, el Software era visto un poco como lo que se tenia que hacer, pero nadie quería hacerlo. También, para gran parte del equipo de diseño del sistema, era crucial terminar completamente el Hardware, con el argumento que sin el HW terminado no se podía terminar adecuadamente el programa que iba a ir dentro de dicho HW.

Conforme fue aumentando la complejidad de los Sistemas, se requirieron equipos más especializados de ingenieros para realizar el desarrollo del Software en los Sistemas Embebidos. Hoy en día, para Sistemas Embebidos complejos puede haber dos, cinco o más veces desarrolladores de Software en comparación con los de Hardware. También, la especialización del Software ha crecido de manera importante, no sólo de que crezca el número de desarrolladores. Por ejemplo, hoy en día existen desarrolladores especializados que trabajan muy de cerca con el hardware, otros que desarrollan herramientas de simulación o emulación, otros que realizan las pruebas y verifican que los requerimientos se cumplan, otros que trabajan en las interfaces gráficas, y éstos últimos tienen muy poco que ver y muchas veces conocen muy poco sobre el Hardware y el ambiente Embebido del proyecto que están desarrollando.

Otro de los medibles sin lugar a dudas es el costo. El costo en Software depende de muchos factores y a pesar de no ser tangible, hay factores que se deben de tomar en cuenta para determinar el costo en un Software. Me refiero a intangible en el sentido que el SW no se puede cuantificar de la misma manera que otras cosas por ejemplo: vehículos, inmuebles, etcétera. Para cuantificar el costo de un Sistema Embebido, se requiere de conocer los costos tanto del Hardware como del Software. Cada uno de ellos consiste en dos partes. La primera es el costo de realizar los requerimientos, desarrollar, diseñar, probar, etcétera, la segunda es el costo para depurar, mantener, control de cambios, etcétera una vez que la parte del Software ha sido "terminada".

Como parte del diseño del Sistema, los diagramas son cruciales. Se tiene que tener cuidado con que el diagrama esté adecuado con lo que se quiera mostrar. En ese sentido, las gráficas de flujo son probablemente los diagramas más usados. En una etapa preliminar de diseño, este tipo de diagramas generalmente tienen el problema de ser poco completos. Esto es debido a que en esta etapa los diseñadores tienen que identificar todas las ramificaciones, sin necesariamente entender todos los cambios de estado ni tener todos los requerimientos. Este tipo de errores, generalmente son descubiertos al momento de hacer pruebas (probablemente unit-test) cuando ocurre una condición no revisada y el sistema se comporta de una manera indeseable. Es por ello, que es fundamental tener los requerimientos para poder realizar este tipo de diagramas.

Tip:

Es mucho más tardado agregar estos mecanismos en el ciclo de vida del SW, pero muy recomendable, no sólo tener mecanismos para tener un software a prueba de fallos, sino mecanismos para que en caso de fallos, pueda reiniciar el sistema o módulo preferentemente sin afectar su funcionamiento.

Otro tipo de diagramas son los diagramas secuenciales o diagramas de secuencias. Este tipo de diagramas, también llamados máquinas de estados finitos o (FSM por sus siglas en inglés. Existen dos tipos principales de FSM: de Moore y de Mealy. Una FSM de tipo Mealy tiene salidas que se determinan en función del estado presente y de las entradas principales, mientras que en el FSM de tipo Moore sus salidas dependen únicamente del estado presente. El escoger una máquina u otra depende exclusivamente del diseño del sistema. Se recomienda utilizar la FSM de Moore por su simplicidad, a menos que una FSM de tipo Mealy sea absolutamente necesario.

Tanto el estado presente como el estado siguiente consisten de lógica combinacional. Sin embargo, dependiendo de la aplicación, se puede incluir lógica secuencial para dichos estados. La lógica secuencial para diseñar el estado siguiente debe de ser establecida cuando el FSM está en otro estado o pasa a través de de una secuencia particular de estados. Esta secuencia debe de incluir la lógica de las salidas.

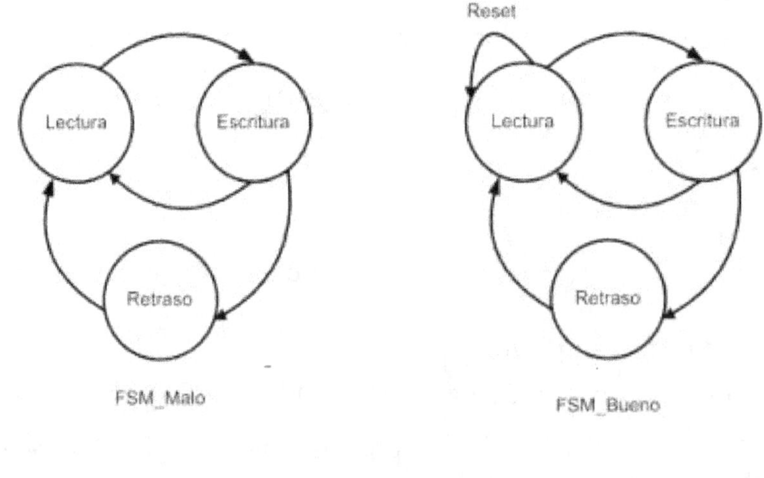

Figura 3.1. Ejemplo de Diseño de una Máquina de Estados FSM

En el diseño de la izquierda de la figura 3.1 es incorrecto por algunas razones. Primera, la máquina de estados tiene tres estados, lo cual requiere de dos flip-flops. Sin embargo, dos flip-flops tienen cuatro posibles combinaciones, por lo que una combinación permanece sin usar. Estos dos grandes errores en la FSM de la izquierda son corregidos en el ejemplo de la derecha.

3.2. Fallos (bugs) por línea de código

Un proceso de desarrollo de Software considerablemente bueno podra tener defectos tan bajos como 1 cada 10,000 líneas de código . Aún así, y tratándose de Software que pasó por un riguroso proceso de verificación, esto significa que en un Software complejo de 1 millón de líneas de código se tendrán 100 defectos.

Par algunas aplicaciones críticas (ej. Control de misiones, apertura de bolsa de aire, sistemas de control de altitud, etcétera) 100 defectos es inaceptable. Existen diversas estrategias para lidiar con esta realidad, Algunas de las cuales se describen a continuación:

- Incluir en el proceso de validación y verificación de Software, pruebas independientes (conocidas como peer review). Esto permitirá encontrar defectos que se encuentren algunos de los defectos que los desarrolladores que crearon los componentes de software o subsistemas no detectaron.

- Incluir sistemas de proteccion de fallas. A pesar de que ésto incrementará el número de líneas de código, también asegurará que en la medida de lo posible la falla o el defecto de Software será contenido y no tendrá consecuencias en caso de que el Software falle.

- En el sentido de protección de fallas, incluir sistemas en caso de que el Hardware falle, no sólo proteger el Software contra fallas.

- Incluir utilerías o simuladores que realicen inspecciones del código relativamente de manera automática. Esto solo funcionará en el caso en que se identifiquen las causas

> **Tip:**
> Algunas de las recomendaciones para las fallas por líneas de código podrían parecer de sentido común. El problema es que en mi experiencia no son prácticas comunes. Es recomendable adherise a prácticas de reducción de defectos o de protección contra fallas en Software y Hardware durante las fases de diseño y verificación, principalmente

Otras de las causas de defectos en el Software pueden ser las siguientes:

- La presión de terminar en tiempo con respecto al itinerario y cumplir los milestones encomendados. Muchas veces la mejora del código depende del tiempo e incluso de entrenamiento al equipo de desarrolladores, por lo cual no es posible regresar y verificar el código.

- Existen en algunas aplicaciones (ej. Aerónauticas, Aeroespaciales, Automotrices y Médicas, entre otras) una fuerte presión para reutilizar código. Las razones principalmente son dos, la presión para terminar el software y que entre a producción o revisarlo en el hardware en un tiempo considerablemente corto o que como ya ha sido probado anteriormente, no es necesario realizar costosos procesos de verificación y validación del código.

- Los llamados códigos "legacy" existen en algunos sistemas de Software Embebido desde hace mucho años. Código hecho en ADA, Cobol, Ensamblador, Etcétera que jamás es modificado o sólo es modificado por un Gurú experto, da la impresión que siempre funcionará bien. Sin embargo, ésto puede generar problemas en un momento dado, si muchas partes del código han ido cambiando con excepción del código "legacy".

3.3. Conascencia

Conascencia es un anglisismo de la palabra Connascence, que a la vez se deriva del latín que significa "haber nacido juntos". En el sentido estricto del software, dos o más elementos que son conascentes significa que nacen de alguna necesidad relacionada o comparten el mismo destino. Quizá durante el análisis de requerimientos, el diseño, la fase de desarrollo, etcétera.

El que exista Connascence (Conascencia) entre dos elementos de Software o Programas A y B significa que:

- Que si se realiza algún cambio a A, requerirá que se cambie B (o al menos que se revise minuciosamente para evitar que B falle), con el fin de que se pueda preservar la corrección de A.
- Que se revisen tanto A como B para que en caso de realizar algún cambio, el Software funcione correctamente de manera global.

Existen muchos cambios que se pueden realizar a A y que exista connascencia con B. Sin embargo, se debe de revisar especialmente si se cambió lo siguiente:

- **Si se cambió el tipo de señal.** Por ejemplo, si se cambió de entero(int) a un bus de datos o vector(std_logic_vector), se tendría que revisar todas las dependencias de la señal incluso en otros módulos para preservar la integridad del Software.

- **Si se cambia la tolerancia o rango de la señal.** Si se ve una señal, y por requerimientos se cambia por ejemplo de 0 a 10 y después se necesita usar de -10 a 10 se tienen que cambiar las demás dependencias o elementos Conascentes para probar que los demás elementos sigan funcionando de manera adecuada.

- **Si se borró la señal.** Este es un foco rojo en un sistema de software. Si en un módulo se quita una parte del código y el desarrollador nota que alguna señal no se utiliza, es muy común que el desarrollador decida borrarla, después de todo, es lo que le enseñan en la escuela. No es del todo una mala práctica, sin embargo, se tiene que revisar si dicha señal tiene alguna dependencia o conascencia en otro elemento de Software que dicho desarrollador no haya tomado en cuenta.

- **Si la señal de entrada proviene de algun sensor u otro dispositivo que cambió alguna especificación.** En cuanto a lo que puede cambiar de una señal de entrada se encuentran por ejemplo: número de bit de entrada, tiempo de lectura o actualización de la señal, etcétera.

3.4. Lenguajes de Programación

Existen muchas ventajas en usar lenguajes de alto nivel para programar aplicaciones en Sistemas Embebidos. Se podrían enumerar muchas ventajas al respecto; por ejemplo: un lenguaje de alto nivel facilita el proceso de desarrollo. También se vuelve más sencillo mantener y actualizar el Software en el futuro. Así mismo, las pruebas del Software como las de caja negra o las pruebas unitarias (llamadas Unit Test) se vuelven más fáciles de implementar.

Sin embargo, en algunas ocasiones es necesario o por lo menos prudente realizar elementos de Software en lenguajes de bajo nivel, por ejemplo, ensamblador. Es decir, un lenguaje bien codificado en ensamblador puede generar código objeto que es de 10 a 20 veces más compacto que el código producido por un compilador de un lenguaje de alto nivel. Esto se vuelve crucial si el código iría en un dispositivo de Hardware con un espacio muy reducido de memoria, sin necesidad de colocar memoria externa. Como se comentó anteriormente, una de las consideraciones de Hardware que se deben de tomar en cuenta por los diseñadores y desarrolladores es la cantidad de memoria del dispositivo de Hardware, por lo que se vuelve muy útil considerar además del tiempo de ejecución del sistema, la cantidad de memoria interna del dispositivo.

Así mismo, existen algunos lenguajes que se utilizan como descriptores de Hardware, que sin tener exclusivamente instrucciones de bajo nivel, interactúan con el Hardware de manera eficiente. Es importante conocerlos, pues en algunas arquitecturas de Hardware son muy útiles y muy usados. Este es el caso de los lenguajes HDL que se utilizan por ejemplo, en las arquitecturas FPGA y CPLD. Los dos lenguajes tipo HDL que se utilizan en general son VHDL y Verilog.

Aunque el lenguaje tiene una estructura similar a un lenguaje de programación de computadoras, en realidad es distinto. Los lenguajes de programación como C, Pascal, Basic, Java, etc., son lenguajes lógicos ó secuenciales, donde cada una de las instrucciones se ejecuta una a la vez, y el flujo del programa depende de la estructura y del tipo de instrucciones utilizadas.

En cambio, en un Lenguaje Descriptivo de Hardware, se ejecutan todas las operaciones programadas al mismo tiempo; esto es debido a que cuando se energiza un circuito, todo se activa al mismo tiempo, por lo que existen descripciones en las que es necesario el empleo de señales de control para que el circuito trabaje en la forma deseada.

En un lenguaje descriptivo de hardware, se utilizan señales y no variables. Las variables tienen un uso muy específico para algunas operaciones aritméticas y algunas constantes. Si en un circuito digital le ponemos nombre a cada uno de los cables ó pistas involucrados en el circuito, entonces cada cable es una señal. Por lo tanto, la señal es un valor digital conducido de un punto a otro del hardware a través del conductor eléctrico, considerando únicamente dos valores posibles, que corresponden a los valores binarios, 1 ó 0.

Las señales se clasifican en internas y externas; las señales externas son las entradas y salidas del sistema digital, hacia el exterior del mismo (equivale a las terminales de un circuito integrado). Las señales internas se utilizan para el intercambio de información entre módulos, realizados al interior de una descripción de hardware.

VHDL (VHSIC Hardware Description Language es un lenguaje orientado a la descripción del Hardware que describe tango sistemas digitales como de señales mixtas. El siguiente ejemplo, muestr el código de un multiplexor genérico.

Código VHDL de un multiplexor genérico

```
library IEEE;
use IEEE.std_logic_1164.all;

entity Multiplexor is
  generic(
    n : integer := 4;  -- 4 bit de datos
    m : integer := 2   -- 2 bit de selección
  );
  port(
    A0 : in  std_logic_vector(n-1 downto 0); -- Entrada 0 de 3 bit
    A1 : in  std_logic_vector(n-1 downto 0); -- Entrada 1 de 3 bit
    A2 : in  std_logic_vector(n-1 downto 0); -- Entrada 2 de 3 bit
    A3 : in  std_logic_vector(n-1 downto 0); -- Entrada 3 de 3 bit
    S  : in  std_logic_vector(n-1 downto 0); -- Señal selector de 2 bit
    Y  : out std_logic_vector(n-1 downto 0)  -- Salida del Mux
  );
end Multiplexor;

architecture Mux of Multiplexor is
begin
  Multiplexor: process(A0,A1,A2,A3,S) is
  begin
    case S is
      when "00"    => Y <= A0;
      when "01"    => Y <= A1;
      when "10"    => Y <= A2;
      when others => Y <= A3;
    end case;
  end process Multiplexor;
end Mux;
```

Verilog es también un lenguaje tipo HDL utilizado para modela sistemas electrónicos comúnmente utilizados en el diseño y verificación de circuitos digitales y en la abstracción de lógica RTL (Resistor Transistor Logic). El siguiente ejemplo muestra el código de un multiplexor genérico pero en Verilog

Código Verilog de un multiplexor genérico

```
module nmux4(a,b,c,d,sel,y);
   parameter size = 32; // el valor default es 32
   input [size-1 : 0] a,b,c,d;
   input [1:0] sel;
   output [size-1 :0] y;
   reg [size-1 :0] y;
   always @ (a or b or c or d or sel)
   case (sel)
     0 : y = a;
     1 : y = b;
     2 : y = c;
     3 : y = d;
     default : y = 'bx;
   endcase
endmodule
```

Muchos desarrolladores cuando se les pone en una disyuntiva de qué se pueden utilizar más de un lenguaje para realizar algo en específico, siempre preguntarán: ¿Cuál debo de aprender? Ó ¿Cuál es más sencillo? Estas son las preguntas equivocadas, la pregunta debería de ser: ¿Cuál debo de aprender primero? Ya que en este caso casi invariablemente se terminará trabajando con ambas. Si se observan ambos ejemplos, la sintaxis son algo diferentes para terminar haciendo un programa que a nivel módulo termina teniendo la misma funcionalidad.

Por lo que la pregunta de cuál debo de aprender primero tiene la misma relevancia que si uno se pregunta si primero debo de correr o practicar ciclismo para ponerme en forma por algunos meses. Ambos deportes son muy diferentes y mientras que se lleve una rutina específica, ambas actividades ayudarán al objetivo sin importar realmente cuál se realizó primero o porqué razón en específico. De la misma manera, si uno piensa que debe de aprender VHDL primero o únicamente Verilog se estará atrapado en un camino en el cuál para un propósito en específico no era el mejor lenguaje para aprender. También, a veces alguna industria se casa en específico con un lenguaje, por ejemplo, las industrias aeroespaciales y de defensa (aplicaciones militares) generalmente favorecen la implementación en VHDL, mientras que la industria médica a pesar de que en mi experiencia usa ambos, favorece ligeramente a Verilog.

Ambos lenguajes tienen sus ventajas y sus desventajas. Por ejemplo, en términos de VHDL sus ventajas pueden ser las siguientes:

- La precisión. VHDL maneja los números con signo y sin signo (signed y unsigned) de manera natural, por lo que es menos proclive a cometer errores de asignar por ejemplo valores con signo de 16bit en una señal de 4 bit.
- Se puede definir múltiples tipos de señales en una misma señal (comúnmente llamado bus)
- Fácil implementación y codificación de elementos como resets asíncronos, entre otros.

Desventajas de VHDL:

- La codificación de algunos elementos puede ser muy engorrosa, por ejemplo, para codificar vectores de bits en señales se tiene que usar la palabra reservada "downto" cada vez para definir el tamaño, podría ser mucho más intuitivo el lenguaje.

- Los módulos en VHDL deben de ser definidos por un prototipo y declarados antes de ser usados. Por lo que si se quiere hacer un cambio a la entidad o la interface se debe de cambiar en por lo menos tres lugares.
- Tipos de señales muy parecidos podrían ser utilizados de manera conjunta (ej. std_logic y std_logic_vector) pero para poder ser usados de manera conjunta se deben de convertir los tipos de datos o causarán problemas en la implementación.

De la misma forma, Verilog tiene sus propias ventajas y desventajas, las cuales son:

Ventajas:

- El código suele ser más compacto.
- Mezclar las señales es muy simple.
- Muchas convenciones de sintaxis son muy parecidas a lenguajes sumamente conocidos como C.
- Las descripciones de bajo nivel son muy cerca al Hardware en específico (como declarar los registros y los pines).

Desventajas:

- Si se tienen problemas en la simulación es más difícil depurarlos por la falta de lista de sensitividad en el Hardware.
- La codificación de las máquinas de estado es más complicado que en VHDL

- Se puede tener problemas con las declaraciones, por ejemplo, los términos wire y reg para muchos desarrolladores se utilizan de manera indiferente.

- El soporte para señales asíncronas es muy limitado.

- Las convenciones y sintaxis del lenguaje Verilog pueden ser confusas para desarrolladores principiantes

3.5. Reusabilidad del Código

Los que ya tenemos algún tiempo en Sistemas Embebidos, no me dejarán mentir, una de las razones por las cuales entramos en el área es debido a la fascinación de "armar" cosas, desarrollar prototipos, etcétera. En mi caso, me parecía un área más completa que el Software tradicional, no era solamente hacer código, era mucho más que eso. Era desarrollar los "fierros" como se comentaba comúnmente para que funcionaran con el Software que se había desarrollado. Era maravilloso ver que esas piezas de código intangibles podían mover motores, controlar un sensor, cerrar una válvula, mandar un mensaje a una pantalla o desde cosas mucho más sencillas como prender un diodo LED. Esa satisfacción era como una especie de Dr. Frankenstein (o Dr. Jekyll, como prefieran) en su laboratorio con esa risa de película de terror porque había funcionado algo en lo que habíamos trabajado durante mucho tiempo. El Software solo era una parte, algunas veces lo más interesante era el Hardware, o mejor dicho, la combinación de ambos.

Regresando a nuestro presente, el código ha cambiado mucho. Para hacer sistemas Embebidos actualmente se disponen de muchas herramientas y el código es cada vez mayor y más complejo. Esto representa muchas desventajas si se sigue desarrollando código como antaño. Un solo programador, generalmente en ensamblador, ANSI C, Code Warrior, CUPL, Verilog, VHDL, etcétera, desarrollando código que solo el desarrollador entendía.

Actualmente, el Software Embebido se desarrolla entre un grupo de desarrolladores, verificadores de código, etcétera, de varias disciplinas, y se interactúa con Ingenieros que desarrollan el Hardware, project managers, ingenieros mecánicos, diseñadores industriales, personal de recursos humanos, packaging, entre otros. Ante estos retos y la necesidad de acortar el tiempo de desarrollo, se requiere de reutilizar cada vez más código y con mayor frecuencia.

Es claro que la reusabilidad del código, es decir, utilizar los mismos elementos de código de productos pasados o utilizados anteriormente, resulta crucial para atender a las demandas actuales de desarrollo de Sistemas Embebidos.

3.6. Número de Líneas de Código

En muchas ocasiones, las casas de desarrollo de SW o los desarrolladores miden tanto el costo como la complejidad del SW considerando el número de líneas de código fuente programadas (SLOC por sus siglas en inglés Source Lines Of Code). En mi opinión tampoco se puede asumir que el número de líneas de código sea igual a tamaño del código en el HW pues existen diversos factores para determinar esto.

Por ejemplo, se podría asumir que si la función "x" tiene el doble de líneas de código que la función "y", la función "x" es el doble de compleja, tiene el doble de funcionalidad y tardaría también el doble en ejecutarse en HW que y. Ninguno de estos es necesariamente correcta, pues SLOC no es un buen punto para realizar mediciones de complejidad, funcionalidad o costo.

Es cierto, existe cierta correlación, pero hay muchos factores más que complican dichas comparaciones. Por ejemplo, existen muchas diferencias en relación a cómo se cuentan las líneas de código. Algunas mediciones consideran todas las líneas, algunas excluyen las líneas de comentarios (es más razonable, pues los comentarios son útiles para guiar sobre el qué se hizo en el módulo y sus distintas modificaciones, pero no agregan nada a la funcionalidad).

Así mismo, algunos proyectos cuentan solo el código realizado por el desarrollador, mientras que otros incluyen librerías y Software desarrollado por otros desarrolladores. También genera confusión que SLOC incluya para algunos proyectos, Software auto-generado, mientras que otros cuenten solo las llamadas a dicho código. En el caso específico de SW Embebido, algunos proyectos también incluyen el Firmware, mientras que otros proyectos no lo hacen. En el caso de Software crítico (Clase A) debe de ser diseñado con un estándar mucho más rigoroso que el Software de otras clases, por lo que requiere más esfuerzo por línea de código. Todos estos puntos deben de ser tomados en cuenta para medir el esfuerzo al realizar el código y no sólo cuántas líneas de código realiza el desarrollador cada semana o mes.

3.7 Complejidad del Software

La complejidad del Software es un tema que no se discute mucho en sesiones o mesas de discusión ni en las empresas desarrolladoras (casas de Software) ni en las aulas, pero es un tema importante. En general, en las empresas se revisan los requerimientos, se hace el código y se prueba. En academia es parecido pero en general, el profesor explica un tema y los alumnos hacen el programa, funciona o no funciona, un tema que se trata de manera binaria sin revisar realmente como están hechos y si el código es óptimo, en general tampoco se realizan las suficientes pruebas. No es mi intención criticar a todos los académicos, ni a todos los gerentes o directores técnicos de las empresas que desarrollan Software, en este caso, Embebido. Sin embargo, en mi experiencia eso sucede y no se toman en cuenta temas como la complejidad del Software con la frecuencia que merece este tema.

Tip:

Una de las recomendaciones para reducir la complejidad del SW, principalmente cuando tienen muchas funciones o es un sistema con muchas líneas de código es hacer el SW modular. Un sistema jerárquico ayudará a que las pruebas se puedan ejecutar de manera más adecuada y que el entendimiento de lo que hace cada subsistema o módulo pueda ser mayor. Divide y vencerás!!!

Ni los alumnos ni los ingenieros que se dedican al Software o que hacen sus prácticas en Sistemas Embebidos desean deliberadamente hacer las cosas más complejas de lo necesario. Esto algunas veces pasa porque muchas veces no se dan cuenta de las consecuencia que tiene incrementar de manera considerable la complejidad del Software. Es como una cascada, si se hace un Software más complejo, se incrementa de manera considerable el esfuerzo y el tiempo que toma el realizar el diseño, el análisis, el desarrollo, las pruebas, el mantenimiento de los módulos, etcétera.

En aplicaciones criticas (industria aerospacial, médica, automotriz, etcétera) se tiene otro problema aún peor, ante la duda, todo el Software se planea hacer con requerimientos muy específicos de tiempo, cuando no todo el Software de esas industrias es así. El hacer requerimientos para un módulo de Software que realmente no sea crítico, pone en jaque toda la operación del sistema completo una vez integrado al Hardware, pues la carga que tendrá que manejar la arquitectura de Hardware podría ser demasiada para manejar todo con tiempos muy apretados o latencia muy corta.

El diccionario estándar de la IEEE define complejidad como: "el grado en el que el sistema o un componente tiene un diseño que es difícil de entender y verificar". Esta definición implica que la complejidad no se puede medir como un valor absoluto, es decir, la complejidad es relativa al observador (al que intenta medir la complejidad). Esto también implica que lo que para una persona es muy complejo, para otra puede no serlo, lo que dificulta tener una métrica de complejidad.

Aunque puede parecer lógico, mientras mayor sea el tamaño del SW, mayor será su complejidad. Esto no necesariamente es lineal, pero existen maneras de reducir la complejidad de diversas maneras. Uno de ellos es tener una estructura jerárquica en el SW. Aunque parezca que no es conveniente tener muchos módulos, siempre será mejor muchos módulos con relativamente poco código cada uno; que uno o pocos módulos con centenas o hasta miles de líneas de código cada uno. Es otra de las razones por las que en este texto se ha insistido mucho en la planeación y el análisis previo a realizar el código.

Además de "modularizar" el código, también se tiene que tomar en cuenta tener una jerarquía no solo de los módulos sino de la estructura y el control de flujo de los datos. Así mismo, la complejidad de un módulo o de un SW la podemos medir utilizando los siguientes criterios:

- ¿Que tan difícil es para un desarrollador que el código satisfaga los requerimientos?
- ¿Qué tan difícil es que un ingeniero de pruebas de SW realice la validación y verificación que se requiere?
- ¿Qué tan complicado es para un desarrollador líder manejar el proceso de desarrollo del SW en tiempo y costo?
- ¿Qué tan difícil es que los desarrolladores puedan realizar modificaciones o versiones posteriores (deltas) sin que se afecte la funcionalidad de ese y los demás módulos?
- ¿Que tan complejo es portar el SW a una versión mejorada o actualizada del sistema a otra arquitectura de Hardware?
- ¿Qué tan complicado es predecir el comportamiento del SW una vez que el sistema está completo, es decir, que el SW y FW se encuentre dentro del HW?

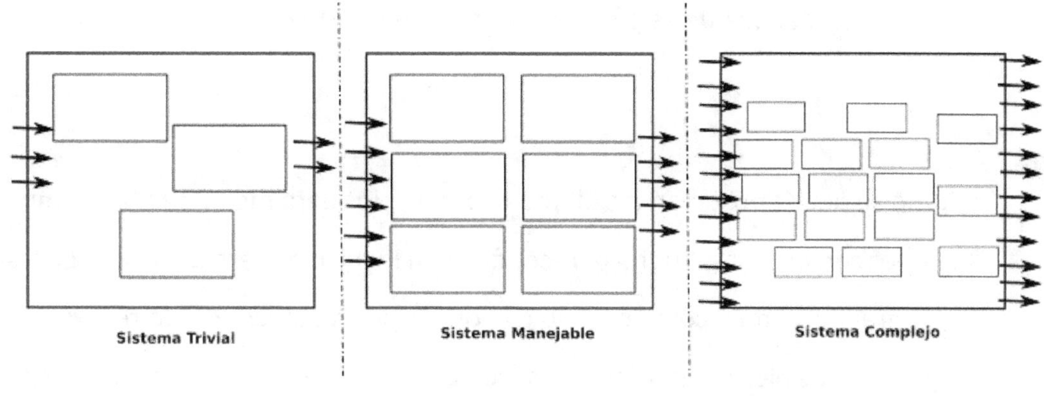

Sistema Trivial   Sistema Manejable   Sistema Complejo

Figura 3.2. Modularidad de un sistema Trivial, Sistema Manejable y Sistema Complejo

La figura 3.2 muestra como la modularidad del código, impacta la complejidad del mismo. De esta forma, existen diferentes factores con los que se puede medir la complejidad de un Software y no utilizando únicamente criterios como los anteriores, algunos son:

- ¿Cuantas funciones el SW debe de ejecutar y monitorear?

- ¿Cuantas señales de Hardware(y variables de Software) existen entre componentes y módulos y cómo se afectan entre sí (grado de conascencia)?

- ¿Cuántos modos de control deben de ser manejados y ejecutados?

- ¿Cuántos módulos o sub-sistemas tiene el módulo?

- ¿Cuántas pruebas para validar y verificar el SW se requieren para cumplir con lo "mínimo necesario" para poder determinar que el SW cumple con los requisitos de calidad?

- ¿Cuántas pruebas de SW se requieren para poder verificar y validar TODOS los posibles escenarios que se pueden presentar en el SW?

Como se puede observar, los últimos dos criterios para medir que tan complejo es un SW tiene que ver con pruebas. Podría parecer que son lo mismo, pero no lo son. En Sistemas Embebidos muy grandes o muy complejos no es posible por restricciones de recursos y tiempo, el probar todos los posibles escenarios, pues existen una cantidad muy grande de casos de prueba para este tipo de Sistemas. Sin embargo, existen algunas pruebas que es necesario realizar sin importar las restricciones de tiempo.

Como se comentó anteriormente, algunas métricas utilizadas no son las más adecuadas ni para manejarlas de manera única ni para confiar mucho en la complejidad del SW como un todo a partir de esto. Por ejemplo, el número de lineas de código (LOC) o de líneas de código fuentes o lógicas (SLOC, LLOC, por sus siglas en inglés) no indican por sí solas que tan complejo es o será el Software y aunque son muy utilizadas en la industria, no significan mucho mas allá de una estimación del tiempo que pudieron haber tardado los desarrolladores en diseñar el SW.

En general, en Sistemas Embebidos se debe de considerar no una medida, sino un conjunto de métricas para poder realizar una estimación objetiva de la complejidad del Software. Éstas son:

Métrica	Se usa primordialmente
Complejidad Ciclomática (McCabe)	Se usa para medir el número de caminos linearmente independientes por los que puede pasar una función o módulo.

Métrica	Se usa primordialmente
Medida de Complejidad de Halstead	Mide la complejidad del algoritmo conociendo el número de variables de cuenta y operadores.
Métrica de Henry y Kafura	Acoplamiento (coupling) entre módulos, variables globales, llamadas a función, etcétera.
Métrica de Bowles	También sirve para medir la complejidad por medio de las variables globales que se usan y los parámetros de funciones.
Métrica de Troy y Zweben	Mide la modularidad y la profundidad de los módulos, es decir, a cuantos niveles está el módulo. También es una métrica de acoplamiento.
Métrica de Ligier	También mide la modularidad de cada módulo.

Primeramente, es importante hacer una diferencia entre acoplamiento (coupling) y cohesión. En algunos textos se utilizan de manera indiferente, pero existe una diferencia fundamental por lo que no pueden utilizarse dichos términos de la misma manera. El término cohesión se refiere a las llamadas dentro del mismo módulo, mientras que acoplamiento (coupling) se refiere a las llamadas entre módulos. En la medida de lo posible, en Software Embebido, se busca que el sistema tenga una alta cohesión y un bajo acoplamiento, como se muestra en la Figura 3.3.

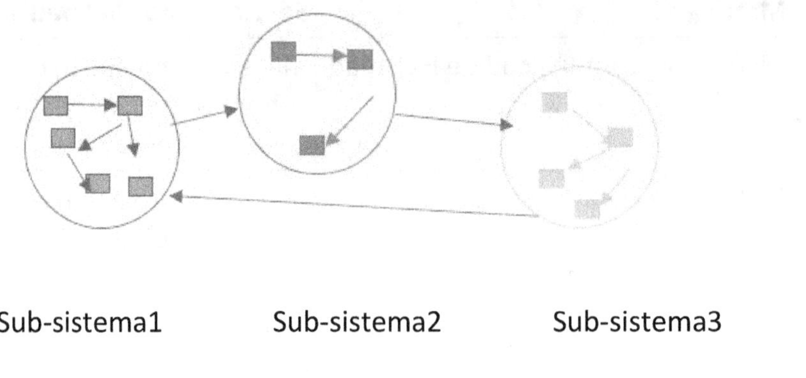

Figura 3.3. Ejemplo de un Sistema Modular de Alta Cohesión y Bajo Acomplamiento

La complejidad Ciclomática de McCabe es un indicativo del esfuerzo, tiempo (y por supuesto costo) de las pruebas de SW a realizar. En cuanto a la complejidad de Halstead, en 1977 propuso una manera para medir la complejidad utilizando operadores y operandos. Estos operadores y operandos no contribuyen siempre de igual forma a la complejidad. Es necesario considerar, además del número total de elementos (operadores y operandos), el número de éstos que son diferentes (esto es, el vocabulario del programa). Investigando las relaciones entre estas cuentas, se obtendrán unos cuantos parámetros que intentarán medir diferentes aspectos de la complejidad del programa.

Para ejemplificar como se mide la complejidad de Halstead, consideremos dos programas diferentes donde se utilizará la siguiente notación:

n1: número de operadores diferentes.

n2: número de operandos diferentes.

N1: número total de operadores.

N2: número total de operandos.

n: vocabulario de un programa (n=n1+n2).

N: longitud total del programa (N=N1+N2).

```
1
2  // Programa de Ordenación Ejemplo
3  //Método de la Burbuja
4  //Marco A. Aceves
5  {
6       for (i=2;i<=n;i++)
7            for j=1;j<=i;j++)
8                 if (x[i]<x[j])
9                 {
10                      aux=x[i];
11                      x[i]=x[j];
12                      x[j]=aux;
13                 }
14 }
15
```

Figura 3.4. Implementación de un Programa de Ordenamiento por método
de la Burbuja.

De acuerdo con Halstead, se puede calcular de forma bastante aproximada el valor de N (longitud total), en este caso para el ejemplo de la figura 3.4, mediante la fórmula:

$$N^* = n_1 \log_2 n_1 + n_2 \log_2 n_2$$

Por lo tanto se deben definir tanto los operadores como operandos:

Número de Operadores Diferentes	Número de Operadores Totales
{ ... }	2
for (; ;)	2
=	5
if	1
;	3
(...)	1
<	1
<=	2
++	2
[..]	4
$n_1 = 10$	$N_1 = 23$

Así mismo, en cuestión de los operandos del programa, se tiene:

Número de Operandos Diferentes	Número de Operandos Totales
i	7
n	1
j	6
x	6
aux	2
$n_1 = 5$	$N_1 = 22$

Con las formulas de Halstead, se puede calcular tanto la longitud estimada del programa como el volúmen y el esfuerzo que se requiere del programa. Si el esfuerzo es muy grande para un programa muy corto, también se podría inferir que la complejidad es muy alta. Los cálculos para el ejemplo se harían de la siguiente manera:

Parámetro	Resultado
Operadores Diferentes n1	10
Operandos Diferentes n2	5
Total de Operadores N1	23
Total de Operandos N2	22
Longitud Observada N = N1 + N2	45
Longitud Estimada N* n1$\log_2$n1 + n2$\log_2$n2	44.8
Volúmen (N$\log_2$n)	175.8
Esfuerzo E (V/L)	4.75

De esta forma, de acuerdo a Halstead, se puede medir la complejidad por medio del volumen y la longitud del código.

3.8. Índice de Mantenibilidad

La mantenibilidad es importante. En muchas industrias, los sistemas de Software modernos deben de ser multi-plataforma y multi-propósito. Se tiene un código que no será modificado (comúnmente llamado "core" o en diseños con FPGA: "IP-Core"). Para mantener o replicar dichos sistemas, el equipo de desarrolladores tanto de Software como de Hardware deben de entender sus requerimientos, arquitectura, diseño, limitaciones, etc. Esto no es fácil, incluso desarrolladores con experiencia tienen dificultades y pasan por una curva de aprendizaje en donde tienen que pensar en la re-usabilidad del código. Eso es con respecto a la re-usabilidad del sistema, para poder tener índices de mantenibilidad alto, hay algunas cuestiones que deben de ser revisadas y atendidas.

Uno de los puntos más importantes para mantener un índice de mantenibilidad adecuado es la documentación. La documentación debe de ser explícita y requerida, pero no confinada a un lenguaje propio de programación, una metodología, interfaz de usuario, etcétera. También en términos de documentación no sólo me refiero a documentar con SRS, ICD, FRD, test plans, etcétera, sino a documentar el código. Puedo mencionar decenas de ejemplos donde un desarrollador (muchas veces recién egresado también llamado entry engineer) documenta solo para sí mismo, o le falta documentación adecuada a su código. Cosas tan sencillas como nombrar las variables de acuerdo a su uso, el tipo de datos, entre otros, son desconocidas para muchos desarrolladores. Poner var1, var2, ... varN, es muy común.

Este tipo de problemas son muy comunes cuando se revisa el código o se realizan pruebas de revisión de código (code review), aunque pare ese entonces ya puede ser demasiado tiempo en el sentido que el revisor tiene que rechazar los cientos de módulos que comprenden el sistema completo porque todos usaron var1 para nombrar una variable, cuando se realizó la integración del Software.

Desde el nombre del módulo, el cual debe se ser explícito para saber que realiza el módulo; así como también todos los nombres de las variables. También tiene que estar documentado cada módulo a manera de encabezado y cada función, además de explicar para que se utiliza cada ciclo y ecuación de cada módulo.

Cuando se trabaja con sistemas grandes o complejos también es necesario una descripción de cada subsistema para que se entienda que función realiza en lo general. Todos estos puntos pueden parecer obvios, pero hay una inmensa cantidad de ejemplos donde no se siguen estas normas básicas de mantenibilidad del Software. También es importante mencionar que explicación del código NO reemplaza la documentación requerida en los documentos de requerimientos, casos de uso, ICD, documentos de pruebas, etcétera, cada uno tiene su lugar y no es ocioso agregar documentación de alguno de estos puntos aunque se considere que ya están cubiertos en otro documento. Si acaso, se hace referencia al otro documento donde están contenidos.

Generalmente, el índice de mantenibilidad se puede dividir en 3 tareas, como lo son: comprensión de los cambios a realizarse, realización de las modificaciones necesarias y pruebas de dichos cambios.

En este texto, no comentaremos acerca de las ecuaciones necesarias para medir el índice de mantenibilidad, sin embargo, es necesario conocer los puntos que se deben de tomar en cuenta, como ya comentamos, para que un sistema pueda ser fácil de mantener.

3.9. Análisis Estático

Las técnicas de verificación (que será abordado de manera más amplia en el capítulo de verificación y validación de este texto) suelen dividirse en dos grandes vertientes. Técnicas de verificación dinámica y técnicas de verificación estática. En las técnicas de verificación dinámica (pruebas de software por ejemplo) el programa en cuestión es ejecutado y tanto sus salidas como su comportamiento son observados y evaluados.

Las técnicas de análisis estático nacieron de la tecnología de los compiladores y muchos de ellos tienen funcionalidades de análisis estático disponibles (frecuentemente no utilizadas). En este tipo de técnicas (inspecciones de software por ejemplo) la forma y estructura del programa en cuestión son analizadas y evaluadas pero sin llegar a la ejecución del mismo. Es por ello que se les llama técnicas estáticas ya que no requieren de una versión ejecutable del software.

El Análisis estático se refiere al análisis del SW que se realiza sin realmente ejecutar programas construidos para ese Software. Este análisis puede ser llevado a cabo de forma manual o automática. Los compiladores por ejemplo realizan análisis estático automático verificando gramática, sintaxis, compatibilidad de tipos, semántica, etc., con el fin de validar el código antes de llegar a generar código máquina. Una forma típica de análisis estático manual son las revisiones de código conocidas en inglés como "Code reviews" (revisiones de código), pero tales revisiones dependen de la experiencia de los revisores, mientras las técnicas automáticas se benefician del conocimiento experto codificado en las herramientas.

Por su parte la IEEE define el análisis estático como el proceso de evaluar un sistema o componente basado en su forma, estructura, contenido o documentación. Aunque el análisis estático de Software no reemplaza al análisis dinámico, es una revisión de calidad útil que se lleva a cabo normalmente antes de que el análisis dinámico comience. Como regla general mientras más crítico sea un sistema mayor esfuerzo debe ser dedicado a las técnicas de verificación estática.

Los analizadores estáticos son piezas de software que escanean el código fuente de un programa y detectan posibles fallas y desviaciones de acuerdo a un conjunto de reglas o criterios dependientes del lenguaje de programación y de los estándares organizacionales aplicables.

La intención del análisis estático automático es llamar la atención respecto a anomalías encontradas en el programa como, variables sin inicialización, variables sin usar, o datos fuera de rango. Algunas verificaciones que pueden llevarse a cabo mediante análisis estático son:

Tipo de fallas	Verificación de análisis estático
Fallas de datos	Variables utilizadas antes de inicializarse Variables declaradas pero no utilizadas Variables con un valor asignado pero sin uso Violación de los límites de un arreglo Variables sin declaración
Fallas de control de programa	Código inalcanzable Saltos incondicionales dentro de ciclos
Fallas de entrada-salida	Tipo de parámetro erróneo Número de parámetros erróneo Resultado de funciones sin uso Funciones y métodos sin llamar
Fallas de administración de información	Apuntadores sin asignar o inicializar Aritmética de apuntadores

Las herramientas de análisis estático producen falsos positivos y falsos negativos respecto a las reglas o criterios utilizados como referencia. Los falsos positivos son violaciones erróneamente reportadas mientras los falsos negativos son las violaciones que no son detectadas por las herramientas. Los falsos positivos requieren de esfuerzo adicional para determinar su no aplicabilidad y los falsos negativos también pero para llevar a cabo su detección.

Usar herramientas avanzadas de análisis estático está convirtiéndose rápidamente en una buena práctica. El error menos costoso es aquel que se encuentra lo antes posible, como ya se mencionó con anterioridad. Debido a que el análisis estático es un proceso que ocurre al tiempo de compilación este puede encontrar errores incluso antes de que se termine el Software. Esto usualmente conlleva un menor tiempo que si se encontraran esos errores escribiendo un caso de prueba o depurando.

Debido a los límites tanto teóricos como prácticos del análisis estático los diseñadores enfrentan un reto entre precisión y escalabilidad. Por ejemplo, el análisis preciso de un programa en C depende de varios problemas, por lo que los diseñadores tienen que escoger entre limitar el tipo de chequeos de análisis estático a campos donde no se dependa de este tipo de problemas o admitir cierto grado de imprecisión (falsos positivos y falsos negativos) en los resultados.

De cualquier forma, analizar código sin ejecutarlo ya sea mediante herramientas de análisis estático automático o mediante inspecciones manuales del mismo es considerada una buena práctica para desarrollar Software y si bien su objetivo primordial es detectar defectos de Software antes de que el análisis dinámico ocurra y corregirlos.

En mi experiencia, el realizar análisis estático antes de la verificación del Software, es benéfico en el sentido que se encuentran una menor cantidad de errores tanto en pruebas como en "code review" (revisión del código).

3.9.1. Análisis estático automático

Los verificadores formales de software son efectivos pero requieren de una especificación formal completa del programa objetivo y casi siempre son demasiado caros y difíciles de utilizar incluso en los programas donde la seguridad es crítica. En cambio, el análisis estático ligero ("lightweight static analysis") requiere incrementalmente más esfuerzo que utilizar un compilador pero sólo una fracción del esfuerzo que se emplearía para llevar a cabo una verificación formal completa.

Por otro lado, las ventajas que tiene el realizar herramientas de análisis estático automático mediante el estudio de fallas de inspección automática, de fallas de inspección manual y de peticiones de cambio para sistemas industriales de software de gran escala son:

- El costo del análisis estático automático es de la misma magnitud que el costo de las revisiones manuales por falla detectada pero su efectividad es menos dependiente de factores humanos.
- El rendimiento en la remoción de defectos del análisis estático automático no es significativamente diferente del de las revisiones manuales mientras el rendimiento en la remoción de defectos de las pruebas basadas en ejecución es dos o tres veces más alto y por lo tanto más efectivo.
- El número de fallas de análisis estático automático en un módulo puede ser una buena medida para la detección de módulos con propensión a fallas.
- Las herramientas de análisis estático automático identifican predominantemente los defectos de asignación (errores con la inicialización de bloques de control o estructuras

de datos) y de chequeo (errores en la lógica del programa para validar datos y valores antes de que sean utilizados, condiciones de ciclos, etc).

- La gran mayoría de fallas encontradas por las revisiones manuales son fallas de algoritmo (errores de eficiencia o de exactitud), de documentación (errores en la documentación y notas de mantenimiento) y de chequeo.

- Un gran porcentaje de los errores de programación detectados por las herramientas de análisis estático automático tienen el potencial de causar vulnerabilidades de seguridad.

- El análisis estático automático es un complemento económico y costeable comparado con otras formas de verificación y validación.

Las técnicas y las herramientas de análisis estático son usadas para asegurar la forma adecuada de los productos de Software. Esto puede lograrse verificando la adherencia a estándares de codificación y llevando a cabo una revisión de interfases y tipos.

3.10. Aseguramiento de la Calidad en Software

La calidad de Software en un Sistema Embebido engloba todos las métricas que se mostraron en este capítulo. Estas métricas de calidad deben de cumplir en cada uno de los requerimientos del sistema. En posteriores capítulos se hablará más a detalle de los requerimientos.

Existen ciertas guías y procedimientos para poder asegurar que el Software tiene la calidad necesaria. En cuanto a dichas guías para asegurar la calidad del Software en algún producto o Sistema Embebido se pueden considerar las siguientes:

- Capacitación del personal en las herramientas de aseguramiento de calidad.

- Automatización de herramientas cuya operación manual puedan desencadenar fallas en el Software

- Mecanismos apropiados para probar el Software de manera eficiente y a prueba de fallos.

- Identificación de clases, sub-sistemas, funciones, etcétera susceptibles a tener fallos en su código.

En cuanto al tipo de fallas, en Software Embebido, se pueden identificar principalmente dos tipos:

- Fallas de Especificación.

- Fallas de Implementación.

Dichas fallas se explicarán más a detalles en el capítulo 8, sobre Verificación y Validación en Software Embebido

3.11. Uso de Software de Licencia y Software "Gratis"

En la actualidad, prácticamente cualquier proyecto con cierto grado de complejidad requiere una cantidad considerable de código, independientemente de la arquitectura e interfaces del Hardware que se elijan o se necesiten.

Prácticamente para cualquier aplicación que requiera comunicación de cualquier tipo o conectividad, compresión o guardado de datos a interfaces externas (data logging), procesamiento de audio, video, imágenes, entre otros necesitará de código, como ejemplo, las librerías que existen en prácticamente cualquier lenguaje de desarrollo de Software.

En muchos sentidos, el que alguna de estas librerías necesite licencia o sea propietario algún fabricante, el re-hacer código propio sin dichas librerías consumiría mucho tiempo. Sería en parte como reinventar la rueda, en vez de comprarla hecha. En proyectos de Software complejos o con mucho código, se tendrían que reinventar muchas ruedas, lo que resulta inviable en tiempo y recursos.

Existen muchas connotaciones en cuanto a los términos: "Software de código abierto", "Software Gratis", "Software libre", etcétera. Para evitar confusiones, se utilizará el término "Software libre de Regalías", es decir que el código está completo y disponible sin ningún pago al/los autores.

En el pasado, muchos fabricantes vendían sus tarjetas de desarrollo o dispositivos de Hardware y proporcionaban una licencia o cobraban por las herramientas y librerías para poder ser utilizadas por el Hardware en cuestión. A pesar de que algunos fabricantes siguen cobrando por herramientas "premium" que incluyen algunas librerías especializadas, los comúnmente llamados IPCore especializados, herramientas de validación o rastreo de requerimientos, cobertura de pruebas con respecto al código implementados, herramientas de cobertura de código o análisis de código muerto, análisis de taxonomía de código o análisis estático, etcétera, ya se han vuelto populares los entornos de desarrollo, herramientas y librerías libres de regalías.

A pesar de esto, aún existe mucha confusión en el sentido de que representa bajar este software, utilizar aquel código, ¿Qué beneficios tengo?, ¿que obligaciones adquiero?. En este sentido, cuando se requiera realizar un sistema cuyo Software requiera cierta complejidad, se estará en la disyuntiva entre utilizar Software libre de regalías o Software comercial.

En este sentido, mi recomendación sería la siguiente: es muy tentador usar Software libre de regalías; decía mi abuela: "gratis hasta unas patadas". Puede que tenga razón, pero si no se conoce realmente qué es lo que hace el Software libre de regalías, es decir, como está hecho, las patadas salen caras, más caras que si se comprara con el costo del Software comercial. Por lo que en una empresa (casa de Software) en la medida de lo posible, es recomendable adquirir las plataformas de programación necesarias para facilitar el trabajo siempre y cuando las herramientas o plataformas sean de empresas de buena reputación a las que se les pueda pedir soporte en caso de ser necesario.

En mi experiencia, lo que más ha resultado positivo es el programar con Software comercial mientras se desarrollan herramientas propias para poder facilitar y automatizar procesos que podrían resultar muy costosos en cuestión de tiempo. Por ejemplo para automatizar pruebas de AC/DC, depuración. Automatizar algunos procesos tediosos de unit-test o revisión de código (code-review), etcétera y las herramientas principales comprarlas de manera comercial, por ejemplo compilador e interpretes serían muy tardados de hacer de manera propia para la empresa.

3.12. Prácticas Recomendadas para Codificar en un Sistema Embebido

Existen diversas prácticas recomendadas cuando se quiera desarrollar código en un Sistema Embebido. En esta sección se listan algunas de ellas. La mayoría de ellas pueden parecer que son cuestión de sentido común, pero es importante mencionar que generalmente se olvidan, principalmente por cuestiones de tiempo, ya que casi siempre un equipo de desarrolladores que está enmedio de un proyecto, tiene literalmente el tiempo encima. En un sentido más amplio, se abordarán prácticas recomendadas tanto para diseño de Software como para el diseño de Hardware, no solo en su etapa de codificación de SW en el capítulo 9.

> Tip:
>
> Los tipos de datos float (32 bit), long long (64 bit) y unsigned long long (64 bit) en general no son soportados por la mayoría de las arquitectura de Hardware de manera nativa por el procesador pero si se requieren estos tipos de datos, se pueden emular.

Estas prácticas aplican a prácticamente cualquier tipo de sistema embebido; a pesar de que existen numerosas diferencias entre lenguajes, pero es importante tomarlas en cuenta sin importar el lenguaje de programación, la plataforma o la arquitectura del dispositivo de Hardware.

Por ejemplo, una de las consideraciones cuando se desarrolla código para prácticamente cualquier sistema es asignar el tipo de dato correcto. Es muy común que en la práctica un desarrollador cree un dato de tipo "long" en lugar de "int" con el único argumento de que no quiere que se desborde. Esta práctica común es un error en mi opinión. En lugar de eso, se debería de dejar el tipo correcto de la variable y proteger la variable en el código en caso de que se pueda desbordar. Al asignar variables de tipos más grandes, ocupan más memoria cada vez que se accesa a los datos, lo cual no es conveniente. Este tipo de problemas puede que no sean tanto problema en desarrollo de Software Tradicional, pero en Sistemas Embebidos, es crucial que todas las variables tengan el tipo de dato correcto y que no ocupen más espacio de memoria de la que deberían.

Los tipos de datos comunes en C, generalmente son:

- char   8 bit con signo
- unsigned char   8 bit sin signo
- short   entero con signo de 16 bit
- unsigned short   entero sin signo de 16 bit
- int   entero con signo de 32 bit
- unsigned int   entero sin signo de 32 bit
- long   entero con signo de 32 bit
- unsigned long   entero sin signo de 32 bit

Otro punto a considerar para una codificación adecuada es el del uso de la división. Los procesadores de de punto fijo en general no soportan la división de manera nativa. En lugar de esto, se tienen en el set de instrucciones

4. Medibles en Hardware

En este apartado, se abordarán diversos conceptos para que el lector se familiarice con conceptos básicos de Hardware. Estos conceptos de Hardware son fundamentales para entender mejor el Diseño de Sistemas Embebidos. Así mismo, el objetivo fundamental de este capítulo es dar un panorama general de estos conceptos, por lo que no se manejará el diseño de Hardware a profundidad.

4.1. Conceptos Básicos de Señales

Uno de los conceptos de Hardware que muchas veces toma tiempo familiarizarse para un desarrollador de Software son los diagramas de tiempo.

Estos diagramas son representaciones en dominio de tiempo del comportamiento de las señales en un módulo o sistemas. La figura 4.1. muestra la respresentación de algunas señales básicas para un diagrama de tiempo.

Símbolo	Señal de Entrada	Señal de Salida
	Señal de Entrada debe ser valida	Señal de Salida debe ser valida
	Señal de Entrada no afecta el sistema, trabaja independientemente de esta	Señal de Salida indeterminada
	Señal Basura (sin sentido)	Señal de salida no conducida (flotante), tres estados, HiZ, Alta Impedancia
	Si la señal de entrada	Se Alza la Señal de salida
	Si la señal de entrada cae	La señal de salida cae

Figura 4.1. Representación de señales básicas en un Diagrama de Tiempo.

Para poder ejemplificar de mejor manera como se representan estas señales en un diagrama de tiempo, la figura 4.2 muestra tres señales (Señal A, Señal B y Señal C). Como puede observarse, Las señales A y B son entradas, mientras la señal C es la salida en este ejemplo. En este ejemplo, se muestra tanto el tiempo de subida, es decir, el retardo que toma una señal en cambiar de 0 a 1, como el tiempo de caida, que es el tiempo en que la señal cambia de 1 a 0.

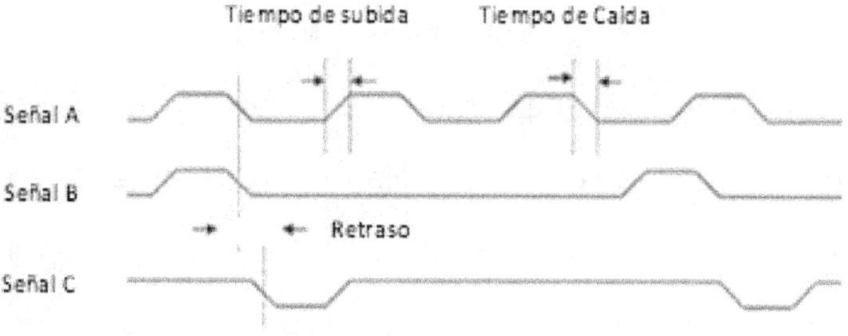

Figura 4.2. Ejemplo de un diagrama de tiempo con 3 señales.

En los Sistemas Embebidos, los desarrolladores de Software necesitan en ocasiones escribir código directamente al Hardware para manipular un periférico. Dependiendo de la arquitectura utilizada, el dispositivo puede estar mapeado directamente a un puerto o a la memoria. Si la arquitectura soporta un espacio de dirección de E/S separada y el dispositivo está mapeado a un puerto, en general no habrá salida elegante del problema a menos que se maneje con el lenguaje ensamblador.

Esto se debe a varias razones, principalmente porque muchos lenguajes, por ejemplo el lenguaje C no tienen una noción intrínseca de "puertos", la otra es que aunque el entorno de desarrollo que se esté utilizando, no podríamos estar seguros del efecto que ésto podría tener si se hace en un lenguaje de alto nivel. El problema se vuelve menos complejo cuando el dispositivo se mapea directamente a la memoria.

4.1.1. Mapeo Directamente a Memoria

Manipular un dispositivo que se mapea directamente a memoria, es generalmente más simple. La mayoría de los ambientes manejan dos diferentes métodos para realizar este mapeo: basado en linker y basado en puntero. Los que son basados en el linker usan un calificador externo para informar al compilador que el programa usará un recurso fuera del programa. Por ejemplo:

```
extern volatile int device_register;
```

En el caso de ésta instrucción, se le está diciendo al compilador que un recurso de tamaño entero (es decir, declarado como int) que se llama device_register existe fuera del programa, en un lugar conocido del linker. Con esta declaración, el programa puede leer y escribir desde el dispositivo como si fuera una variable global. Por supuesto, también se puede hacer por medio de un puntero (en lenguaje C). Por ejemplo, se puede realizar un programa para controlar UART utilizando un Circuito Integrado de Aplicación Específica (ASIC) de la siguiente manera:

```
/*Asumamos que el puerto de E/S se localiza en 0x4000
el puerto de status de E/S se localiza en 0x4001
buffer de transimisión vacío = DB0; DB0 =1 cuando el carácter se puede enviar */
void main(void)
{
```

```c
int *p_status; /* puntero al puerto de status */

int *p_data; /* puntero al puerto de datos */

p_status = (int*) 0x4001 ; /* Asignar puntero al puerto de Status */

p_data = ( int* ) 0x4000 ; /* Assign pointer to data port */

do { } while (( *p_status & 0x01) == 0 ); /* Modo espera */

.....

.....

}
```

4.1.2. Interrupción de Servicio

Las interrupciones son utilizadas en prácticamente todo los sistemas donde exista Software. En este sentido, es importante definir que es una interrupción y como debe de ser manejada. Las interrupciones son producidas por varias fuentes, pudiéndose realizar las interrupción ya sea por Hardware o por Software. Una interrupción de tipo Hardware es una señal eléctrica producido por un dispositivo físico de Sistema; esta señal informa al Sistema principal que el dispositivo requiere su atención. El dispositivo parará el proceso que está ejecutando para atender la interrupción. Cuando la interrupción termina, el dispositivo reanuda la ejecución en donde fue interrumpida, pudiendo ejecutar el proceso detenido originalmente o bien otro proceso. Existe un hardware específico, para que los dispositivos puedan interrumpir lo que está haciendo el Sistema; el cuál tiene entradas específicas para ser interrumpida (Generalmente nombradas INT). Cuando se activa alguna de las entradas INT, el Sistema detendrá detiene el proceso que está ejecutando y activará la salida para reconocer la interrupción INTA por ejemplo (Interrupción A), y comenzará a ejecutar el código especial que maneja la interrupción.

Los IRQ se encuentran numerados, y cada dispositivo de hardware se encuentra asociado a un número IRQ. En la arquitectura IBM PC y compatibles, por ejemplo, IRQ 0 se encuentra asociado al temporizador, el cual genera 100 interrupciones por segundo, dispositivos de almacenamiento externo el 6, etcétera. También es conveniente mencionar que se puede compartir un IRQ entre varios dispositivos. Por ejemplo, la lista de las interrupciones de un dispositivo puede verse de la siguiente manera:

Interrupción	IRQ	Descripción
00H	-	División por cero o desbordamiento
02H	-	Interrupción no-enmascarable
04H	-	Desbordamiento (EN)
08H	0	Temporizador del Sistema (Reloj)
09H	1	Teclado
0AH	2	Interrupción Segunda del Controlador
0BH	3	Interrupción de puerto de Comunicación COM2
0CH	4	Interrupción de puerto de Comunicación COM1
0DH	5	Interrupción de puerto paralelo LPT2
0EH	6	Puerto de almacenamiento externo
0FH	7	Interrupción de puerto paralelo LPT1
70H	8	Reloj

71H	9	Interrupción general de puerto E/S
72H	10	Interrupción general de puerto E/S
73H	11	Interrupción general de puerto E/S
74H	12	Interrupción general de puerto E/S
75H	13	Coprocesador
76H	14	Almacenamiento Interno
77H	15	Interrupción general de puerto E/S

En la tabla anterior, se muestra un ejemplo de listado de interrupciones. En sistemas actuales, algunos puertos ya no existen, pero las interrupciones son reemplazadas por otro tipo de puertos de generaciones posteriores. Por ejemplo, los puertos de interrupción paralelo (LPTx) podrían ser reemplazados por puertos USB, puertos VGA por HDMI, etcétera.

Así mismo, existen interrupciones que se ejecutan por Software. Independientemente de la manera en que las interrupciones existan, deben de considerarse una serie de factores. Por ejemplo, una interrupción se tiene que priorizar por orden de importancia (o nivel de criticidad) en un sistema. En este sentido, ejecutar una interrupción por presionar una tecla no debería de ser tan crítico como el nivel de temperatura sensado en el aceite de un motor o guardar los datos que están almacenados en memoria cuando se ha detectado una inminente falla de energía en el sistema. En el Software comúnmente se llaman rutinas de servicio de interrupción (o ISR, por sus siglas en inglés). Los ISR generalmente son códigos relativamente sencillos, el problema radica en que se debe de entender bajo qué condiciones se ejecutará una interrupción por SW.

En este caso, un dispositivo externo envía un código de que una interrupción debe de ser atendida a través de una de las líneas de interrupción (usualmente genéricas) de HW. Si el Sistema acepta que se tiene una interrupción, típicamente hace lo siguiente:

- Empuja (push) la dirección de la siguiente instrucción a la pila (stack).
- Recibe la dirección del ISR y accesa a esa dirección.
- Cuando ejecuta esa instrucción, el ISR debe de decidir cuando deshabilitar o re-habilitar las interrupciones futuras.
- Guardar los estados de los diferentes recursos y registros utilizados en el ISR.
- Determinar que dispositivo está causando la interrupción.
- Ejecutar el código del ISR.
- Restaurar el estado del sistema.
- Habilitar las interrupciones.
- Regresar de la interrupción.

La lista anterior es un ejemplo de lo que regularmente hace una interrupción (o debería de hacer). Es importante además de que existan prioridades para las interrupciones, el que se guarden tanto las direcciones de los apuntadores, las variables que se estén utilizando en ese momento, como los valores que existan en los registros y que además, se restaure todo a como estaba antes de ejecutar la interrupción.

4.1.3. Watchdogs

Este concepto de "Perro Guardián" o Watchdog es muy utilizado, pero a veces muy poco comprendido en Sistemas Embebidos. También es mucho más común su utilización en este tipo de Sistemas que en SW tradicional. De hecho, debido a que el watchdog generalmente es un elemento de Hardware externo que funciona como un contador, no conozco una aplicación que se utilice en SS tradicional como se utiliza en Embebido. Dado que generalmente se utiliza el anglicismo Watchdog cuando se desarrollan Sistemas Embebidos, en lugar de perro guardián se utilizará este concepto sin traducción al idioma Español.

Primeramente, se necesita definir el término watchdog. Un watchdog es un elemento de Hardware (aunque también se puede diseñar en Software) que cuenta descendentemente de algún valor inicial a cero. Puede ser utilizado para detectar anomalías de Software para reiniciar el Sistema si algo grave sucede con el Sistema. El watchdog funciona asumiendo que si se determina un contador que funciona de manera independiente y no se restablece ese valor periódicamente y el valor del watchdog llega a 0, significaría que el Software está funcionando de manera incorrecta. Si esto sucede, el procesador junto con el SW que esté ejecutando se reiniciará por completo. Debido a esto, el watchdog está permanentemente ligado a la señal de reinicio del sistema (reset).

Este tipo de elementos se utilizan generalmente para reiniciar el sistema si el Software se congela o comienza a a comportarse de manera inadecuada. Algunos Sistemas Embebidos como algunos módulos en industrias aeroespaciales, automotrices, médicas, etcétera no son accesibles a usuarios o no pueden ser reiniciados de manera manual. En estos casos, si el SW se congela, el Sistema quedará deshabilitado permanentemente o sería demasiado lento ser reiniciado de manera manual.

Otra de las consideraciones fundamentales al implementar un watchdog es realizar un análisis de throughtput para verificar el tiempo máximo en el cual se ejecutaría todo el Software en nuestro Sistema Embebido. El hacer esto, nos daría una idea de cuanto debe de ser el valor del watchdog para evitar que llegue a 0; de lo contrario, si solo se hacen mediciones empíricas de cuanto tarda todo el Software en ejecutarse, se reiniciará el sistema cuando el mismo esté en un cuello de botella manejando datos y haciendo uso del procesador, en lugar de que realmente exista un problema con el SW o el mismo se congele o deje de funcionar.

Por ejemplo, supongamos que el bucle principal (void main()) de cierto SW tarda en promedio 25 milisegundos (ms) en ejecutarse, pero el peor escenario es de 35ms. El watchdog está conectado a una interrupción de prioridad más alta como la señal de RESET o una interrupción no enmascarable. Una vez que se activa, el swatchdog cuenta el equivalente a 50 milisegundos a 0 causando que si llega a 0 se active la señal de RESET. La única manera de evitarlo es enviando una señal que reinicie el contador en 50ms de nuevo.

En este ejemplo, el código usualmente no tarda más de 35ms en ejecutarse completo y se tienen 15ms de prórroga antes que se active el watchdog. De esta manera, la última operación del bucle principal es reiniciar de nuevo el watchdog.

La figura 4.3 muestra como se comportaría el watchdog en el ejemplo anterior.

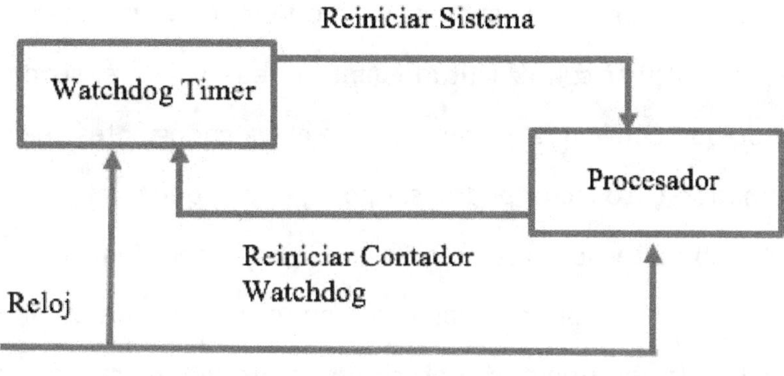

Figura 4.3. Diagrama de un Watchdog

Siguiendo la analogía del perro guardián, comúnmente a restablecer el temporizador del watchdog se le conoce como "patear al perro". Antes de que los amantes de los animales me reclamen, explicaré dicha analogía. La imagen mental de lo que comúnmente se le conoce como "patear al perro" es la de una persona siendo atacada por un perro agresivo y rabioso. La técnica es que la persona deberá seguir tirando patadas al perro sin acercarse tanto para evitar ser mordido y seguir tirando patadas en intervalos regulares de tiempo. De manera similar, el SW debe de reiniciar el temporizador del watchdog a intervalos regulares ante el riesgo de ser reiniciado el Sistema.

Otra consideración al implementar watchdogs es revisar bien si se está inicializando frecuentemente el sistema por un watchdog. Se debe revisar si realmente el Sistema se está colapsando o se reinicia el sistema debido a otro tipo de factores. Por ejemplo, se pueden tener diversos procesos e hilos corriendo al mismo tiempo en un sistema y no se puede en estos casos siempre calcular con exactitud cuanto puede tardar el sistema en terminar todas las tareas y procesos, con lo que puede activarse el watchdog antes de que termine, lo que podría ser problemático. Otro factor podría ser por ejemplo, que exista un programa donde un bucle tenga que recibir un valor externo de algun sensor, por ejemplo de temperatura, humedad, presión, etcétera, y no continúe hasta que no esté dentro de los límites la medición. En este caso, no se podría determinar con precisión cuanto tiempo tardaría, lo que podría reiniciar el watchdog antes de que reciba una lectura válida. Por estas razones, se debe de implementar un watchdog con cuidado.

Una de las recomendaciones para evitar que el watchdog inicie el Sistema es la de volver a establecer el valor del watchdog en esos ciclos o procesos que no sabemos con exactitud cuanto tiempo tardarán para evitar que se reinicia el Sistema completo

El siguiente ejemplo muestra el cómo se puede programar el watchdog para que en caso de que llegue a 0 desde la cuenta inicial (en este caso 50000) se pueda reiniciar.

```
uint16 volatile * pWatchdog = (uint16 volatile *) 0xFF0000;
main(void)
{
        hwinit();
        for (;;)
```

```c
    {
        *pWatchdog = 50000;
        read_sensors();
        control_motor();
        display_status();
    }
}
```

4.2. Características de los Circuitos Integrados

Como se mencionó anteriormente, los circuitos integrados son comparadas generalmente en función de sus características. Los parámetros más importantes a ser considerados para las diversas familias lógicas son los siguientes:

- Retardo de propagación
- Disipación de energía
- Fan in
- Fan out
- Inmunidad al Ruido
- Temperatura Operacional
- Requerimientos de energía
- Parámetros de Corriente y Voltaje

4.2.1. Retardo de Propagación

El retardo de propagación se define como el tiempo que toma a la salida de una compuerta lógica cambiar después que se produce un cambio en las entradas. Es el tiempo de transición de la señal en propagarse de la entrada a la salida. Esto se muestra en la figura 4.4.

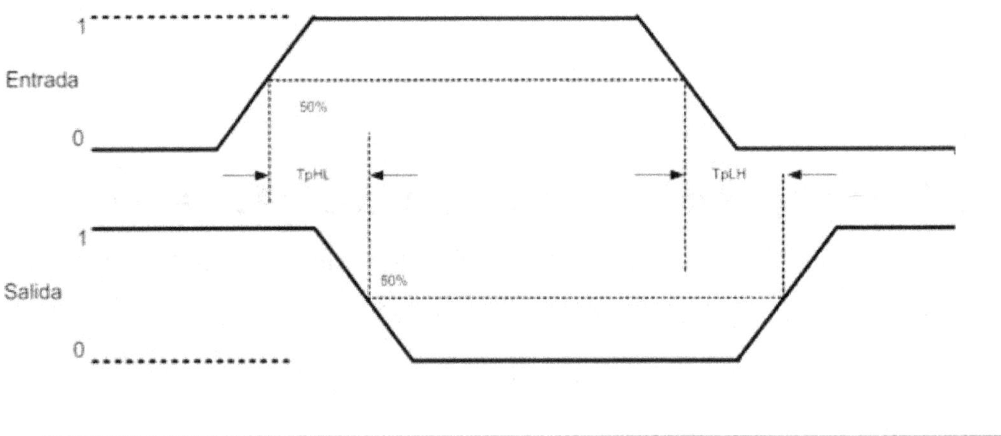

Figura 4.4. Retardo de Propagación de una Compuerta.

Una señal lógica siempre experimenta un retardo en un circuito. En la figura 4.4 se muestran los dos tipos. TpHL si el retardo es de una señal que cambió de alto a bajo (High-to-Low) y TpLH si el retardo es de una señal que cambió de bajo a alto (Low-to-High).

Los retardos se miden del tiempo que tarda al 50% de nivel de voltaje desde la entrada hasta la salida.

104

4.2.2. Disipación de Energía

La disipación de energía es la medida de la energía consumida por las compuertas cuando todas sus entradas están conectadas.

4.2.3. Fan In

Fan In se refiere al número máximo de entradas que pueden ser conectados a una compuerta sin que se degrade su funcionamiento óptimo.

4.2.4. Fan Out

Fan out se refiere al número máximo de carga estándar que la salida de una compuerta puede admitir sin degradar su funcionamiento óptimo. La carga estándar se define como la corriente que fluye a la entrada de una compuerta de una misma familia lógica. Generalmente el fan out depende de las impedancias de entrada y salida de la compuerta.

4.2.5. Inmunidad al Ruido

El termino ruido se refiere a una señal no deseada. Estas señales causan cambios en los voltajes de entrada. Existen condiciones cuando los cambios en los voltajes son tan altos que se inhibe la operación correcta de los dispositivos.

La inmunidad al ruido es el límite del voltaje de ruido que puede presentarse en la entrada de una compuerta sin que se afecte su comportamiento óptimo.

Todos los dispositivos semiconductores son sensibles a la temperatura. La temperatura operacional varía entre fabricantes, pero puede oscilar entre 0oC y 70oC para aplicaciones comerciales e industriales hasta tener límites en aplicaciones militares o específicas de -55oC a 125oC.

4.3. Jitter

Se denomina **jitter** o fluctuación a la variabilidad temporal durante el envío de señales digitales, una ligera desviación de la exactitud de la señal de reloj. El jitter suele considerarse como una señal de ruido no deseada. En general, el jitter es un cambio indeseado y abrupto de la propiedad de una señal.

Esto puede afectar tanto a la amplitud como a la frecuencia. El jitter es la primera consecuencia de un retraso de la señal. La señal puede ser de casi cualquier tipo, por ejemplo señal de audio digital o video, entre otros.

Cuando el jitter es considerablemente grande se tiene una tasa de error mucho más alta, por lo que se tiene que tener cuidado con la desviación del valor con respecto al valor del tiempo en el cual debió de haber cambiado.

Existen diferentes tipos de Jitter, ya que éste sea determinista (cuyo origen generalmente es ruido) y el jitter aleatorio.

En cuestión del jitter determinista, se dividen de la siguiente manera:

- Parte periódica del jitter, generalmente son señales de ruido externas que tienen cierta periodicidad y se acoplan a la señal original.
- Jitter dependiente de los datos, el cual normalmente se genera como consecuencia de los datos que se envían entre dispositivos.
- Jitter dependiente de la anchura de los pulsos, el cual se genera por anchuras de pulsos desiguales (el término en inglés es Duty-Cycle Jitter)

Así mismo, hay que diferencia entre el jitter aleatorio del jitter determinista explicado anteriormente. El jitter aleatorio, también llamado Gaussian Jitter, es el ruido del tiempo electrónico impredecible. Puede ser causado en un circuito eléctrico, el cuál es causado por ruido térmico; otra razón puede ser por el teorema del límite central, el cual estipula que el efecto de muchas fuentes de ruido no relacionadas, cualquiera que sea su distribución, tiene una distribución Gaussiana.

Así mismo, el jitter determinista, es un tipo de jitter sincronizado el cual es predecible y reproducible, el valor entre picos está ligado, y los patrones pueden ser observados y predichos.

Existen diferentes métodos para mitigar el jitter, entre ellos se encuentran los circuitos anti-jitter, jitter buffers, dejitterizer, filtros, entre otros.

4.4. Latencia

La definición general de latencia es el retraso entre un estímulo y su respuesta. En general se refiere al tiempo que dura en llegar una acción desde su punto de inicio hasta su punto destino o dicho de una manera más simple, la latencia se puede definir como el tiempo que tarda un proceso entre que se dió la orden o el comando para que se ejecutara hasta que se ejecuta.

Cabe resaltar que siempre va haber cierta latencia, aun si se dice que es latencia cero, solo que esta es imperceptible. La latencia ha sido una preocupación de los diseñadores de sistemas , no solo de Sistemas Embebidos, sino que se remonta desde la invención del teléfono.

Existen diferentes tipos de latencia, se pueden tipificar latencia de acceso a datos, de memoria, de red, de procesamiento, etcétera. Por la naturaleza de este libro se abordará principalmente la latencia de memorias

Se denominan latencias de una memoria RAM a los diferentes retardos producidos en el acceso a los distintos componentes de esta última. Estos retardos influyen en el tiempo de acceso de la memoria por parte de la CPU, el cual se mide en nanosegundos.

Existen varios tipos de latencias en las memorias, sin embargo, las más importantes son:

- CAS: indica el tiempo que tarda la memoria en colocarse sobre una columna o celda.
- RAS: indica el tiempo que tarda la memoria en colocarse sobre una fila.
- ACTIVE: indica el tiempo que tarda la memoria en activar un tablero.
- PRECHARGE: indica el tiempo que tarda la memoria en desactivar un tablero.

La latencia de CAS (Column Address Strobe) miden generalmente el rendimiento de las memorias de tipo SDRAM. En general se abrevia CL2 o CL3. Esta latencia es el retraso (medido en ciclos de reloj) entre que la memoria SDRAM detecta un comando de lectura (READ) y provee el dato a sus pines de salida.

Los términos CL2 y CL3 representan en una hoja de datos de la memoria SDRAM el numero de reloj del sistema que toma este retraso, por lo que una memoria CL2 que refiera en su hoja de datos como "CAS Latency Timing" tendrá una latencia o retraso de 2 ciclos de reloj del sistema y una memoria que especifica como CL3, tardará tres ciclos en entregar el dato a los pines de salida.

Esto puede no parecer mucho, pero para aplicaciones críticas que se ejecuten en dispositivos con una baja velocidad de reloj, 1 ciclo de latencia más si se leen muchos datos, representará en su conjunto una eficiencia mucho menor para una memoria CL3 que para una CL2.

También en las hojas de datos de las memorias SDRAM habrá números tales como 3-2-2, 2-2-2, 3-3-3, etcétera. Estos números representan lo siguiente. El primer número es la latencia de

CAS, el segundo la latencia entre las filas y las columnas (RAS to CAS Latency) y la tercera la precarga de la fila o Row Precharge. Al igual que la latencia en CAS, se mide en ciclos de reloj.

4.5. Throughput

Se puede definir el rendimiento como la cantidad de trabajo que un sistema puede hacer en un período de tiempo determinado. El rendimiento es un parámetro que indica el nivel de computación de la máquina y la velocidad a la que produce los resultados.

Existen algunos factores que pueden determinar en parte el rendimiento de un sistema. La arquitectura del sistema, el tipo y el tamaño de la memoria, número de ciclos por segundo de reloj, entre otros, son factores que pueden ser medidos con precisión tal que pueden determinar en cierta forma el rendimiento del sistema. Sin embargo, existen otros que por sí solos, no determinan el rendimiento del sistema. Como ejemplos podemos incluir que el Diseño de los algoritmos, líneas de código, estructuras de datos, número de funciones, entre otros, no se podrían predecir o determinar el rendimiento del sistema de manera simple.

Uno de los conceptos que en Sistemas Embebidos deben ser analizados es el de Throughput. En términos simples, throughput se define como la tasa a la cual el sistema puede procesar entradas, procesos o tareas en un tiempo determinado. Throughput es expresado comúnmente en bytes por segundo (B/s, Mb/s, Gb/s, etcétera) . Este término es comúnmente confundido con la latencia. Mientras que el Throughput es la tasa en la que el sistema puede realizar ciertas tareas en un tiempo determinado, la latencia determina el tiempo que tarda un proceso en iniciar desde que se dio la señal para que se pueda realizar hasta que la realiza.

4.6. Complejidad de Hardware

Uno de las más importantes herramientas contra una complejidad del software embebido en las aplicaciones de la vida real son buenas habilidades para escoger la arquitectura adecuada. En este sentido, hay algunas consideraciones finales para no incrementar la complejidad de manera innecesaria:

1. Se debe de reservar un tiempo y recurso humano considerable para elegir la arquitectura correcta siempre que el tiempo para terminar un proyecto o una fase del mismo lo permitan.

2. Se recomienda formar un equipo de revisión de arquitectura de hardware con respecto a los requerimientos del proyecto. Este equipo determinará la mejor arquitectura, en general una sola persona puede estar omitiendo algunos detalles, lo que puede desencadenar problemas en fases posteriores del proyecto.

3. Todos los requerimiento deben de quedar claros y la arquitectura de hardware debe de estar "sobrada".

En el punto número 3, por ejemplo, sabemos que cierto sistema necesita un datalogger de a lo mucho 256Kb de espacio en una memoria Flash para almacenaje y consideramos que la arquitectura de Hardware va a almacenar solo eso, quiere decir que un dato más causará un desbordamiento de memoria. Si eso sucede, se tendrá que ver la manera por software de quitar datos viejos o implementar páginas virtuales de memoria, pues la memoria física no alcanza. Éste "pequeño" error de consideración incrementaria la complejidad del software o tener que cambiar la arquitectura dle Hardware, lo que podría atrasar o hacer inviable el término en tiempo del proyecto.

El anterior caso de estudio muestra una problemática relativamente común, aunque de complejidad no tan trivial. Aunque se pensó para un estacionamiento público donde las personas acuden regularmente para diversos eventos, se realizaron los requerimientos para funcionar tanto en sectores privados, estacionamientos para los empleados de las empresas, notarias, escuelas, o simplemente estacionamientos públicos.

Después de hacer un monitoreo tecnológico, en relación costo beneficio se decidió realizar el proyecto con tarjetas de identificación por radiofrecuencia(RFID). En este libro no entraré a detalle de dicha tecnología, basta decir que ofrecía la flexibilidad para poder realizar el proyecto. Se decidió por una arquitectura de un microcomputador con una pantalla LCD y una tarjeta SD, que podía ser accesada mediante un datalogger.

Funcionaba de la siguiente manera: cada vehículo tiene una etiqueta (conocido comúnmente como tag que leía ese código. Dicho número único se identificaba en el Sistema Embebido y lo validaba para poder entrar. Dicho Sistema Embebido, se conectaba asu vez con una terminal remota dentro del mismo edificio que certificaba que el tag válido tenía crédito o su tarjeta de crédito era válida. Mientras el acceso se levantaba, el sistema detectaba cuántos tags estaban dentro del estacionamiento y en que lugares estaban(un ejemplo de el tipo de tag que se utilizó puede verse en la figura 4.5). Posteriormente, mediante un algoritmo Dijkstra-ACO (Optimización por colonia de hormigas) buscaba la ruta más corta desde donde se había validado que la persona podría ir, hasta el lugar más cercano disponible.

Pues bien, esto representó varios problemas. Los requerimientos a "grosso modo" estaban bien; en la implementación faltaban algunas piezas. En primer lugar, se necesitaba saber un estimado del número de tags máximo para cada estacionamiento y ese número determinaría una arquitectura óptima de recursos, por lo que no sería tarea fácil realizar un sistema genérico.

Así mismo, se tenía el problema de no saber que la ruta óptima calculada era la mejor ruta en todos lo casos. Ese era un problema del Software, no del Hardware, sin embargo, en términos generales, era complicado encontrar la ruta sin saber a que establecimiento va. Para los empleados esto se podía realizar, pero no para visitantes, proveedores, etcétera, por lo que se decidió únicamente tomar en cuenta los lugares de estacionamiento vacíos más cerca del acceso donde se detectó el tag.

Otro paso importante era la validación en tiempo real de la tarjeta, eso no tuvo problemas de complejidad severos. El problema principal es que se hacía si no se tenía un tag, si era la

114

primera vez que se accedía al estacionamiento o no se contaba con una tarjeta de crédito o prepago para validar el tag.

Uno de los requerimientos fundamentales en este caso de estudio es eficientar el uso del estacionamiento. Sin embargo, conforme se fue avanzando en el proyecto, se tornaba más complejo y la complejidad dependía de muchos factores. Al final, se decidió cerrar el proyecto exclusivamente para el estacionamiento en cuestión y elaborar productos "delta" a partir de nuestra experiencia con ese proyecto y hacerlos ad-hoc conforme las empresas lo pidieran para no caer en complejidades innecesarias. La figura 4.6 muestra una representación gráfica de cómo funciona el sistema para no entrar en conflictos de confidencialidad con la empresa que solicitó dicho sistema.

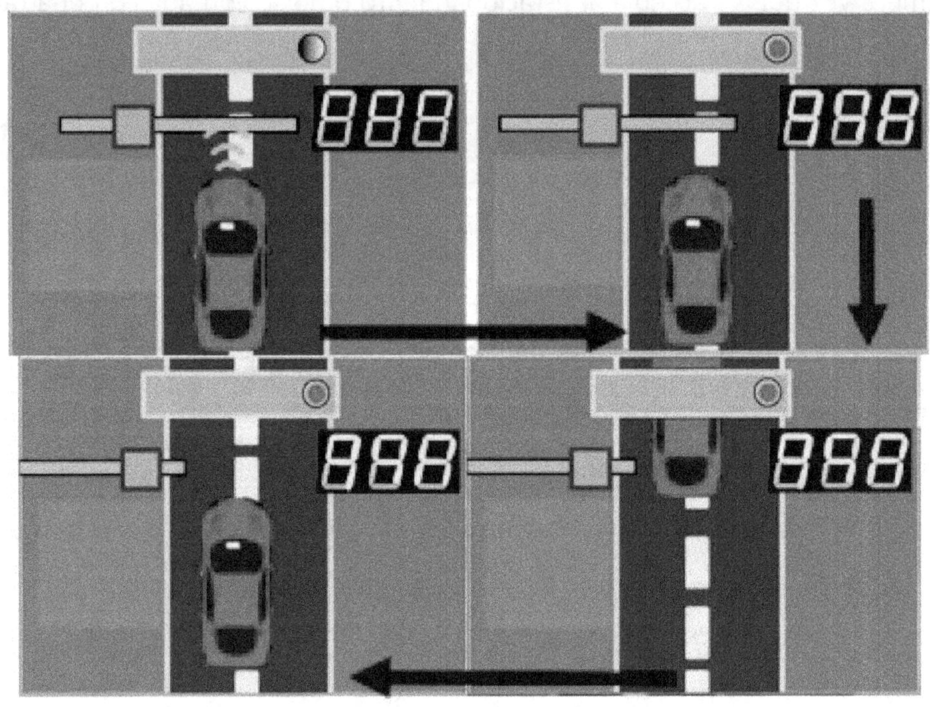

Figura 4.6. Diagrama de funcionamiento del caso de estudio del estacionamiento RFID.

4.7. Consumo de Energía

Existen muchas razones por las cuales un diseñador en Sistemas Embebidos debe cada vez más de considerar un bajo consumo de energía en sus diseños. El tiempo de vida de las baterías de los electrónicos portátiles han hecho que prácticamente todos los Sistemas que lleven electrónica se optimicen con respecto al consumo de energía.

116

Eso suena muy bien, la cuestión es que con el incremento en la complejidad en los Sistemas Embebidos, el que el ahorro de energía sea adecuado, podría depender exclusivamente de la duración de la batería, lo que implicaría que la solución es baterías más grandes o mejor tecnología en las mismas, lo que resultaría inviable en la mayoría de los Sistemas Electrónicos de hoy en día.

Esto es principalmente cierto para los dispositivos portátiles, en donde el incremento en consumo de energía obviamente resulta en un decremento en tiempo de duración de batería. Muchos sistemas se tienen que diseñar para que puedan ser ejecutados por meses, incluso años sin cambiar su batería, por ejemplo, los implantes médicos como biosensores o marcapasos.

Este tipo de Sistemas muchas veces se hace diseñando modos latentes o de espera en los que el consumo de batería es mínimo y el sistema "despierta" cuando se necesita realizar ciertas tareas, lo que ahorra mucha batería. En estos casos, es crítica la duración de la batería, pues reemplazar la batería implicaría abrir al paciente, lo que podría resultar en letal para el paciente, por lo que cualquier mejora en la batería en este tipo de casos es vital.

En el caso de un marcapasos, por ejemplo, supongamos que por lo menos tendría que funcionar por 10 años ininterrumpidos sin volver a abrir al paciente para reemplazar la batería y sin modos latentes, tendría que funcionar continuamente. Si las baterías de los marcapasos tienen una capacidad de varios cientos miliamp por hora (mAh), lo cual es una pequeña parte de una batería de una laptop por ejemplo, dividimos 300 mAh entre 10 años, 365 días al año y 24 horas al día, pues como se comentó, tienen que funcionar todo el tiempo. Esto significa que el marcapasos necesita ejecutarse a 19 micro-amps.

Existen diversas estrategias para elegir la mejor estrategia entre rendimiento y consumo de energía, principalmente se pueden mencionar las siguientes:

- El co-diseño Hardware y Software tiene que ser involucrado para que el diseño del Sistema se realice con un óptimo consumo de energía.
- Tener las herramientas correctas para realizar estimaciones de consumo de energía tan pronto en el ciclo de desarrollo de SW como se pueda

Como se comentó anteriormente, antes el cuidar cuestiones de consumo de energía era únicamente dominio de los diseñadores de Hardware. Sin embargo, hay algunas áreas importantes en las que los diseñadores de SW deben de tener cuidado con cuestiones de consumo de energía; estas son:

- **Pantalla (Display):** Las pantallas cada vez más sofisticadas se están volviendo muy comunes en Sistemas Embebidos. Su tamaño y resolución está incrementando y su sensitividad al tacto se esta implementando para prácticamente cualquier Sistema. Este dispositivo de Hardware se encuentra entre los que más consumen energía en un dispositivo, por lo que es vital que el Software que lo controla monitoree la utilización de este dispositivo muy de cerca y oscurezca o apague la pantalla cuando no se esté utilizando.

- **Dispositivos de comunicación inalámbrica:** Los Sistemas Embebidos cada vez están más conectados, el que estén conectados de manera inalámbrica y más ahora con el surgimiento del Internet de las Cosas (IoT), Internet Industrial, se requiere de que la conectividad de mi sistema no sea un lujo, sino una necesidad. Muchas veces, en un Sistema Embebido, se necesita más de una tecnología de comunicación inalámbrica en el mismo dispositivos, como Wi-Fi, ZigBee, Bluetooth, BLE (Bluetooth Low-Energy), GSM, GPS, RF, RFID, FlexRay, WiMax, NFC, Infrarrojo, entre otros.

- **Utilización del Procesador Principal:** Esto es un problema muy recurrente, el tener muchas instrucciones siendo ejecutadas para realizar una tarea en específico incrementa la utilización del procesador y por lo tanto, puede incrementar el consumo de energía. Esto funciona tanto para el código que requiere la aplicación como programas adicionales que se utilicen como manejadores de diversos tipo (IP por ejemplo). También la plataforma y el RTOS en el que el SW es ejecutado puede afectar en el ahorro de energía. Así mismo, es recomendable reducir la complejidad del SW para reducir el número de ciclos de reloj que tarda en ejecutar una tarea o proceso en específico. De esta forma, la moraleja podría ser que cualquier cosa que ayude a realizar una tarea con la menor cantidad de ciclos de reloj, puede ser utilizado para reducir el consumo de energía.

- **Utilización de la memoria:** El tamaño del código y el número de datos leyéndose y escribiéndose de y hacia la memoria, evidentemente afecta el tamaño requerido de la memoria en cualquier diseño. Aunque podría considerarse que es demasiado pequeño el consumo de energía si se mueve por ejemplo 10,000 datos por segundo o 10,001, la memoria consume energía y minimizar este consumo sería conveniente. Como se ha comentado anteriormente, hacer un diseño que quede "justo" no sería lo más conveniente, en cuestión de memoria pasa lo mismo; es posible que en posibles productos futuros o mejoras del Sistema, no alcance para almacenar los datos que se requieren en memoria. Es por ello que se debería de tener en cuenta los componentes de memoria que se necesitan en el momento de elegir el Sistema.

Desde el punto de vista del Software, el problema del consumo de energía se puede abordar por medio del análisis. Esto generalmente requiere una serie de herramientas que se componen de la simulación del Hardware para poder determinar si el SW está realizando procesos que requieren de un mayor consumo de energía. Por ejemplo, se pueden nombrar dos principales factores que pueden incidir en el consumo de energía: tiempo que tardan en modo latente (ya sea sleep/suspend) y el voltaje dinámico (DVFS ó Dynamic Voltage and Frequency Scaling).

Históricamente, los desarrolladores principalmente de Software únicamente tenían un rango limitado de estados de "sleep" para poder ahorrar consumo de energía. Hoy en día, se tienen varios estados que pueden parecer iguales, pero no lo son, y le dan al desarrollador un mejor control sobre el estado del procesador principal y su consumo de energía (ej. sleep, suspend, hibernate, doze, etcétera).

Con respecto al voltaje dinámico (DVFS, por sus siglas en inglés). Éste consiste que en lugar de meter al procesador en modo suspendido o latente, el DVFS es capaz de que el programa reduzca su frecuencia y voltaje de reloj para ahorrar energía.

Siempre que explico ambos en cualquier ámbito, ya sea en academia o en industria, siempre hay alguien que pregunta, ¿cuál es mejor? La respuesta es ambos tienen sus ventajas y desventajas, ambas son herramientas que le permiten al desarrollador tratar de reducir el consumo de energía y por ende, aumentar el tiempo que dura la batería en agotarse. Por ejemplo, si se considera que un procesador consume un cierto número de mAh, se asume siempre que correrá a la frecuencia de reloj más alta y también con el voltaje operativo más alto, pero si se reduce, también se reducirá proporcionalmente el consumo de energía.

Si examinamos un Sistema, en el cuál una tarea requiere ejecutare por 1ms y se utiliza un procesador de 1GHz a 1.4V. En este ejemplo, si se utiliza el esquema DVFS, el procesador podría correr a 0.5GHz (la mitad) lo que le tardaría a dicha tarea ser ejecutada en 2ms en lugar de 1. Si esto es aceptable de acuerdo a la tarea, se reduciría el consumo a la mitad. Si además de esto, se reduce el voltaje a la mitad, sería 4 veces la reducción en consumo de energía. Por su parte, la alternativa de irse a modo de suspender, si se ejecuta el sistema al consumo normal de energía y la tarea se ejecuta en 1ms, se podría ejecutar la tarea y suspender por 1ms, por lo que se consumirá el 100% de la energía la mitad del tiempo total, lo que nos produciría un ahorro de sólo el 50% de energía, lo que en este caso representaría una mejor estrategia la de reducir el voltaje y la frecuencia del sistema.

En la teoría esto se escucha bien, estrategias para ahorrar energía reduciendo la frecuencia, el voltaje o cambiar el estado a modo "suspender" funcionan. El problema radica en que en un

Sistema Embebido tradicional, no se ejecuta una sola tarea, sino muchas, ya sea de una por una o teniendo diversos procesos e hilos ejecutándose todo el tiempo. Conforme el sistema crece, la complejidad del SW aumenta y es más difícil saber cuando o de qué manera un proceso se puede ejecutar utilizando alguna de estas estrategias para ahorrar energía, pues en la mayoría de las ocasiones realizar acciones como reducir el voltaje o suspender el procesador afectaría el rendimiento de las demás tareas y sería inaceptable en cuestión de diseño.

4.8. Pipelining

Si se requiere mejorar el rendimiento de las tareas o procesos que se ejecutan en un Sistema, se debe de conocer como funciona el termino pipelining y ser implementado de manera correcta. Para poder explicarlo de una mejor manera, se pueden definen los pasos de (casi) cualquier instrucción que realiza un procesador de la manera siguiente (figura 4.7.):

- Busca de la siguiente instrucción (BI)
- Decodifica la instrucción (D)
- Busca los Operandos (BO)
- Ejecuta la instrucción (E)
- Guarda el Resultado (GR)

122

En el caso de la figura 4.7 se está asumiendo que se ejecuta una tarea en un procesador de un solo ciclo. Existen muchos ejemplos de Sistemas en los que sus tareas se realizan en un procesador de varios ciclos, esto se confunde muchas veces con pipelining, pero son cosas muy diferentes. En un procesador de un solo ciclo, el procesador realiza las etapas de la secuencia básica durante un solo ciclo de reloj. Este tipo de procesadores tienen generalmente baja frecuencia de operación, pues el ciclo de reloj tiene que ser demasiado largo para todas las instrucciones, con excepción de la instrucción de carga de memoria.

Por otro lado, un procesador de varios ciclos, divide la ejecución de las instrucciones en varias etapas (lo que confunde cuando se habla de pipelining). El procesador de varios ciclos, fija el ciclo de reloj a la etapa más lenta y ejecuta un solo paso en cada ciclo de reloj. Con respecto a pipelining el procesador particiona la lógica en segmentos de igual complejidad. Esto lo hace para minimizar el número de ciclos de reloj, traslapando la ejecución de instrucciones. Para evitar confusiones, la figura 4.8 muestra un ejemplo de un procesador de múltiplos ciclos y pipelining para una instrucción simple en ensamblador utilizando los pasos de la instrucción: BI (Búsqueda de Instrucción), BO (Búsqueda de Operandos), EI (Ejecuta la Instrucción), GR (Guardar el Resultado) y ES (Escribir el Resultado).

Procesador de múltiples ciclos:

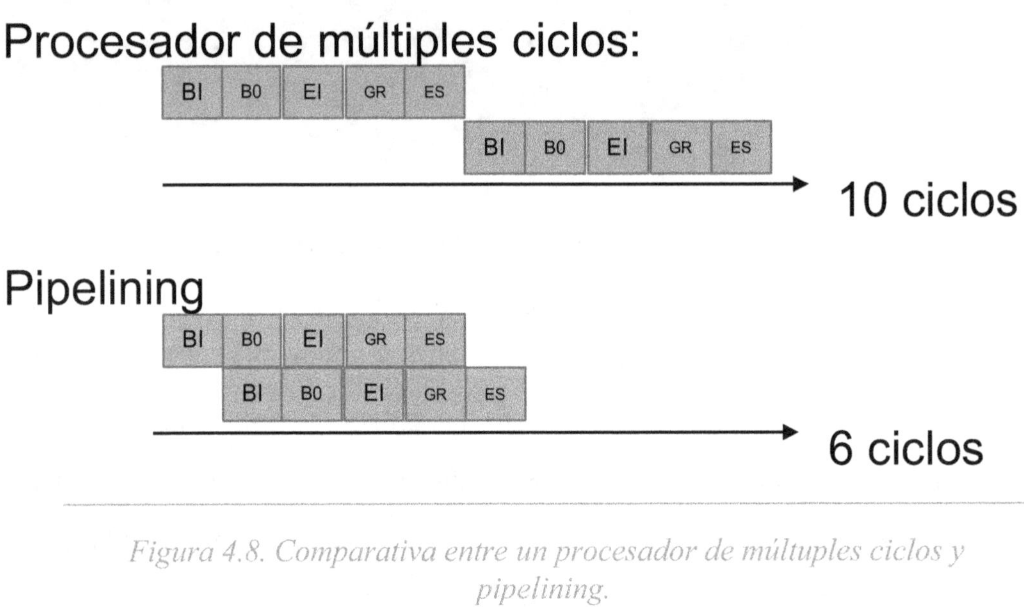

Figura 4.8. Comparativa entre un procesador de múltiples ciclos y pipelining.

Como ejemplo comparativo, suponga que se requieren ejecutar 1000 instrucciones:

Una implementación de un solo ciclo toma:

45 ns/ciclo X1 CPI X 1000 inst. = 45us

–Una implementación de múltiples ciclos toma:

10 ns/ciclo X 4.4 CPI X 1000 inst = 44 us

–Una implementación con pipelining

10ns/ciclo X CPI X 1000 + 4 ciclos = 10.4 us

Como se puede observar en el ejemplo anterior, pipelining es de 44us/10.4us = 4.23 veces mas rápido que la implementación de múltiples ciclos y 4.32 veces más rápido que la implementación de un solo ciclo.

Sin embargo, en la práctica no es necesariamente posible lograr esta mejora pues existen 3 dependencias que evitan tal mejora: dependencias estructurales, dependencias de datos y dependencias de control.

En términos simples, dichas dependencias pueden catalogarse de la siguiente manera:

- **Dependencias estructurales**: Cuando se trata de utilizar el mismo recurso al mismo tiempo.
- **Dependencias de Datos**: El tratar de utilizar un dato antes de que este listo.
- **Dependencias de Control**: Tratar de hacer una decisión antes de que la condición antes de que la condición sea evaluada. Estos problemas siempre se pueden resolver esperando a que el problema pase. Sin embargo, esto degrada bastante el desempeño

4.9. Métricas para el Rendimiento del Procesador

Para poder realizar diferentes Sistemas Embebidos, algunos fabricantes han desarrollado algunas métricas para poder cuantificar el rendimiento del procesador. Algunas de éstas métricas son:

- IPS
- OPS
- FLOPS

- Puntos de Referencia (conocido comúnmente como Benchmarking)

- **IPS. Instrucciones por segundo**. Usualmente se mide en MIPS o BIPS, es decir millones (o billones) de instrucciones por segundo. En este sentido, no suele ser una métrica muy buena para determinar el rendimiento de un procesador ya que únicamente MIPS describe la tasa a la que la instrucción más rápida se ejecuta en un sistema. Normalmente los ingenieros de pruebas, ejecutan una instrucción NOP (No operation – o no operación); por lo que un procesador de 500 MIPS significa que el procesador puede ejecutar literalmente 500 millones de veces "nada" cada segundo.

Siempre he tenido conflicto con esta métrica; en mi opinión, que no ha tenido mucho éxito en los equipos en los que he trabajado, lo mejor es hacer una prueba de métrica MIPS con la instrucción que más ciclos de reloj pueda tomar; algo así como un peor escenario (o worst-case scenario) para determinar cuál es la tasa a la que la instrucción que tarde más puede ser ejecutado.

- **OPS. Operaciones por Segundo.** Como se comentó anteriormente, la métrica IPS (o MIPS) tiene varias debilidades, por lo que la métrica OPS se basa en una mezcla de diferentes instrucciones. Lo que se requiere en esta métrica es crear un ambiente en el que se ejecuten instrucciones con una frecuencia "promedio". El término FLOPS es muy parecido a OPS, con la diferencia de que se ejecutan operaciones de punto flotante que generalmente tardan muchos más ciclos de reloj, lo que determina de una mejor manera de medir el rendimiento de un procesador. Con OPS y FLOPS se tiene un problema; la métrica depende en gran medida de las instrucciones que se utilizan, por lo que es complicado estandarizar las pruebas de rendimiento basadas en OPS y FLOPS.

- **Benchmarking**. Esos "puntos de referencia" se refieren a programas cortos que miden el tiempo (o los ciclos de reloj) en los cuales se ejecuta cierto programa. Es necesario que para realizar el benchmarking, se utilice siempre el mismo programa para todos los dispositivos o microprocesadores. Usualmente, se ejecutan rutinas como por ejemplo, de ordenar número de mayor a menor, realizar multiplicaciones acumuladas y sucesivas (sin instrucciones Multiply and Accumulate o MAC), entre otros.

5. Sistemas Operativos de Tiempo Real (RTOS)

5.1. Introducción

Los sistemas operativos de tiempo real (RTOS) es un sistema operativo que se caracteriza por ser usado en aplicaciones como:

- Telecomunicaciones: teléfonos celulares
- Automotriz: unidad electrónica de control (Electronic Control Unit – ECU), sistemas de antibloqueo de frenos, etc.
- Aeroespacial:
- Industrial: Maquinaria, robots, etc.

En la actualidad, muchos sistemas son parte de un sistema embebido de tiempo real.

Los sistemas en tiempo real (RTOS – Real time operating System) son sistemas informáticos que interactúan repetidamente con su entorno físico y responden dentro de un plazo de tiempo determinado. Es decir, los RTOS exigen un comportamiento predecible ya que se requiere reaccionar a un estímulo del medio ambiente dentro de los parámetros definidos para la respuesta. "Tiempo real" no se refiere a inmediatamente. Sin embargo, está relacionado con la velocidad de respuesta del sistema en cuestión. La figura 5.1 muestra un diagrama de un sistema embebido de tiempo real.

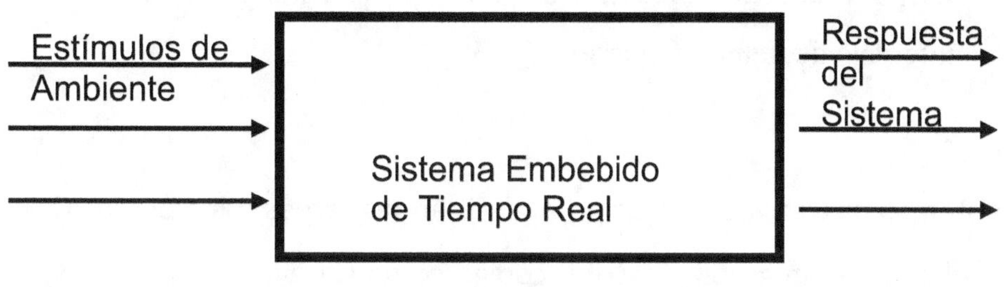

Figura 5.1. Diagrama de un Sistema Operativo de Tiempo Real (RTOS).

La distinción fundamental entre los sistemas que son y los que no son de tiempo real es:

- **La exactitud de un sistema** de tiempo real depende no solo de los resultados lógicos de la computación, sino también del instante en el que se producen los resultados.

- En los sistemas de tiempo real puede no valer nada la realización de una acción, aunque sea la correcta si se hace fuera de tiempo, incluso puede ser indeseable.

- Las acciones del sistema en intervalos de tiempo bien definidos, el diseño y la realización de sistemas en tiempo real conlleva una dificultad especial.

- No basta con que el sistema sea rápido si no que debe **ser determinista**, es decir, su comportamiento debe ser el correcto en cualquier circunstancia incluso cuando el sistema este sobrecargado, todo esto implica una adecuada administración de la prioridades de los procesos dentro del sistema.

- **Confiabilidad:** la probabilidad de que el sistema trabaje correctamente en el tiempo $t = x +/-$ (tolerancia aceptada).
- **Disponibilidad:** Probabilidad de que el sistema responda correctamente dentro del intervalo de tiempo requerido.

Los sistemas operativos de tiempo real aíslan las tareas y los procesos, permitiendo a cada desarrollador de un grupo a escribir código como si tuviera uso exclusivo del Hardware y sus recursos (como memoria, puertos, etc.). Sin embargo, el diseño en su conjunto para un sistema embebido debe de considerar los problemas adherentes de datos compartidos y multiprocesos. Además los RTOS deben de ser personalizados para el Hardware en el cual será implementado.

Por lo regular Sistema Operativo de tiempo real suele tener la misma arquitectura general que un Sistema Operativo convencional, pero su diferencia radica en que proporciona mayor prioridad a los elementos de control y procesamiento que son utilizados para ejecutar los procesos o tareas.

Un RTOS debe de tener las siguientes características básicas:
- El RTOS debe ser multitarea y permisible.
- El RTOS debe poder asignar prioridades a las tareas.
- El RTOS debe proporcionar medios de comunicación y sincronización entre tareas.
- El RTOS debe poder evitar el problema de inversión de prioridades.
- El comportamiento temporal del RTOS debe ser conocido.

130

Un sistema operativo en tiempo real generalmente usa un micro-kernel o núcleo minimizado de sus elementos, de tal manera que las aplicaciones o los procesos compiten con el administrador de tareas al mismo nivel que las tareas o aplicaciones propias del sistema operativo, es decir que un proceso critico puede tener mayor prioridad que el administrador de archivos o el mismo administrador de memoria.

5.1.1 Tiempo real VS. tiempo compartido

Un sistema de este tipo es aquel que necesita de tiempos de respuesta muy cortos, incluso del orden de microsegundos o nanosegundos, en el caso de procesos críticos.

Los sistemas de tiempo real generan alguna acción en respuesta a sucesos externos. Para realizar esta función, ejecutan una adquisición y control de datos a alta velocidad bajo varias ligaduras de tiempo y fiabilidad. Debido a que estas ligaduras son muy rigurosas, los sistemas de tiempo real están frecuentemente dedicados a una única aplicación.

Durante muchos años, los principales consumidores de sistemas de tiempo real eran militares. Sin embargo, hoy la significativa reducción del costo del Hardware ha hecho posible para la mayoría de las compañías, proporcionar sistemas (y productos) de tiempo real para diversas aplicaciones, que incluyen control de procesos, automatización industrial, investigación médica y científica, gráficos de computadoras, comunicaciones locales y de largo alcance, sistemas aeroespaciales, prueba asistida por computadora y un vasto abanico de instrumentación industrial.

Los sistemas de tiempo real son diferentes de los sistemas de tiempo compartido en varias cuestiones fundamentales. Entre estas se encuentran una alta predictibilidad, velocidad de respuesta y habilidad para responder a eventos críticos.

5.2. Características de los RTOS

Existen diversas características que hacen de los sistemas operativos de tiempo real una herramienta útil para el diseño de Software Embebido. En esta sección se exploran sus características mas importantes, como su arquitectura, determinismo, tolerancia a fallos, fiabilidad, entre otros.

5.2.1. Arquitectura

Los sistemas operativos en general pueden tener 3 tipos básicos de arquitecturas Arquitectura plana figura 5.2., Arquitectura Monolítica figura 5.3 y Arquitectura de micro-kernel figura 5.4. Estos modelos difieren de acuerdo al diseño interno del kernel del sistema operativo, así como también otro Software de sistema que ha sido incorporado en el sistema.

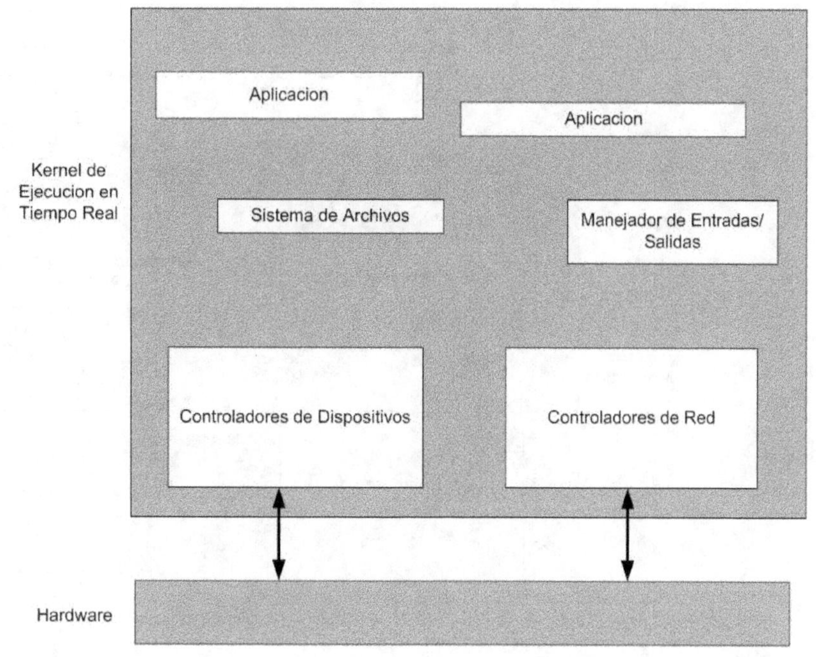

Figura 5.2. RTOS con arquitectura plana.

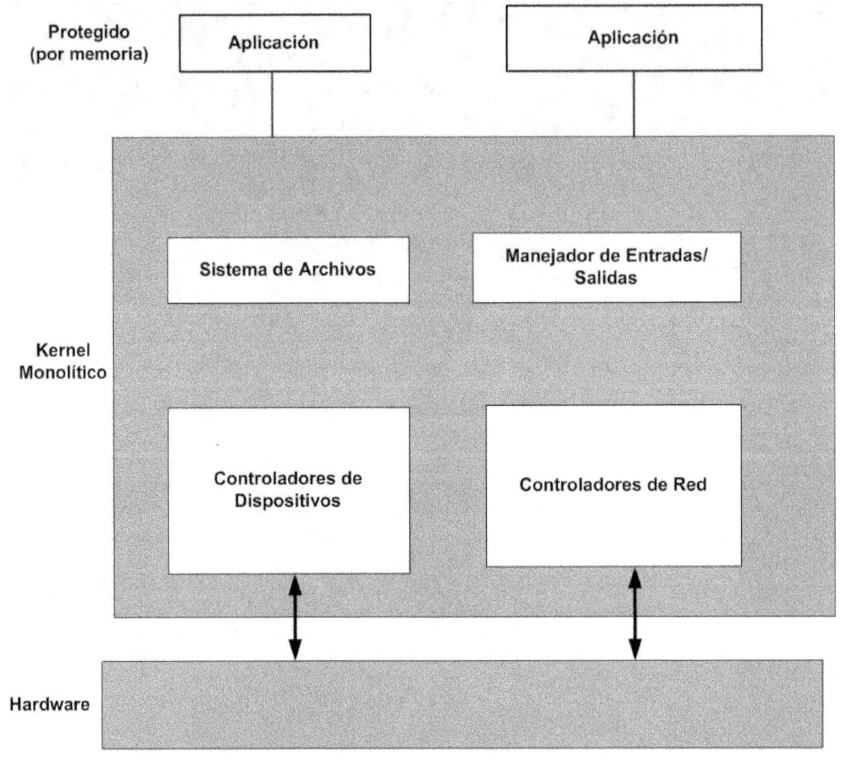

Figura 5.3. RTOS con arquitectura monolítica.

134

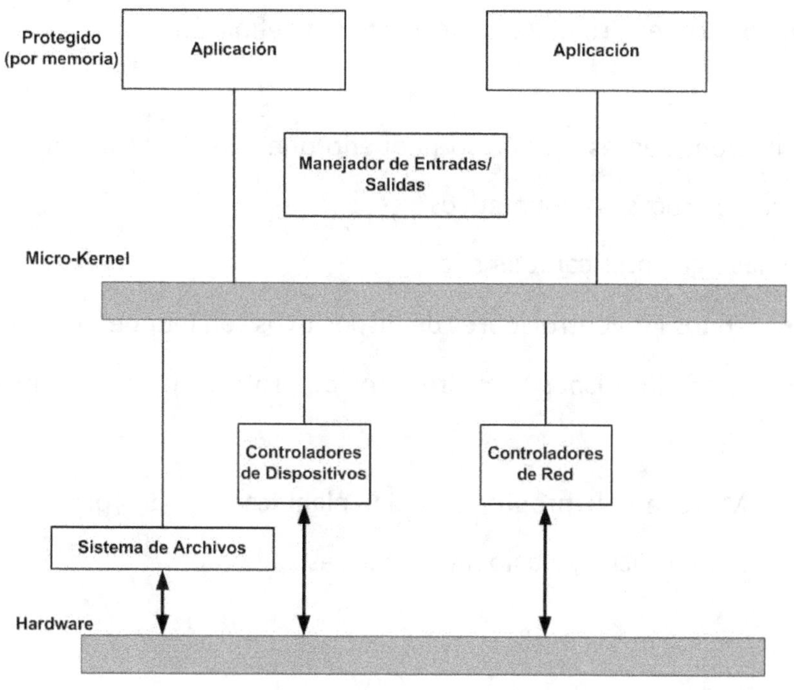

Figura 5.4. RTOS con arquitectura micro-kernel.

El sistema Operativo en tiempo Real, logra su determinismo y alta eficiencia debido precisamente a su arquitectura, para el objeto de este libro describiremos la arquitectura de micro-kernel

Arquitectura Micro-Kernel.

La arquitectura "microkernel" (ó RTOS Cliente-servidor) se ha puesto de moda. Aunque muchos nuevos sistemas operativos se dice que son "micronúcleos" (o incluso "nanokernels"), el

135

término no puede significar mucho sin una definición clara.

"Un micronúcleo es un núcleo pequeño que ofrece los mínimos servicios utilizados por un equipo de procesos cooperativos"

Tiene las siguientes características:

- Todos los controladores de dispositivos son independientes.
- Todos los dispositivos provistos de protección de la memoria a través de la memoria virtual.
- Microkernel proporciona la planificación de procesos, el IPC, interrumpe la manipulación, y bajo nivel de acceso a la red.

A diferencia de las arquitecturas multi nivel (Monolíticas) los procesos compiten por el uso del procesador al mismo nivel que los procesos propios del sistema como el administrador de procesos, el administrador de archivos, inclusive con el administrador de memoria. Es gracias a esta arquitectura que los procesos son mas deterministicos.

Además, este tipo de arquitectura es mas escalable (por ser modular), ya que componentes adicionales pueden ser agregados dinámicamente. Este tipo de arquitectura tiene otra ventaja fundamental: se puede agregar tareas de alta y baja prioridad, de modo que se puede hacer un mejor uso de los recursos. Se recomienda la utilización de una arquitectura microkernel si la aplicación puede permitir los requerimientos extras: costo extra, mas memoria RAM y ROM, etc.

136

5.2.2. Tiempo de respuesta

Los sistemas operativos de tiempo real deben responder a estímulos externos en el ambiente dentro de un pre-determinado límite de tiempo. Los RTOS deben de producir un resultado correcto y producirlo a tiempo. Esto implica que el tiempo de respuesta es tan importante como lo correcto de los resultados.

Los RTOS deben de ser diseñados para poder cumplir con estas expectativas de tiempo. Para poder responder ante estas expectativas, la correcta decisión del diseñador entre los procesos que deben desarrollar el Software y el Hardware es crucial.

Una de las preguntas que el diseñador debe hacerse es: ¿La combinación Hardware – Software que se está utilizando es apropiada para satisfacer el tiempo de respuesta? Si la respuesta es negativa, debe de hacerse un análisis de velocidad del procesador, de dispositivos de entrada / salida, de ancho de banda, tamaño de memoria, etc. Esto se realiza para determinar los posibles cambios de arquitectura a realizar para que la combinación Hardware – Software sea la apropiada

Análisis del tiempo de respuesta
Este tipo de análisis consta de dos etapas: la primera etapa consiste en predecir el peor tiempo de respuesta para cada tarea. Posteriormente, se compara el peor caso de respuesta con el tiempo límite requerido para la tarea. Este análisis requiere el peor tiempo de respuesta R, de tal forma que:

$$R_i = C_i + I_i$$

Donde I_i es la máxima interferencia que la tarea *i* puede experimentar para cualquier intervalo discreto de tiempo r. La máxima interferencia que puede ocurrir. Ocurre cuando todas las tareas de alta prioridad son llamadas al mismo tiempo. De modo que en el análisis asumiremos que todas las tareas son liberadas en a + t = 0.

La interferencia de una tarea se analiza de la siguiente manera: Dada una tarea periódica j de mayor prioridad que i, el número de veces que la tarea es realizada en un tiempo entre 0 y R es definido por:

$$Num_{Ejecucion} = \left(\frac{R_i}{T_i}\right)$$

Cada vez, la tarea liberada i es retrasada de su tiempo de ejecución Cj. Con esto, se puede calcular el máximo tiempo de interferencia para una tarea en específico.

$$Tiempo_{Interferencia} = \left(\frac{R_i}{T_i}\right) C_j$$

Si definimos a hp(i) como todas las tareas de más alta prioridad que la tarea i, entonces la interferencia con la tarea i puede ser representada de la siguiente manera:

$$I_i = \sum_{hp(i)} \left(\frac{R_i}{T_j}\right) C_j$$

5.2.3. Determinismo

Un SO es determinista si realiza las operaciones en instantes fijos y predeterminados o en intervalos de tiempo predeterminados.

En un RTOS, las solicitudes de servicios vienen dictadas por eventos y temporizaciones externas. Cuando compiten varios procesos por los recursos y por el tiempo del procesador, depende, en primer lugar, de la velocidad con la que pueda responder a las interrupciones y en segundo lugar, de si el sistema posee suficiente capacidad para gestionar todas las peticiones en el tiempo requerido.

Se considerará determinista si se puede calcular el retardo máximo que se produce desde la llegada de la interrupción de un dispositivo hasta que se comienza el servicio.

En general, si se puede calcular el máximo tiempo de una llamada del sistema.

En los RTOS esta cuota máxima es del orden de microsegundos.

En los SO pueden estar en el rango de milisegundos.

5.2.4. Sensibilidad:

El determinismo es el tiempo que tarda el sistema en reconocer la interrupción

La sensibilidad es el tiempo que consume el SOTR en dar servicio a la interrupción

Incluye:

- Tiempo necesario para iniciar la gestión de la interrupción y comenzar la ejecución de su rutina de tratamiento (ISR).
- Tiempo para ejecutar la ISR.
- El efecto del anidamiento de interrupciones.

5.2.5. Control de usuario.

El control de usuario es generalmente mucho mayor en un sistema operativo en tiempo real que en un sistema operativo ordinario esto se debe a que en un sistema en tiempo real resulta esencial permitir al usuario un control preciso sobre la prioridad de las tareas. El usuario debe poder distinguir entre tareas rígidas y flexibles y especificar prioridades relativas dentro de cada clase. Un sistema en tiempo real también permitirá al usuario especificar ciertas características. Por ejemplo, los procesos que deben estar siempre residente en la memoria principal.

El usuario tiene control sobre las prioridades de las tareas de la aplicación.

Puede especificar aspectos de paginación o intercambio de procesos.

En sistemas distribuidos, la asignación de procesos a procesadores.

5.2.6. Fiabilidad.

Un fallo de un sistema normal se soluciona arrancando de nuevo el sistema.

Los fallos en un RTOS pueden dar lugar a resultados catastróficos.

La fiabilidad de un sistema tiene mucha relación con la tolerancia a fallos (sección 5.2.7). estos dos factores han sido cruciales en diseño de sistemas embebidos. Debido a defectos de hardware, interferencias electromagnéticas, las fallas pueden ocurrir en tiempo de ejecución. Esto resulta especialmente importante cuando se ejecutan sistemas dinámicos, críticos (ej. Sistemas aviónicos) o en ambientes vulnerables.

5.2.7. Tolerancia a fallos.

Un RTOS debe diseñarse para responder incluso ante fallos.

La tolerancia a fallos es una característica que hace referencia a la capacidad de un sistema de conservar el máximo rendimiento y los máximos datos posibles en caso de fallo:

En un RTOS se intentará corregir el problema o minimizar sus efectos mientras se continúa la ejecución

Otro aspecto importante en la estabilidad es que si no se cumplen los plazos de algunas tareas, el RTOS debe garantizar que al menos se cumplen los plazos de las más críticas

Para poder satisfacer las características anteriores los RTOS deben ofrecer lo siguiente:

- **Soporte para la planificación de procesos en tiempo real:** Un RTOS debe proporcionar soporte para la creación, borrado y planificación de múltiples procesos, cada uno de los cuales monitorean o controla parte de una aplicación. Típicamente en un RTOS es posible definir prioridades para procesos e interrupciones. En contraste en un sistema operativo de tiempo compartido, solo el propio sistema operativo determina el orden en que se ejecutan los procesos.

- **Planificación por prioridad:** Un RTOS debe asegurar que un proceso de alta prioridad, cuando esté listo para ejecutarse, pase por delante de un proceso de más baja prioridad. El SO deberá ser capaz reconocer la condición (usualmente a través de una interrupción), pasar por delante del proceso que se está ejecutando y realizar un rápido cambio de contexto para permitir la ejecución de un proceso de más alta prioridad.

- **Garantía de respuesta ante interrupciones:** Un RTOS debe reconocer muy rápidamente la aparición de una interrupción o un evento, y tomar una acción determinista (bien definida en términos funcionales y temporales) para atender ese evento. Debe responder tanto a interrupciones de tipo Hardware como Software. El propio SO debe ser interrumpible y reentrante. Las interrupciones son una fuente introductoria de indeterminismo, imponen la aparición de latencias.

- **Comunicación interprocesos:** Un RTOS debe ser capaz de soportar comunicaciones interprocesos de manera fiable y precisa, tales como semáforos, paso de mensajes y memoria compartida. Estas facilidades se emplean para sincronizar y coordinar la ejecución de procesos, así como la protección de datos y la compartición de recursos.

- **Adquisición de datos a alta velocidad:** Es necesario que el sistema sea capaz de manejar conjuntos de datos con una alta velocidad de adquisición. De esta forma, un RTOS proporciona medios para optimizar el almacenamiento de datos en disco, sobre todo a través de E/S buffereada. Otras características adicionales pueden ser la posibilidad de pre asignar bloques de archivos contiguos (almacenamiento secuencial) y dar control al usuario sobre los buffers.

- **Soporte de E/S:** Las aplicaciones TR típicamente incluyen cierto número de interfaces de E/S. Un RTOS debe proporcionar herramientas para incorporar fácilmente dispositivos de E/S específicos (incluso a medida). Deben además soportar E/S asíncrona donde un proceso puede iniciar una operación de E/S, y luego continuar con su ejecución mientras concurrentemente se está realizando la operación de E/S.

- **Control por parte del usuario de los recursos del sistema:** Una característica clave de los RTOS es la capacidad de proporcionar a los usuarios el control específico de los recursos del sistema, incluyendo la propia CPU, memoria y recursos de E/S. El control del CPU se logra sobre la base de una planificación por prioridades en la cual los usuarios pueden establecer las prioridades de los procesos.

Además, se dispone de temporizadores en tiempo real y de funciones para manejarlos para planificar eventos y periodos de espera. Un RTOS debe también de facilitar el bloqueo de la memoria, de esta forma se puede garantizar que un programa o parte de él permanece en la memoria, a fin de poder realizar cambios de contexto de manera más rápida cuando ocurre una interrupción. Debería ser capaz de permitir al usuario la asignación de buffers y la posibilidad de bloquear y desbloquear archivos y dispositivos.

5.2.8. Comunicación entre tareas

Las diferentes tareas de un sistema no pueden utilizar los mismos datos o componentes físicos al mismo tiempo. Hay dos diseños destacados para tratar este problema.

Uno de los diseños utiliza semáforos. En general, el semáforo puede estar cerrado o abierto.

Cuando está cerrado hay una cola de tareas esperando la apertura del semáforo.

Los problemas con los diseños de semáforos son bien conocidos: inversión de prioridades, esto es, una tarea de mucha prioridad espera porque otra tarea de baja prioridad tiene un semáforo. Si una tarea de prioridad intermedia impide la ejecución de la tarea de menor prioridad, la de más alta prioridad nunca llega a ejecutarse.

Una solución típica sería tener a la tarea que tiene el semáforo ejecutada a la prioridad de la tarea que lleva más tiempo esperando. Puntos muertos, esto significa que, dos tareas tienen dos semáforos pero en el orden inverso. Esto se resuelve normalmente mediante un diseño cuidadoso, realizando colas o quitando semáforos, que pasan el control de un semáforo a la tarea de más alta prioridad en determinadas condiciones.

La otra solución es que las tareas se manden mensajes entre ellas. Esto tiene los mismos problemas: La inversión de prioridades tiene lugar cuando una tarea está funcionando en un mensaje de baja prioridad, e ignora un mensaje de más alta prioridad en su correo. Los puntos muertos ocurren cuando dos tareas esperan a que la otra responda.

Aunque su comportamiento en tiempo real es menos claro que los sistemas de semáforos, los sistemas basados en mensajes normalmente se despegan y se comportan mejor que los sistemas de semáforo.

5.2.9. Concurrencia

En el mundo físico y real es preciso controlar acciones que se están dando de forma simultánea. Una forma de enfrentarse a este cometido es preparar un conjunto de programas que se comuniquen entre sí de tal manera que cada uno controle un aspecto de la funcionalidad del sistema.

De esta forma seria más fácil elaborar un conjunto de programas sencillos que uno grande y complejo. Si además como es frecuente en los sistemas con los que trabajamos, la respuesta del sistema debe estar condicionada a eventos temporales nos encontramos con una dificultad enorme para satisfacer las necesidades del sistema mediante un único programa.

Denominamos programación concurrente a la notación y técnicas de programación que expresan el paralelismo potencial y que resuelvan los problemas resultantes de la sincronización y comunicación.
Un programa ordinario consiste en un conjunto de declaraciones de datos y de instrucciones, escrito en un lenguaje de programación.

Las instrucciones son ejecutadas secuencialmente. El camino de ejecución a través del conjunto de instrucciones puede diferir de una ejecución a otra, debido a variaciones en las entradas, pero para unos datos determinados solo hay un camino de ejecución posible. Este tipo de programa se conoce como programa secuencial.

Un programa concurrente está formado por un conjunto de programas secuenciales llamados procesos o hilos que son ejecutados en un paralelismo abstracto.

El paralelismo es abstracto por que no es necesario utilizar un procesador físico para ejecutar cada proceso. Aunque el programa concurrente sea ejecutado en un único procesador, podemos suponer que los procesos están siendo ejecutados simultáneamente, sin preocuparnos por los detalles del paralelismo físico que puede proporcionar o no nuestra computadora.

Una propiedad fundamental de la programación concurrente es el indeterminismo: dado un instante de tiempo, no es conocido que va a ocurrir en el instante siguiente. Para la implementación sobre un único procesador, no puede saberse si va a ocurrir o no una interrupción que cause un intercambio del proceso que está siendo ejecutado.

En el caso de un sistema multiprocesador, las velocidades de los procesadores no están sincronizadas, por lo que no puede saberse que procesador va a ser el primero en ejecutar su siguiente instrucción.

Todos los sistemas en tiempo real son inherentemente concurrentes. Los lenguajes para sistemas en tiempo real tendrán un mayor poder expresivo si proporcionan al programador las primitivas para realizar una programación concurrente.

5.3. Tipos de RTOS

Un sistema de tiempo real debe de satisfacer las restricciones del tiempo de respuesta sin sufrir la degradación del rendimiento de sistema. Si el sistema sufre la degradación del rendimiento pero no falla, el sistema se conoce como sistema de tiempo real blando (No critico o suave). De lo contrario, si el sistema falla, al sistema se le conoce como tiempo real duro (Critico). Un diagrama para ejemplificar los sistemas de tiempo real critico y no critico, se muestran en la figura 5.5.

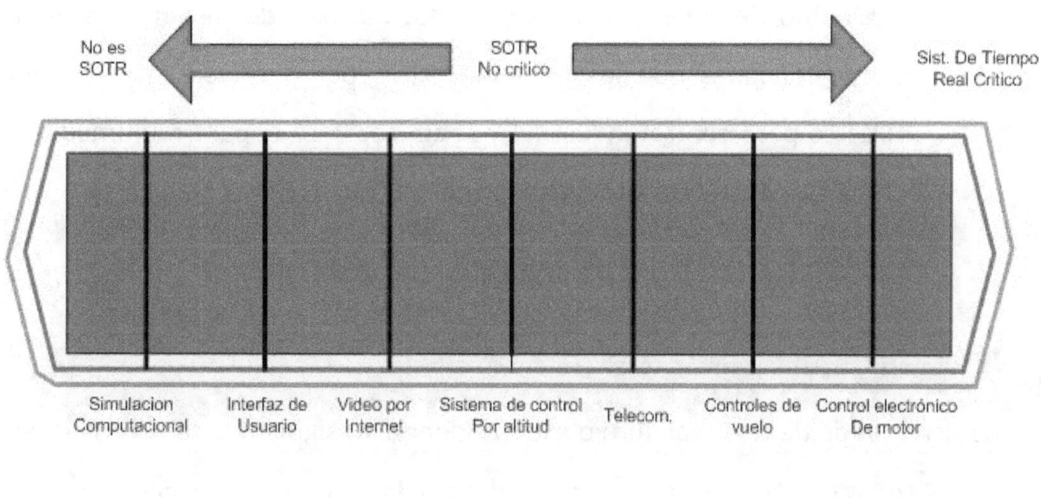

Figura 5.5. Ejemplo de RTOS Crítico y no-crítico..

Los sistemas de tiempo real pueden ser de dos tipos, esto es en función de su severidad en el tratamiento de los errores que puedan presentarse:

- **Sistemas de tiempo real blandos** o Soft real-time systems: estos pueden tolerar un exceso en el tiempo de respuesta, con una penalización por el incumplimiento del plazo. Estos sistemas garantizan que las tareas críticas se ejecutan en tiempo. Aquí los datos son almacenados en memorias no volátiles, no utilizan técnicas de memoria virtual ni tiempo compartido, estas técnicas no pueden ser implementadas en Hardware.

- **Sistemas de tiempo real duros** o Hard real-time systems: aquí la respuesta fuera de término no tiene valor alguno, y produce la falla del sistema. Estos sistemas tienen menos utilidades que los implementados por hardware, por ejemplo no pueden utilizarse para control industrial y robótico. Pero sí para multimedia, supervisión de controles industriales y realidad virtual.

5.3.1. RTOS de tipo Duro (Critico)

Los sistemas de tiempo real duro o estricto tienen las siguientes características:

- Todas las acciones deben ocurrir dentro de un tiempo especificado.
- Una respuesta tardía no tiene valor.

Ejemplo: Control de vuelo

Sistemas multimedia

Aquí la respuesta fuera de termino no tiene valor alguno, y produce la falla del sistema. Estos sistemas tienen menos utilidades que los implementados por Software, por ejemplo no pueden utilizarse para control industrial y robótico pero si para multimedia, supervisión de controles industriales y realidad virtual.

Están también los **sistemas de misión crítica**: que es cuando la latencia de un proceso del sistema sobrepasa su cota máxima puede llevar a la pérdida de vidas o a catástrofes similares.

Los sistemas operativos de tiempo real duros, el cumplimiento del tiempo es determinístico. El determinismo no dice nada de la magnitud del tiempo límite. Puede ser microsegundos o semanas.

Las características de las tareas de este tipo de RTOS incluyen:

- Parámetros de tiempo, como periodo de llegada.
- Tiempo máximo o umbral de llegada.
- Tarea precedente.
- Latencia del servicio.
- Prioridades de las interrupciones.
- Mecanismos arbitrarios.

El conocimiento *a priori* de estas características son importantes para poder asignar recursos a todas las tareas, principalmente las críticas

5.3.2. RTOS de tipo Blando (No critico)

También conocidos como sistemas de tiempo real flexibles y entre sus características están:

- Se pueden perder plazos de vez en cuando
- El valor de la respuesta decrece con el tiempo

La figura 5.6 muestra un esquema de restricciones de tiempo para los SOTR

Ejemplo: Adquisición de datos.

Estos sistemas pueden tolerar un exceso en el tiempo de respuesta, con una penalización por el incumplimiento del plazo. Estos sistemas garantizan que las tareas críticas se ejecuten en tiempo. Aquí los datos son almacenados en memorias no volátiles, no utilizan técnicas de memoria virtual ni tiempo compartido, estas técnicas no pueden ser implementadas en hardware.

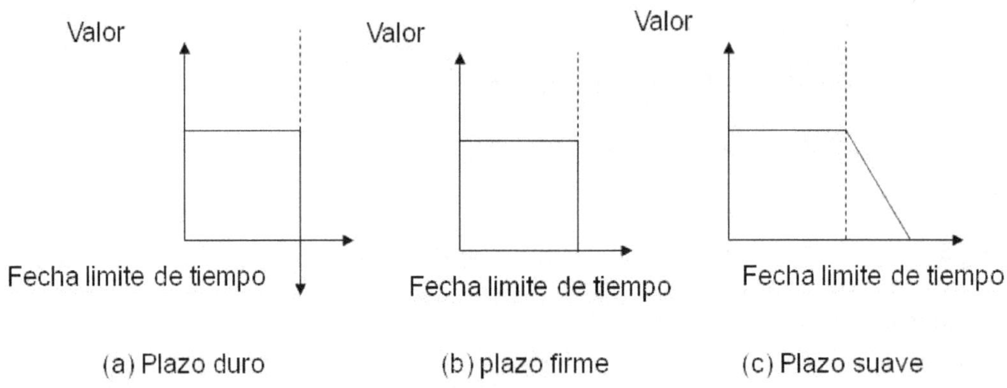

5.4. Eventos de RTOS

Un evento es cualquier tipo de interrupción, tanto interna, como externa al procesador.

Por ejemplo la ocurrencia de algo (una tecla fue presionada, ocurrió un error, o una respuesta que se esperaba nunca sucedió) que una tarea puede esperar. Se asocia un evento al resto de la aplicación (primeramente tareas, pero también a la rutina de servicio de interrupción, y código de fondo) a través de los servicios de eventos del RTOS.

También, casi cualquier parte de un programa puede señalar la ocurrencia de un evento, por tanto dejando saber a los demás que el evento ocurrió.

Ejemplos de eventos pueden ser:

- Una interrupción.
- Aparición de un error.
- Una interrupción periódica.
- Un recurso siendo liberado.
- Un pin de E/S cambiando de estado.
- Una tecla presionada de un teclado.
- Un carácter siendo recibido o transmitido vía RS-232.
- Información que se pasa de una parte de la aplicación a otra, etc.

En general los eventos de los RTOS son de 3 tipos: asíncronos, síncronos e isosíncronos.

- Los eventos asíncronos son completamente impredecibles. Como ejemplos de este tipo de eventos pueden ser: una llamada a celular que llega a una torre receptora o una señal que indique al microcontrolador de un auto a abrir la bolsa de aire. En estos ejemplos se puede observar que es prácticamente imposible predecir estos eventos.
- Los eventos síncronos son predecibles y ocurren con regularidad. Por ejemplo, el audio y video de una cámara de video ocurren de manera síncrona.
- Los eventos isosíncronos ocurren con regularidad únicamente por cierto tiempo predefinido.

Existen diversos estados de eventos que generalmente se encuentran en un RTOS. Estos estados son:

- Hibernación: el evento es puesto a "dormir" inmediatamente después de ser creado es inicializado. El evento es liberado y ejecutado después que otro evento ocurra.
- En preparación: el evento entra a este estado después de que el evento anterior es completado y este evento está disponible para ejecutarse.

- En ejecución: un evento de esta ejecutando al momento.

- Suspendido (bloqueado): El evento está en preparación y entra al estado de suspendido cuando su ejecución no puede proceder por alguna razón. Un evento puede ser suspendido debido a falta de recursos, o bloqueado temporalmente mientras espera una sincronización con algún otro evento.

- Terminado: un evento ha sido completado.

El flujo de estados en un evento se muestra la figura 5.7.

Figura 5.7. Estados típicos de un evento en un RTOS.

5.5. Procesos

Los sistemas operativos de tiempo real requieren de características especiales para ejecutar las funciones y tareas sin exceder las limitantes de tiempo dadas. Debido a esto, las funciones de un RTOS se dividen en procesos (también conocidos como tareas).

Un proceso es la unidad básica de programación que un sistema operativo puede controlar. Cada sistema operativo define un proceso de manera diferente. Un proceso implementa una función computacional. Para crear el proceso se utiliza el kernel. El kernel además de crear el proceso, le asigna espacio de memoria al proceso y lee el código a ser ejecutado de la memoria. Para poder hablar mas a detalle de procesos, es necesario hacer mención a la diferencia entre un programa y un proceso. Un programa es simplemente una secuencia estática de instrucciones. Sin embargo, la ejecución de instrucciones son dinámicas en el sentido en el que diversas propiedades cambian con respecto al tiempo en el que se ejecutan y la secuencia de instrucción que se le dan al hardware. En este sentido, un proceso es creado por el RTOS para encapsular toda la información involucrada en la ejecución del programa (ej. El contador de programa ("program counter"), el tamaño asignado de memoria, etc). Esto significa que el programa es solo una parte de la tarea como se muestra en la figura 5.8.

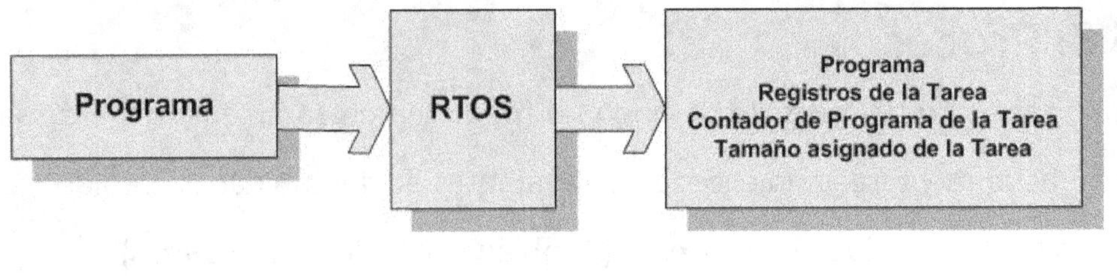

Figura 5.8. Relación entre un programa y un proceso.

Existen diversos tipos de procesos en tiempo real. Algunos tipos son:

- **Periódicos***:* Se ejecutan regularmente de acuerdo con un itinerario (schedule) pre-definido.

- **Esporádicos**: Son ejecutados de acuerdo a eventos o condiciones externas al proceso. Este tipo de procesos se ejecutan de acuerdo a un itinerario pre-definido.

- **Espontáneos:** Estos procesos de tiempo real son opcionales y solo se ejecutan en respuesta a eventos o condiciones externas al proceso, únicamente si existen los recursos para hacerlo.

5.5.1. Multiproceso

Un sistema operativo se denomina multiprocesos cuando muchas tareas (también conocidas como procesos) se pueden ejecutar al mismo tiempo.

Las aplicaciones consisten en una secuencia de instrucciones llamadas procesos. Estos procesos permanecen activos, en espera, suspendidos, o se eliminan en forma alternativa, según la prioridad que se les haya concedido, o se pueden ejecutar en forma simultánea.

Multiproceso es un término que hace referencia al cómo la CPU ejecuta concurrentemente procesos almacenados en memoria principal. Por tanto, la CPU no puede ejecutar concurrentemente varios procesos sin que su tiempo sea compartido por estos mismos procesos. La relación entre varios programas y varios procesos en un RTOS se muestra en la figura 5.9.

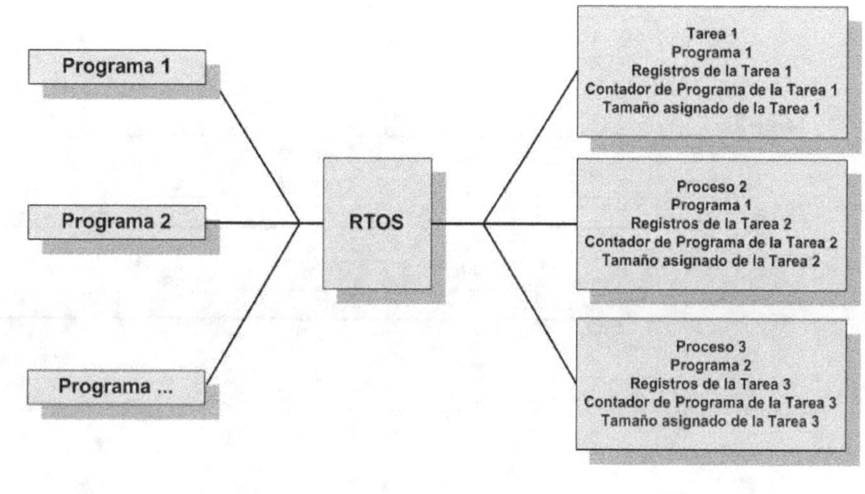

Figura 5.9. Relación entre programas y multi-procesos.

Como se muestra en la figura 5.9, el RTOS multiproceso requiere de que cada proceso se mantenga independiente de los otros y no afecte ningún otro. Si el sistema dispone de una CPU para cada proceso, entonces hablamos de multiproceso real. En cambio, si el sistema tiene un único CPU, al sistema operativo no le quedará más remedio que repartir el tiempo de ejecución de esa única CPU entre todos los procesos, con el objetivo de aproximarse lo más posible a lo que sería la situación ideal: paralelismo real. En la práctica lo que se hace es intercalar la ejecución de pequeños fragmentos de los procesos en explotación. Por tanto, cada proceso concluirá cuando lo haga la última instrucción-máquina del último de sus fragmentos. Hablamos, así, de multiproceso virtual o emulado.

Por ejemplo, se tienen 3 tareas en un periodo de 200ms como se muestra en la figura 5.10.

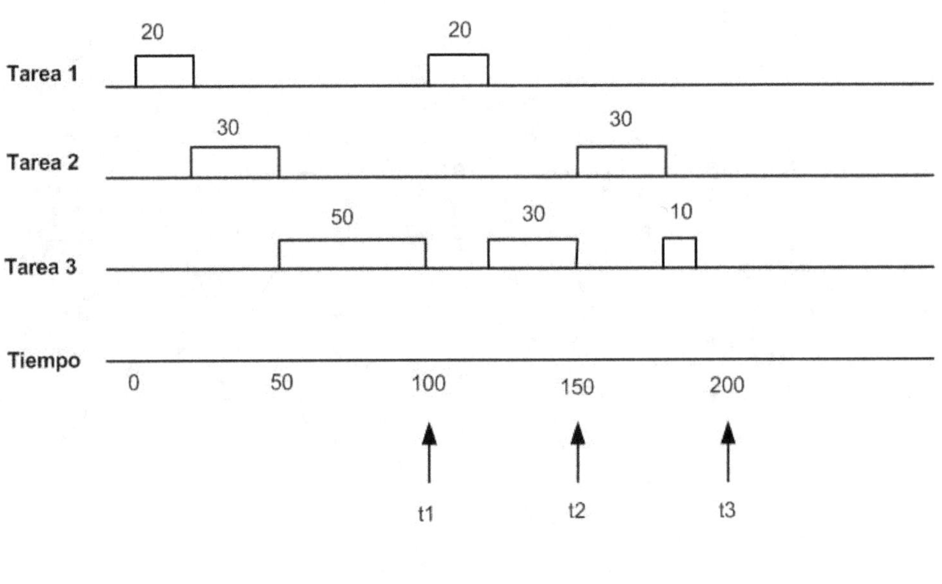

Figura 5.10. Diagrama de tiempo de un sistema multiproceso.

En este caso de ejemplo, la tarea 1 tiene la más alta prioridad debido a que tiene la más corta duración, aunque no es la única razón para darle prioridad más alta, como ya se mencionó. Le siguen en prioridad la tarea 2 y la tarea 3, respectivamente. Como se nuestra en la figura 5.10, la tarea 1 terminara tan pronto como se ejecute la primera porción de las tareas 2 y 3. La tarea 3, debido a que es de menor prioridad, puede dejar ejecutar la tarea 1 o 2, según sea necesario. En el ejemplo de la figura 5.10 la tarea 3 es interrumpida a los 100ms para poder terminar la tarea 1. Después de esta interrupción se reanuda la tarea 3 hasta los 150ms.

En un sistema embebido, el multiproceso es mucho más común que en sistemas convencionales. Por ejemplo, en los teléfonos celulares actuales, el sistema dispone de tanto de un procesador digital de señales (DSP) para ejecutar la interfaz de radio, y un microprocesador para manejar la interfaz del usuario.

Para que el RTOS mñulti-proceso pueda asignar un cierto tiempo a cada tarea, se debe de relizar una serie de procesos como implementación, manejo del itinerario (scheduling), sincronización y comunicación entre tareas. Con esto se da la ilusión de que el sistema puede manejar varios procesos al mismo tiempo, como se mostró en la figura 5.10.

Un sistema operativo multiproceso se refiere al número de procesadores del sistema, que es más de uno y éste es capaz de usarlos todos para distribuir su carga de trabajo. Generalmente estos sistemas trabajan de dos formas: simétrica o asimétricamente.

Asimétrica.

Cuando se trabaja de manera asimétrica, el sistema operativo selecciona a uno de los procesadores el cual jugará el papel de procesador maestro y servirá como pivote para distribuir la carga a los demás procesadores, que reciben el nombre de esclavos.

Simétrica.

Cuando se trabaja de manera simétrica, los procesos o partes de ellos son enviados indistintamente a cual quiera de los procesadores disponibles, teniendo, teóricamente, una mejor distribución y equilibrio en la carga de trabajo bajo este esquema.

Un aspecto importante a considerar en estos sistemas es la forma de crear aplicaciones para aprovechar los varios procesadores. Existen aplicaciones que fueron hechas para correr en sistemas monoproceso que no toman ninguna ventaja a menos que el sistema operativo o el compilador detecte secciones de código paralelizable, los cuales son ejecutados al mismo tiempo en procesadores diferentes. Por otro lado, el programador puede modificar sus algoritmos y aprovechar por sí mismo esta facilidad, pero esta última opción las más de las veces es costosa en horas hombre y muy tediosa, obligando al programador a ocupar tanto o más tiempo a la paralelización que a elaborar el algoritmo inicial.

Algunos RTOS multitareas proveen una funcionalidad llamadas hilos o hebras(thread). Los hilos son una alternativa para encapsular una instancia o un programa. Cada tarea (o proceso) puede contener tantos hilos como sea necesario. Los hilos son creados dentro de una tarea y no pueden ser cambiados a otra tarea, por lo que el hilo es atado a la tarea en cuestión.

Los hilos son secuencias de instrucciones dentro de un proceso. A diferencia de las tareas que tienen recursos de memoria independientes y son inaccesibles a otra tareas, los hilos de una tarea comparten los mismos recursos a la tarea a la que están atados. El uso de hilos tiene una ventaja fundamental: no necesitan mecanismos de comunicación entre tareas, debido a que todos los hilos de una tarea comparten recursos. Esto se muestra en la figura 5.11.

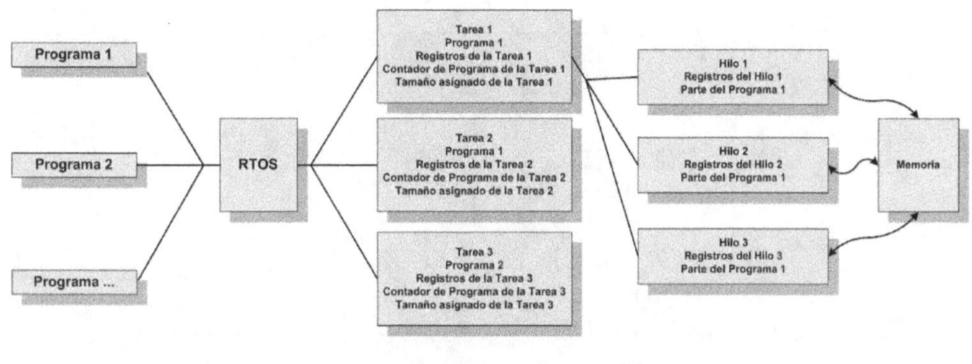

Figura 5.11. Relación entre programas, multi-procesos e hilos en un RTOS.

En general, los desarrolladores de software definen cada tarea (o hilo) por separado para cada una de las actividades del Sistema Embebido para simplificar todas las acciones a realizar por el sistema.

5.5.2. Implementación de los Procesos

En los RTOS multi-procesos, las tareas están estructuradas jerárquicamente en tareas padres y tareas hijas. Cuando se ejecuta una tarea al principio, ésta se llama tarea inicial. A partir de ésta tarea inicial, las demás tareas se crean. Este proceso se muestra en la figura 5.12.

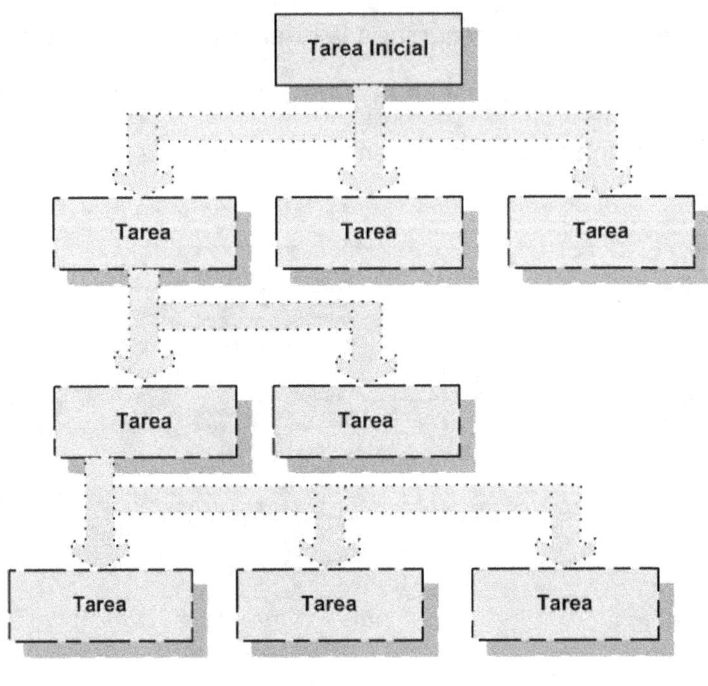

Figura 5.12. Implementación de los procesos en un RTOS.

5.6. Dificultades de Diseño de los Sistemas Operativos de Tiempo Real

El diseño de los sistemas operativos de tiempo real presenta serias dificultades para el diseñador o arquitecto de Software Embebido. Uno de estas dificultades es que contrario al software tradicional, el software embebido se maneja en tiempo real y debe interactuar con el

162

medioambiente. En muchas ocasiones el medioambiente de los sistemas de tiempo real es complejo y cambiante. Muchos sistemas operativos de tiempo real, no solo interactúan con uno, sino con muchas entidades o sistemas, cada uno de ellos con diversas características y propiedades.

En el ejemplo de la torre de recepción de llamadas celulares, el sistema debe de ser capaz de interactuar con miles de llamadas simultáneas, cada una con diferentes características y requerimientos. Todo este sistema debe ser manejado y coordinado de manera precisa.

Otra de las dificultades de los RTOS es el tiempo de respuesta. Las características del tiempo de respuesta han sido explicadas previamente en este capítulo. Solo queda enfatizar la importancia que el RTOS funcione dentro de los límites del tiempo de respuesta.

Así mismo, un Sistema Embebido con una utilización constante mayor al 90% del total de su capacidad puede sufrir de comportamiento impredecible o errático. A este nivel de utilización, las tareas de menor prioridad en un sistema pueden no ser ejecutadas tan seguidas como se espera. Como regla general, los sistemas operativos de tiempo real que son cargados al 90% o más, toman mucho más tiempo para ser desarrollados (en ocasiones incluso el doble de tiempo). Bajo estas características, la utilización de múltiples procesadores puede ayudar, pero la comunicación entre los procesadores puede aumentar la complejidad del sistema.

Otra de las dificultades en el diseño de RTOS es la velocidad de la comunicación y los dispositivos de entrada / salida (I/O). Muchos problemas de tiempo de respuesta del sistema son debido al procesador siendo sobrecargado y con latencias muy altas debido al tiempo en el que se obtienen datos de y hacia el sistema principal por medio de los dispositivos de E/S.

Como se ha comentado, los RTOS interactúan con el medio ambiente, el cual es inherentemente inestable. Por esta razón, los RTOS deben de ser capaces de detectar y sobreponerse a las fallas en el medio ambiente. Además de fallas externas, los RTOS deben de ser capaces de sobreponerse a fallas internas.

5.7. Selección de los RTOS

En la actualidad, el mercado de los Sistemas Embebidos ha crecido enormemente y se ha vuelto muy competitivo. Los desarrolladores han encontrado que los Sistemas son mas complejos y los grupos de trabajo mas grandes.

Los RTOS comerciales varian enormemente en funcionalidad, rendimiento, servicio y precio. Existen RTOS que comercialmente tienen algunas funciones para organización de itinerario multi-proceso y que están disponibles a un bajo precio, hasta RTOS mucho mas complejos que pueden ser bastante caros. Con tantas opciones, los equipos de desarrolladores suelen basar esta desición basados en el rendimiento, funcionalidad o compatibilidad con su compilador u otras herramientas de desarrollo.

En general, los equipos de desarrolladores, tienden a resistirse a cambiar de RTOS, a menos que se perciba una mejora substancial en las herramientas de desarrollo. Sin embargo, es recomendable que los desarrolladores tomen en cuenta no solo la conveniencia, sino también funcionalidad del RTOS para trabajo en equipo, tiempo de salir al mercado, optimización de código, conversión de diagrama de bloques, grafos y diagramas de estado (FSM) a código, etc.

Las razones principales por las cuales los proyectos logran ser completados usando ciertos RTOS son diversas. Una de las razones es la facilidad de uso. Entrenar a un ingeniero nuevo en un sistema que no conoce puede tomar tiempo y afectar la productividad y el termino del proyecto de manera negativa. Además, el soporte técnico, la disponibilidad del código fuente y la documentación son factores que pueden ayudar a que la curva de aprendizaje sea menor.

5.7.1. Consideraciones de Rendimiento de RTOS

Existen algunas consideraciones de rendimiento del RTOS a tener en cuenta. En general, estas consideraciones de rendimiento están regidos por como el Sistema realiza el manejo de memoria y procesos y la manera por la cual el sistema maneja el itinerario (Schedule).

Los principales indicadores de rendimiento del sistema se enlistan a continuación:

- **Throughput**. Es el numero de procesos que se ejecutan por el procesador principal en un tiempo determinado. Mientras mas procesos se puedan ejecutar, el rendimiento es obviamente mayor.
- **Tiempo de ejecución**. Es el tiempo promedio que tarda un proceso en ejecutarse completamente. El tamaño del proceso afecta este indicador. Sin embargo, si se hacen pruebas con procesos críticos y / o complejos y se toma el promedio, se puede tene un buen indicador sobre el tiempo de ejecución.

- **Tiempo de espera**. El tiempo total de un proces en que tiene que esperar para poder ejecutarse se denomina tiempo de espera. Para poder medir este indicador se recomienda hacer un cuello de botella en el sistema enviando muchos procesos a la ves para que haya procesos que tengan que esperar su turno en ser ejecutados. Al promedio del tiempo en que los procesos estén en espera servirá de base para este indicador.

5.8. Itinerario (Scheduling) en los RTOS

5.8.1. Hilos y Procesos (Process & Threads)

Para comprender de una manera mas simple los procesos y los hilos los estudiaremos mediante una analogía.

El proceso (**Process**) es como una casa, la casa es un contenedor con ciertos atributos (numero de recamaras, color del piso, cocina, baños etc..) Podemos considerar que una casa por si sola no hace ninguna actividad, por lo tanto se le conoce como un objeto pasivo esto es efectivamente un proceso es considerado como un objeto pasivo.

Ahora veamos que los ocupantes de esta casa son los hilos (**Threads**), la gente viviendo en la casa es considerada como los objetos activos del proceso, y realizan actividades tales como cocinar, ver la televisión, limpiar, etc.

Un solo ocupante de la casa (**Single Thread**) , para aquellos que han vivido solos en una casa sabran que pueden hacer cualquier cosa que deseen en un tiempo cualquiera, lo único que deben de hacer es ir y tomar el recurso necesario para hacer las cosas, digamos no tienen que pedir permiso a nadie para entrar al baño o cocinar o mirar la telveision en el canal que sea.

Sin embargo cuando hay mas de un ocupante en la casa (**Multi Thread**) las cosas cambian dramáticamente, supongamos que en una casa viven el esposo la esposa y sus dos hijos, en caso de que alguno de los habitantes de la casa tenga la necesidad de ir al baño y la casa solo tiene un baño, tiene que verificar si el baño esta disponible o no, para estos casos es necesario implementar medidas de seguridad y protocolos de uso, como por ejemplo asegurar las puertas del baño, dar prioridad a las actividades, horarios, etc.

Asi como un ocupante de la casa requiere de su espacio un hilo requiere de su espacio de memoria, de igual manera si el proceso agrega otro recurso al sistema todos los ocupantes tienen acceso a este nuevo recurso, esto es por que están direccionados en el mismo espacio de memoria.

Lo interesante en este escenario es identificar si todos los hilos tienen acceso a los nuevos recursos del sistema, digamos que se compro un taladro y los niños no deben de tener acceso a este nuevo recurso.
En caso de que mas de un hilo requiera tener acceso a un recurso se considera que estos hilos deben de estar sincronizados, en el caso de que solo un hilo tenga acceso a un recurso se dice que no requiere de sincronización.

5.8.2. Exclusión Mutua (Mutual Exclusion, Mutex) .

Continuando con la analogía de la casa, supongamos que uno de los hilos desea ocupar el baño para tomar una ducha, la exclusión mutua indica que el hilo que usa el recurso debería de bloquearlo, para que en caso de que otro hilo tenga la necesidad de usar el recurso deberá de esperar hasta que el recurso quede liberado.

Algo interesante sobre la **Mutex** es que todos los hilos deben de obedecer las reglas y convenciones de uso de recursos, es decir si un ocupante de la casa usa el baño y en lugar de salir por la puerta y dejarla desbloqueda saliera por la ventana, el recurso se queda bloqueado y sin ser usado, o en su defecto si un ocupante en lugar de entrar por la puerta trata de entrar por la ventana sin verificar si el recurso esta bloqueado causaría graves problemas.

5.8.3. Prioridades (Priorities)

¿Que ocurriría si un numero mayor de ocupantes tienen la necesidad de acceder a un recurso como el baño? Seguramente un numero de personas estarán sentadas junto al acceso del baño en fila esperando su turno. La pregunta realmente importante es ¿cual de ellos accedera primero?

Para decidir quien de los hilos es el mas importante se puede manejar el esquema de prioridades asignándoles un numero que pueda ser comparado en determinado momento.

Por ejemplo en Neutrino® se tienen 63 niveles de prioridad donde el 63 representa la máxima prioridad y el 0 la minima.

- Tiempo de espera (**Length of Wait**) supongamos que de alguna manera dos hilos tienen la misma prioridad que podemos hacer

- En este caso se considera que el hilo que tiene mas tiempo esperando tendrá acceso al recurso primero

Mutex no es ciertamente el único método o objeto de sincronización como se verá a continuación.

5.8.4. Semaforos (Semaphores)

En la misma analogía, hay recursos que pueden ser compartidos; veamos otro recurso que no sea el baño, digamos la cocina, y pensemos que es socialmente aceptable que mas de una persona estén haciendo uso de este recurso. Sin embargo no queremos que todos los ocupantes del hogar estén al mismo tiempo en la cocina esto significa que debemos de poner un limite de ocupantes a dicho recurso, por lo tanto podemos poner 2 llaves fuera de la cocina y la persona que entra usa una y aun queda la oportunidad de que otra tome la siguiente llave, de esta manera aseguramos que máximo 2 personas hacen uso de este recurso a la vez.

Los **Mutex** es un caso particular de un semáforo con una sola llave
"Mutex = Semaphore @ cnt 1"

5.8.5. La Función Principal del Nucleo (Kernel)

El papel principal del kernel es aplicara las reglas de acceso a los recurso de un proceso, en el caso especifico del uso del microprocesador el Kernel del Sistema operativo debe decidir cual hilo puede hacer uso del micro en un tiempo determinado.

Para el caso de los SMP (**Symetrical MultiProcessor**) que son idénticos en arquitectura y comparten memoria y periféricos, en este caso el numero de hilos que pueden ejecutar al mismo tiempo es igual al numero de nucleos que tenga disponible el sistema.

El nucleo del sistema operativo determina cual de los procesos tiene el derecho de accesder al microprocesador y cual estará en espera, dentro de las tareas que tiene que hacer el nucleo o kernel están:

- Salvar la información existente del proceso activo (registros y estatus)

- Cargar la información del siguiente proceso a ejecutar.

La prioridad cero generalmente se le da al proceso "desocupado o Idle" el CPU por si mismo no puede estar sin hacer nada pues es una maquina síncrona, por lo tanto existe el proceso "desocupado o Idle" que mantiene al CPU ocupado pero con la mas baja prioridad.

Los Algoritmos de intinerario (**Scheduling algorithms**)
Estos algoritmos aplican solo a los procesos que tiene la misma prioridad y existen dos tipos principales:

- FIFO (first In firt Out)

- RR (Round Robin)

First In – First Out (FIFO)
En este caso los hilos hacen uso del microprocesador tanto tiempo como el hilo lo requiera, esto siginifica que si un proceso esta haciendo un calculo matematico que le lleva mucho

tiempo todos los demás procesos tendrán que esperar hasta que el procesador este libre, esto es un riesgo pontencial pues el procesador puede quedar bloqueado en determinado momento.

Round Robin (RR)

Este algoritmo es idéntico al de FIFO solo que los hilos tienen un tiempo de ejecución máximo definido, es decir que el uso del microprocesador es divide entre los procesos en la fila y el kernel les asigna un determinado tiempo a cada uno de ellos por ronda de ejecución, en este caso los hilos pueden tener un estado adicional que significa que están en ejecución pero espera de recurso.

Para resumir los algoritmos de intinerarios para un CPU simple.

- Solo unos pocos hilos pueden ser ejecutados al mismo tiempo

- El Hilo con mayor prioridad tomara el uso del microprocesador o recurso requerido

- En **FIFO** Un hilo será ejecutado mientras exista o sea bloqueado

- En **RR** un hilo es ejecutado solo por un periodo de tiempo y puede ser finalizado o re-agendado.

6. Ciclo de Desarrollo en Software Embebido

En Sistemas Embebidos tradicionales (y antiguos), el diseño tanto del Hardware como del Software se veían como dos tareas muy separadas. Los ingenieros de Hardware seguían sus propias métricas, herramientas para cumplir con sus tiempos establecidos en el proyecto. Mientras tanto, los desarrolladores del Software hacían algunas tareas de planeación y diseño mientras que las etapas del Hardware eran completadas pues existía la creencia de que no se podía completar el SW sin que el HW estuviera completamente listo. Esto aunado a la falta de comunicación entre los equipos de desarrollo y los diferentes perfiles, educación y experiencia de ambos equipos, se volvía todo un reto terminar un proyecto de un Sistema Embebido.

En un desarrollo tradicional de un proyecto, el diseño del Hardware comienza antes que el diseño del Software. El equipo de desarrolladores de HW comenzaba con el RTL (nivel de transferencia de registros, por sus siglas en inglés). Dada una especificación inicial de lo que debe de hacer el Hardware (y usualmente incompleta pues aún parte del SW no ha sido desarrollado an esta etapa), los ingenieros encargados del HW del proyecto debían de traducir dichas especificaciones en una descripción del RTL, las cuáles especifican las operaciones lógicas de un circuito integrado. En este sentido, los lenguajes más comúnmente usados por la descripción del RTL son VHDL y Verilog. Aunque no negaré que en la actualidad, el flujo del desarrollo de proyectos se lleva de manera considerablemente diferente, los que tenemos más tiempo desarrollando Sistemas Embebidos en diferentes industrias sentíamos la frustración de que el HW después de desarrollado, cambiaría por las especificaciones de diseño del SW.

Después entrabamos el equipo del SW ya que un prototipo o a veces el HW en su totalidad estaba desarrollado. Este sentido, la manera tradicional de desarrollar el SW era muy parecido (en algunos sentidos y en muchas actividades aún son parecidos en la actualidad) al desarrollo de SW para una PC.

En el desarrollo de SW Embebido tradicional generalmente comenzaba o era casi exclusivamente desarrollado en lenguajes como C o incluso ensamblador y se utilizaban herramientas muy parecidas de desarrollo como lo de PC tradicional como compiladores, ensambladores y depuradores. En algunas industrias, aún se sigue desarrollando de esa manera.

Sin embargo, actualmente se tienen varios procesadores, periféricos, sistemas operativos de tiempo real, manejadores de voltajes, memorias e diferentes tipos y velocidades en el mismo Sistema, pantallas táctiles, operaciones multi-proceso y multi-hilos, comunicación inalámbrica, entre muchas otras cosas, que simplemente no podría desarrollarse todo de manera tradicional, por lo que el flujo tradicional de desarrollo de SW tiene diversos problemas para los Sistemas Embebidos actuales.

Anteriormente se han abordado muchos conceptos que tienen que ver con el ciclo de desarrollo en Software Embebido. En este apartado se abordarán algunas metodologías utilizadas comúnmente en Sistemas Embebidos. Debe de recordarse que para realizar completo un Sistema Embebido se debe de abordar también consideraciones de hardware como ya se mencionó en capítulos anteriores.

El desarrollo de Sistemas Embebidos conlleva diversas fases y objetivos alcanzables a corto plazo. Con el incremento de la complejidad del Software en los Sistemas Embebidos han cambiado mucho los paradigmas de desarrollo y las metodologías. Uno de los principales problemas actualmente además del incremento de la complejidad es la reducción del tiempo en el ciclo de desarrollo para software embebido. La implicación de estos dos puntos es que se requiere utilizar la metodología y las herramientas apropiadas.

6.1. Métodos Tradicionales de Desarrollo de SW Embebido

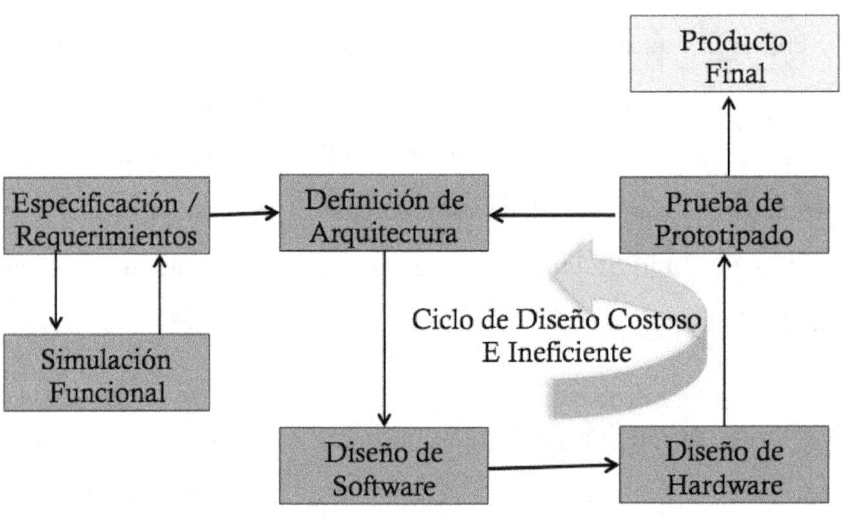

Figura 6.1. Desarrollo Tradicional de Software Embebido.

En el diseño tradicional (figura 6.1) se puede observar un ciclo interactivo de desarrollo. En

174

prácticamente todas las metodologías de diseño se comienza con las especificacioens, también llamadas requerimientos. Los requerimientos serán abordados con mayor detalle más adelante en este texto.

Una vez que se han definido los documentos como SRS (Software Requirement Specification, por sus siglas en inglés), FRD (Functional Requirements Design, por sus siglas en inglés), entre otros, se define la aquitectura para poder realizar el Software, una vez terminado el Software, se diseña el Hardware alrededor de los requerimientos del SW, aunque en algunos equipos de desarrollo de diseña de manera contraria.

Una vez terminado tando el Software como el Hardware de manera secuencial, se procede a realizar una prueba con el prototipo, también conocido como prueba de integración o "integration testing". Si existe algún error, se regresa a la definición de la arquitectura hasta que todos los defectos hayan sido corregidos, en cuyo caso, se fabrican los moldes o la carcasa (conocida también como "casing" o "enclosure") y se tiene un producto final. Este paradigma tradicional de desarrollo presenta muchos inconvenientes, por lo que actualmente en las industrias, no muchas empresas desarrollan sus productos bajo este esquema.

A diferencia del desarrollo de Software tradicional, en Software Embebido se requiere en el diseño que tanto Software como Hardware se desarrollen en paralelo y que ambos equipos de desarrolladores estén en constante contacto. Esto implica que el éxito del producto dependa de cómo se desarrollen el Software y el Hardware de manera conjunta. Además del modelo tradicional de desarrollo de Software mostrado en la figura 6.1, existe otro modelo utilizado comúnmente que tiene la ventaja de que se desarrollan en paralelo el Software y el Hardware, aunque no es considerado como co-desarrollo, el cuál será visto más adelante en este capítulo. Lo que se muestra en la figura 6.2 se consideran más fases de desarrollo que un modelo establecido de desarrollo de SW Embebido.

En dicha figura se muestra que el desarrollo de Software Embebido comienza con una idea conceptual. Esta idea muchas veces es solo vaga de lo que el producto final puede realizar. Posteriormente se tienen que definir las características (especificación) del producto, también llamado requerimientos.

Después de realiza la elección de los componentes y arquitectura del sistema. Posteriormente, se toman consideraciones para particionar el Hardware y el Software. Esto es importante debido a que algunas funciones pueden ser implementadas más eficientemente en Hardware, mientras que otras no son recomendables ser implementadas de esta manera.

Cada equipo de desarrolladores tendrán que trabajar independientemente en sus funciones y validarlas por separado (la validación y verificación de Software Embebido se tratará en un capítulo posterior). Cuando tanto Hardware como Software haya sido desarrollado y probado, la siguiente fase de desarrollo consiste en la integración de ambos.

Es importante que el producto integrado de Hardware y Software sea probado posteriormente. La última fase consiste en el mantenimiento del Sistema final y las actualizaciones de Hardware,

Software y middleware. Las fases de desarrollo tratadas en este libro se muestran en la figura 6.2.

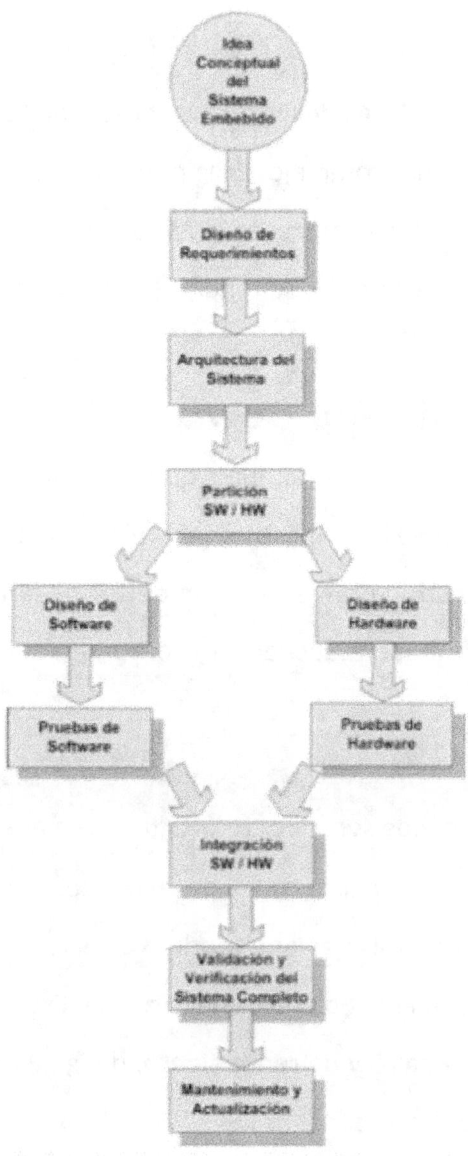

La figura 6.2 muestra las fases de desarrollo ideales en Software Embebido. Sin embargo, en la realidad el proceso es más complejo. En la práctica, el desarrollo de Software Embebido consta de reiteradas optimizaciones entre las distintas fases. Si se encuentran defectos o errores en alguna de las fases de desarrollo, se tendrá que corregir y regresar a la fase en cuestión.

6.2. Metodología Top-Down

Esta metodología es de las más simples que hay para diseñar Sistemas Embebidos. Permite diseñar el flujo de desarrollo de un sistema de manera descendente. Esta metodología se divide en módulos que se estructuran e integran de forma jerárquica. La forma jerárquica significa que se comienza de manera secuencial, como la planificación, especificación, codificación, etcétera.

El diseño Top-Down puede ser visto de la siguiente manera:

- **Especificaciones**: El desarrollo de esta metodología comienza con un conjunto de especificaciones, mismas que tendrán que ser provistas por el usuario o bien, surgen de los requerimientos técnicos del sistema. Estas especificaciones no solo incluyen los criterios funcionales y de rendimiento, de igual manera los datos asociados al sistema y los objetivos esperados.
- **Síntesis del diseño**: Esta etapa involucra dos requerimientos:
    - a) especificaciones del sistema,

178

- o   b) arquitectura del sistema.

El resultado de esta etapa es una lista del Hardware y Software.

- **Sintésis fisica**: Esta etapa, requiere los siguientes requerimientos: a) Los esquemas de hardware, b) Los datos necesarios y la tecnología. El resultado de esta etapa es el diseño del sistema, posteriormente es necesario validar que el diseño planeado cumple las especificaciones del sistema

- **Implementación**: Esta etapa, es el siguiente paso, de acuerdo a los resultados obtenidos de las etapas anteriores.

- **Verificación**: Una vez que la etapa de implementación ha terminado es necesario probar el sistema obtenido con las especificaciones establecidas, si el sistema concluye todas las pruebas, es posible considerarlo como terminado.

Como puede verse en los anteriores puntos, mismos que están resumidos de manera gráfica en la figura 6.3, la retroalimentación no se da de manera constate ni en fases de desarrollo tempranas. Esto no es conveniente en la mayoría de los proyectos, pues los defectos de SW, errores en el Hardware, mal diseño de la arquitectura o los requerimientos, se verán hasta fases avanzadas de diseño y es ahí cuando se puede retroalimentar. Este tipo de metodologías no es tan utilizada en la actualidad principalmente por la razón mencionada anteriormente.

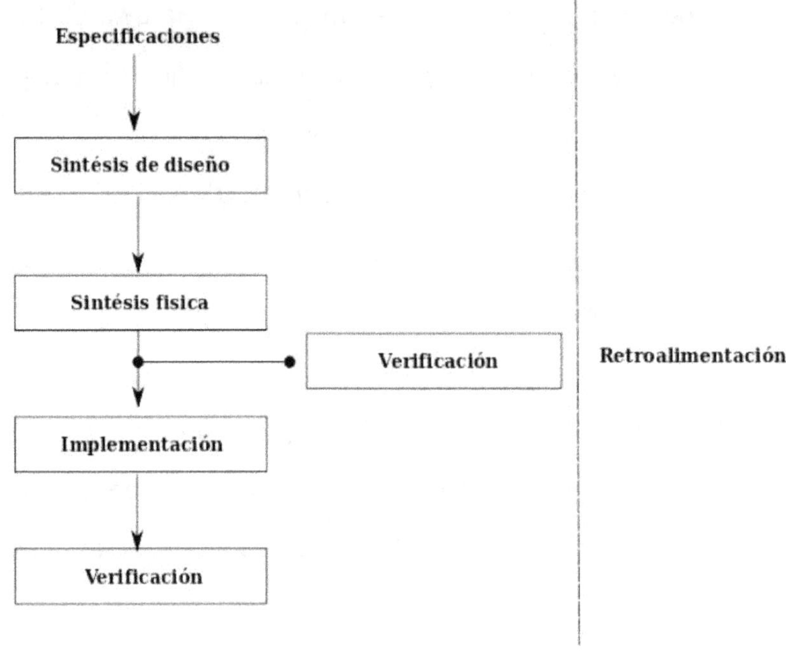

Figura 6.3. Fases en el Desarrollo del modelo Top-Down.

6.3. Metodología en Cascada

La metodología en cascada, es considerado como un ciclo de vida lineal secuencial, es relativamente fácil de usar, entender y utilizar. En esta metodología cada fase debe ser completada antes de pasar a la siguiente, se recomienda ser utilizado en proyectos pequeños que no impliquen requerimientos complejos.

Por otro lado, es importante mencionar que al finalizar cada etapa, es necesario hacer una retroalimentación para determinar el desarrollo correcto del proyecto y determinar si se esta tomando el camino correcto o será necesario buscar otra alternativa. La etapa de verificación tomará lugar una vez que que el desarrollo se encuentre terminado.

Las etapas involucradas en esta metodología son:

- **Requerimientos**: Esta primera etapa involucra entender y definir todos los requerimientos del sistema los cuales serán documentados.
- **Análisis**: En esta etapa los requerimientos serán analizados y se determinará cuales son válidos o inválidos
- **Diseño**: Esta etapa involucra todo el diseño del Sistema y el Hardware, Software y la arquitectura del Sistema son establecidos.
- **Implementación**: Se comienza con la etapa de desarrollo del Sistema de acuerdo a los componentes definidos, de igual manera las herramientas de verificación.
- **Verificación**: Una vez que el desarrollo es terminado, la fase de verificación comienza, en esta tapa cada componente será verificado y el objetivo es asegurar que cada uno de los componentes desarrollados trabajan como es esperado, todas las actividades de verificación toman lugar en esta etapa.
- **Lanzamiento del Sistema**: Esta etapa comienza una vez que la etapa de verificación se encuentra completa con el objetivo de asegurar que no existe ningún error o algún tipo de error , el sistema será configurado en producción y los usuarios finales pueden

comenzar a usarlo.

- **Mantenimiento**: Es necesario mantener el sistema y proveer todo lo necesario en caso de que algún error ocurra.

El flujo de las etapas de desarrollo puede verse en la figura 6.4.

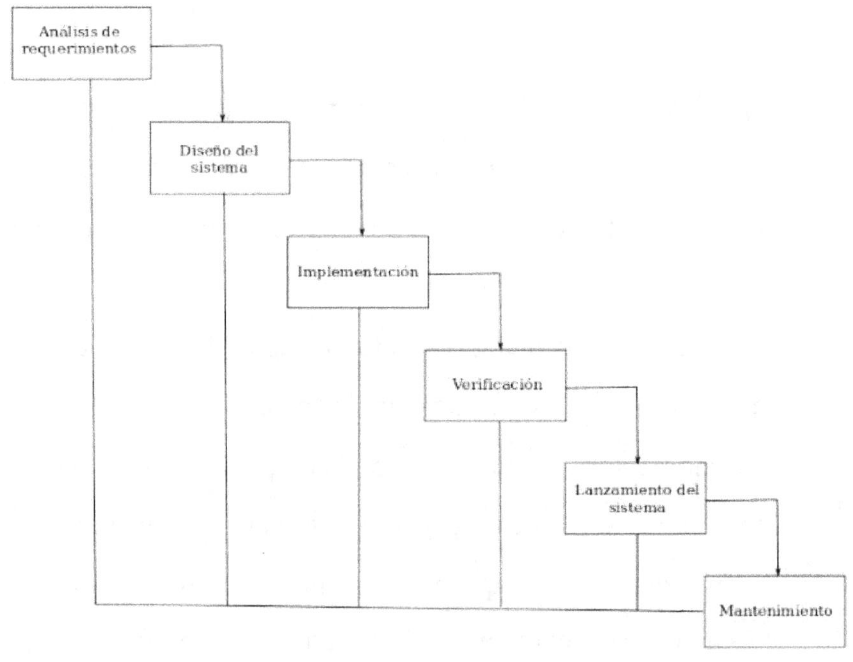

Figura 6.4. Fases en el Desarrollo del modelo en cascada (Waterfall).

182

6.4. Co-Diseño Hardware y Software

En repetidas ocasiones, se ha mencionado que un Sistema Embebido consta tanto de componentes de Hardware como de Software. Uno de los principales problemas del diseño de este tipo de sistemas es decidir que parte de los requerimientos, funciones, etcétera se va a resolver mediante Software y cuales mediante Hardware. Para resolver este dilema se tiene lo que se llama partición SW/HW, que puede ser considerado parte de una metodología de Diseño, también llamada co-diseño de Hardware y Software.

En la "prehistoria" de las computadoras personales (PC), es decir con los procesadores Z80, 8086, 80286, etcétera, las unidades centrales de proceso (CPU, por sus siglas en inglés) no tenían una unidad de procesamiento de punto flotante. Estos procesadores requerían coprocesadores que lo realizaran, como los 8087, 80287 u 80387, llamados FPU (Floating-point units) para poder ejecutar las instrucciones de punto flotante en el código de aplicación.

Sin embargo, si el sistema no tenía FPU el SW de aplicación tenía que "atrapar" las instrucciones de punto flotante y emular el comportamiento de un FPU en el Software, lo que significaba que las instrucciones se ejecutaban con un mayor número de ciclos de reloj, es decir, más lento, pero en este caso, por lo menos se podía ejecutar el código. Lo mismo se puede decir con otros componentes como por ejemplo filtros que pueden ser implementados tanto por SW como por HW; o Hardware dedicado a renders de video (para video juegos, por ejemplo), comúnmente llamado acelerador de video. Sin este Hardware dedicado, el SW puede realizar las funciones, pero la ausencia de este Hardware, significará que los cálculos no puedan ser realizados con la misma rapidez y se sacrifica ciclos de reloj que se pueden utilizar para otras tareas o procesos. Sin embargo, si el costo representa un problema en el sistema final, se debe de considerar realizar algunas funciones sin el Hardware.

En el caso del acelerador de video se deben de considerar otros factores además del costo del Hardware. Por ejemplo, en el caso en el que el Software tenga que ejecutar instrucciones de acelerador de video también es el costo-beneficio de que un videojuego presente sus graficos de manera lenta a comparación de tener un acelerador de Hardware dedicado a un costo mayor; usualmente un diseñador de Sistemas Embebidos elegirá la segunda opción.

Tip:

En realidad a veces este dilema es un poco verlo en blanco y negro. Agregar Hardware añadirá velocidad pero a un mayor costo. No solo considerando el costo del Hardware en cuestión, sino el costo de diseñar el Software, realizar pruebas (validación y verificación), integrar su funcionalidad a los otros componentes de Software, entre otros.

Comúnmente, en la práctica no se justifica esta dualidad HW/SW ni se justifica el porqué la decisión de diseñar ciertas partes, ya sea por HW o SW, lo cual considero es un error de diseño. Se debe de ponderar todos los factores, los diseñadores deben de tener toda la información desde diferentes dimensiones, tener los diagramas de arquitecturas, información sobre tecnologías disponibles, herramientas de diseño, entre otros, para poder justificar una decisión de realizar por Software algun proceso que pudiera ser manejado desde el Hardware o viceversa.

Este dilema es parte de la complejidad de la partición HW/SW. Idealmente, la decisión de particionar no debe de realizarse hasta que se entiendan todas las maneras alternativas de poder solucionar el problema. Por un lado, se requiere tener un ciclo de desarrollo del SW Embebido rápido y eficiente, pero por el otro, en el caso de la partición de HW/SW, el decidir bien informado de todos los componentes y tener toda la información disponible como ya se mencionó anteriormente puede tomar tiempo y es mejor tomar estas decisiones lo más informado posible.

Otro problema, además del costo de agregar Hardware radica fundamentalmente en el riesgo que supone que agregar un elemento de HW cuando el proceso de desarrollo ya ha comenzado, se podría incrementar la complejidad del diseño, re-diseñar el diagrama esquemático y el circuito impreso (PCB, por sus siglas en inglés), entre otros.

En relación a la diferencia que existe entre la integración tradicional del Hardware con el Software en proyectos de Sistemas Embebidos y su integración en el modelo de co-diseño, se puede mencionar que uno de los beneficios es tanto de tiempo de desarrollo total, como de costo de desarrollo, siendo ambos menores.

Otra ventaja que se nota cuando se desarrollan proyectos de Sistemas Embebidos basados en co-diseño es que se puede iterar y realizar pruebas y correcciones de las mismas con relativa facilidad sin tener que detener el desarrollo ni de Software ni de Hardware. En la figura 6.5 se muestra una comparación de la relación que existe en tiempo y costo de desarrollo entre el desarrollo tradicional (figura de la izquierda) y el co-diseño entre el SW y el HW.

Más específicamente, el co-diseño de SW/HW tiene en general la siguiente estructura: Se comienza con las especificaciones y los requerimientos del sistema. Una vez completado se simulan los requerimientos y se itera conforme van cambiando. Después se toma la decisión de que requerimientos serán completados por SW y cuales por HW, se realiza un anáisis de la partición HW/SW como se explicó con anterioridad.

Si existen modificaciones a la partición se cambian los elementos tanto de Hardware como de Software para poder mejorar la arquitectura. Estos pasos son iterativos hasta que se tiene claro que elementos del sistema se manejarán por SW y cuales por HW. Posteriormente, se puede realizar co-simulación del HW y el SW de manera integrada, así como la co-verificación de acuerdo a los requerimientos. Una vez que estos pasos hayan sido terminados, se integran los elementos del Hardware junto con el Software y se realiza el protocipado. Estos pasos pueden verse en forma de siagrama en la figura 6.5.

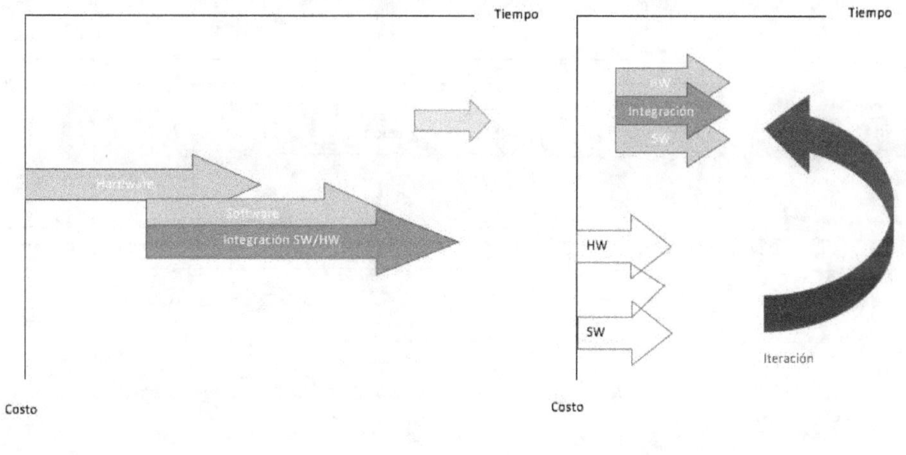

Figura 6.5. Diseño tradicional de Integración SW/HW (izquierda) contra Co-Diseño SW/HW (Derecha).

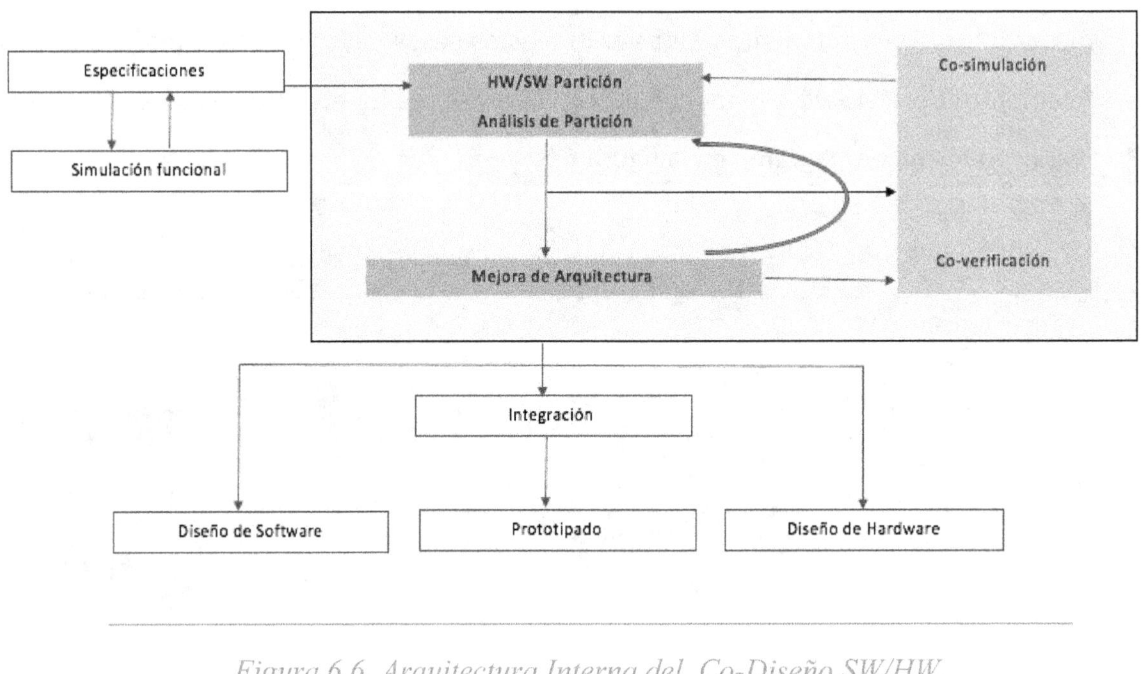

Figura 6.6. Arquitectura Interna del Co-Diseño SW/HW.

Como se puede apreciar en las figura 6.5 y 6.6, el modelo de Co-diseño HW/SW presenta varias ventajas. Una de ellas es reducir el riesgo que supone realizar demasiadas iteraciones entre el

188

Hardware y el Software y esperar a que termine el diseño del Hardware para poder comenzar el del Software. Sin embargo, representa ciertos retos, uno de ellos es el de particionar de manera correcta el HW y SW sin caer en demasiadas iteraciones, pues ello representaría un tiempo mayor de desarrollo cuando en general este método ofrece esa desventaja: el menor tiempo total de desarrollo de un Sistema Embebido.

6.4.1. Consideraciones para Particionar Hardware / Software

En el Software tradicional, los programadores generalmente no consideran el Hardware en el que se va a ejecutar su programa, se limitan a listar requerimientos mínimos de microprocesador, memoria y espacio en disco que el programa necesitará. En Software Embebido, la decisión de cómo particionar el Hardware y el Software es crítica para la mayoría de los sistemas. Esta decisión se denomina "partición" de Hardware / Software.

Diseñar el Hardware para un Sistema Embebido es más que seleccionar un procesador "poderoso" y pegarlo a unos cuantos periféricos. La decisión de cómo particionar el Sistema de tal forma que no pierda su funcionalidad tanto de parte del Software como del Hardware es fundamental en el diseño.

La decisión de elegir el microprocesador principal repercutirá en el costo del proyecto, tiempo de desarrollo, y otras consideraciones como escalabilidad, portabilidad, etc.

En esta sección se abordará la dualidad Hardware/Software que hace que esta partición se pueda realizar sin complicaciones. Además, se tratará como las tendencias de Hardware pueden alterar la decisión actual de partición de Hardware.

6.4.2. Dualidad Software/Hardware

Idealmente, la decisión de particionar no debe de realizarse hasta que se entienda todas las maneras alternativas de resolver el Sistema. Mientras más tiempo pase para hacer esa decisión, más factible será para será saber que partes del sistema se pueden implementar en Hardware y cuales en Software.

Sin embargo, existe el peligro de que se espere demasiado tiempo y partes que se podían haber implementado en Software no se han implementado para verificar si provee más ventajas implementarlo en Hardware, retrasando el proyecto del Sistema Embebido.

El hecho de agregar más hardware significa generalmente velocidad a un mayor costo. También hay que considerar a este costo que mientras más software tenga el sistema, más caro será, pues se necesitan más programadores, mas ingenieros de pruebas, más recursos para integrarlo y validarlo, etc.

Existe otro inconveniente con agregar hardware, el diseño del Software Embebido será más riesgoso, pues a nivel negocio rediseñar y/o cambiar el hardware es un mayor problema que encontrar un defecto de Software y arreglarlo.

La decisión de particionar el Hardware y el Software es un problema de optimización compleja. Muchos diseños de Sistemas Embebidos requieren de las siguientes características que deben ser tomadas en cuenta para realizar la partición:

- Costo software/hardware
- Estándares
- Dueño de la tecnología
- Competitividad

Este conflicto puede ser rápidamente resuelto creando un diseño óptimo para el producto Embebido. El algoritmo de partición depende del procesador, las herramientas de desarrollo disponibles, etc.

Otros factores a considerar para la partición software/hardware son:

- Necesidades de Rendimiento
- Limitaciones de tamaño, peso y consumo de energía.
- Costo de producción
- Limitaciones de tiempo para salir al mercado.

6.4.3. Elección de Hardware en Software Embebido

Elegir el Hardware para el desarrollo de un Sistema Embebido no es tarea fácil. Existen una serie de consideraciones para poder elegir los elementos de Hardware. En el caso del microprocesador principal, se pueden hacer las siguientes preguntas:

- ¿Estará disponible para la aplicación que se pretende desarrollar?

- ¿El microprocesador es capaz de tener un rendimiento muy bueno aún con una alta carga del sistema?
- ¿El microprocesador es soportado por el sistema operativo que se pretende
- implementar para el sistema?
- ¿Existen las herramientas y actualizaciones necesarias para poder escalar el
- sistema en caso de ser necesario?

¿El procesador estará disponible para la aplicación que se pretende desarrollar?
Existen algunas cuestiones a ser consideradas en este apartado. Si se habla de costos, lo más sensato es escoger el Hardware de lo que ya está disponible a bajo costo. El Hardware nuevo generalmente es caro, debido al costo en inversión del desarrollo tecnológico.

A menos que se requiera de una aplicación de alto rendimiento cuya velocidad o capacidad de procesamiento esté fuera del alcance en Hardware comercial, se recomienda considerar Hardware de bajo costo. Existen una gran cantidad de dispositivos programables como memorias EPROM, CPLD, FPGAs o microcontroladores que con un costo accesible, se puede desarrollar una gran cantidad de aplicaciones.
En este sentido, no es factible escoger el Hardware más poderoso para hacer un producto más rápido, si el producto sería no competitivo en el mercado.

¿El microprocesador es capaz de tener un rendimiento muy bueno aún con una alta carga del sistema? Una de las principales características de los Sistemas Embebidos es la de tener que realizar las tareas encomendadas "a tiempo". Conforme las tareas se van haciendo más grandes o más complejos, el término "a tiempo" se vuelve más difícil de cumplir.

Conforme las tareas se van haciendo más complejas (ej. Procesamiento de señales, interfaces con dispositivos de red, bluetooth, etc) los cuello de botella pueden limitar el rendimiento del sistema. En este caso se recomienda realizar pruebas que incluyan muchas tareas a la vez de diferentes complejidades para poder determinar si el hardware puede realizar todas estas tareas simultáneamente. El capítulo 6 de Sistemas Operativos de tiempo real, tratará más a fondo sobre tareas y procesos.

¿El microprocesador es soportado por el sistema operativo que se pretende implementar para el sistema?

Es importante considerar que el sistema operativo de tiempo real utilizado pueda ser portable y pueda ser trasladado transparentemente al hardware en cuestión. El poder portar un sistema operativo a una nueva arquitectura ahorrará tiempo de desarrollo y por lo tanto, costo.

¿Existen las herramientas y actualizaciones necesarias para poder escalar el sistema en caso de ser necesario?

Las herramientas de desarrollo son críticas para el éxito del sistema. Si no se tienen las herramientas necesarias para detectar errores en código, validar el sistema, compilador, verificar requerimientos, etcétera, será más difícil completar el Sistema Embebido con el tiempo y los recursos requeridos.

En este sentido, el evitar la obsolescencia del Hardware es importante para el término del

Sistema. Muchos fabricantes ofrecen actualizar el Hardware y/o Firmware regularmente para poder escalar el Sistema en caso de que los requerimientos se amplíen drásticamente.

Además, existen una serie de criterios a seguir para la selección del microprocesador a usar. Afortunadamente, dada la gran variedad de fabricantes, para la mayoría de las aplicaciones existe más de una solución. Como en casi todas las decisiones de sistemas ingenieriles se tiene que hacer un balance entre costo y funcionalidad. Se recomienda tomar en cuenta los siguientes criterios para la elección del Hardware:

- Número de entradas/salidas
- Interfaces Requeridas
- Consideraciones de tiempo real
- Velocidad de procesamiento.
- Arquitectura de Memoria
- Consumo de energía
- Ciclo de vida

Número de Entradas/Salidas: Si el microcontrolador no necesita generar señales a una memoria externa, los pines del dispositivo están disponibles para ser usados como puertos de entradas/salidas. Algunos fabricantes tienen disponibles microcontroladores con memoria RAM y/o ROM interna, por lo que sus puertos estarán disponibles para ser usados por si solos.

Interfaces Requeridas: Uno de los puntos primordiales de un Sistema Embebido es el de interactuar con el mundo real. En este sentido, la interfaz juega un papel primordial. No solo el Hardware tiene que ser lo suficientemente robusto para poder manejar la interfaz, también tiene que ser lo suficientemente rápido para poder procesar las tareas que se le encomiendan.

Desafortunadamente, no existe una fórmula mágica para determinar si un microprocesador puede manejar de manera adecuada la interfaz. Se recomienda programar parte del código de la interfaz y probarlo en hardware para poder validar esto.

Consideraciones de tiempo real: Los eventos de tiempo real tienen que ser considerados. En el capítulo 6 de este libro se aborda sobre sistemas operativos de tiempo real y eventos.

Velocidad de procesamiento: En este criterio se tienen que tomar en cuenta conceptos como latencia anidada. La latencia es el tiempo en el cual se le asigna una tarea al sistema y este responde.

Cuando se trata de sistemas muy grandes, se tienen muchas tareas a la vez, esperando que el sistema responda a ellas. En estos casos, se tienen que tomar en cuenta la suma de todas las latencias para el peor escenario. Y asegurarse de que el microprocesador pueda manejar esta sobrecarga de tareas sin que resulte en errores inesperados.

En este sentido, simplemente aumentar la velocidad no sirve de nada si se tienen que insertar en el Software colas o pausas para poder cumplir con los requerimientos de tiempo de acceso.

Consumo de energía: Para algunos diseños de Sistemas Embebidos, el consumo de energía no representa un problema. Es simplemente cuestión de conectarlo a cualquier toma de corriente disponible. Sin embargo, no siempre es este el caso.

Existen diseños en los cuales hay una restricción de energía. Por ejemplo: en el caso de un teléfono celular, se tiene que considerar que el Hardware no consuma mucha energía pues una duración de batería de unas cuantas horas evitaría que el consumidor final comprara el producto.

6.4.4. Integración entre Hardware y Software

Después de que se haya diseñado tanto la parte de Hardware como la de Software, es necesario integrarlo para verificar si cumple con las especificaciones del sistema.

Es común que en algunas ocasiones, después de integrar el Hardware con el Software, al sistema le faltan especificaciones o no las realiza como estaban ideadas en un principio. Esto puede ser por muchos factores como la falta de comunicación entre equipos d desarrollo, un pobre diseño de los documentos de requerimientos, entre otros.

La tarea de integrar el Hardware y el Software no es tarea fácil. Principalmente debido al incremento en la complejidad de los sistemas. Si el Sistema Embebido es muy grande, debe consistir en muchos subsistemas y por lo tanto, se recomienda ser probado en un simulador del Hardware antes de ser probado en el Hardware en sí (el capítulo 8 aborda el tema de pruebas en Hardware). La siguiente etapa de integración una vez que el simulador haya evaluado correctamente el Software puede ser probado una vez que los componentes de Hardware se encuentren disponibles.

Por último, la integración debe de hacerse en pruebas de campo. Esto generalmente necesita de herramientas especializadas que midan tiempo de respuesta, confiabilidad, rendimiento, etc.

Otra fase importante en el desarrollo de Software Embebido es la de mantenimiento y actualización de Software. Existen ocasiones en las que la versión base (baseline) de los requerimientos dejaron funciones a ser implementadas, ya sea porque no estaban listas en su momento o porque el Hardware no estaba disponible. Sea cual sea el caso, en ocasiones es necesario mantener actualizado el Software.

Además, la verificación y validación del software embebido puede detectar errores en el Software. Es necesario en esos casos, realizar actualización o liberar una versión del Software libre de los errores encontrados. Notificar al usuario final sobre las mejoras de la nueva versión es una buena práctica, por lo que se recomienda ser implementada si una nueva versión está disponible para ser instalada por el usuario final.

6.5. V-Model

El modelo en V (o V-Model) se denomina así pues gráficamente su metodología tiene forma de "V". Nació como una mejora al modelo secuencial y en cascada con un enfoque en la validación y verificación del sistema, es decir, en pruebas. Este modelo esta dividido en 2 etapas. Para cada módulo o diseño de un subsistema o unidad es necesario validarlo antes de continuar con la siguiente etapa

La documentación de cada prueba se hace en la etapa de diseño correspondiente a cada etapa del modelo. En general el modelo V se aplica en organizaciones grandes debido a que requiere que los desarrolladores y los ingenieros de pruebas trabajen en conjunto. En este modelo es posible realizar cambios en cualquier momento del desarrollo. Las fases de desarrollo del Model en V pueden apreciarse gráficamente en la figura 6.7.

En este modelo, se realizan diversas pruebas, como por ejemplo las de módulos individuales también llamadas "Unit Test", pruebas de funcionalidad e integración. También se realizan pruebas de Sistema, también llamadas "System Testing". En las pruebas del Sistema, se prueba contra los requerimientos del cliente. Todas estas pruebas se abordan a mayor detalle en el capítulo de validación y verificación de este texto.

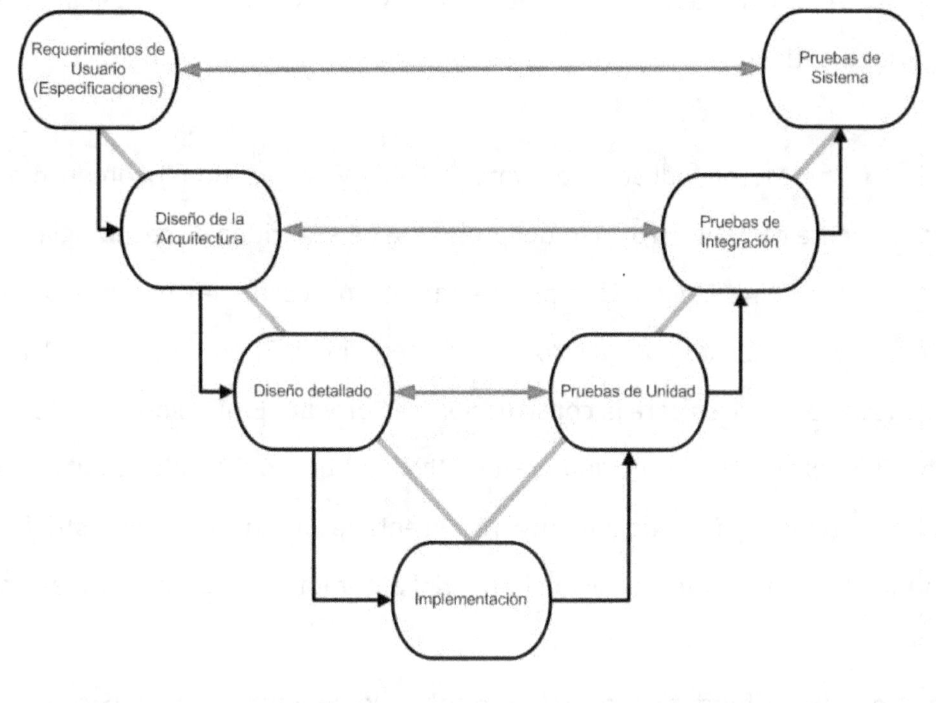

Figura 6.7. Metodología de Desarrollo basada en Modelo en V.

El modelo en V (o V-Model) es una de las metodologías para desarrollar Sistemas Embebidos más utilizadas hoy en día. En algunas industrias (por ejemplo, en Software Automotriz), es fundamental conocer esta metodología pues es muy usada.

6.6. MISRA-C

El globalmente aceptado subconjunto seguro del lenguaje C, MISRA-C, el cual es utilizado no sólo en la industria automotriz sino en otras industrias en las cuales hay componentes de seguridad crítica.

MISRA ("The Motor Industry Software Reliability Association") comenzó a principios de los años noventa como un proyecto del programa de seguridad de tecnologías de información del gobierno de Reino Unido. Este programa creó proyectos en un amplio rango de industrias involucradas con Sistemas electrónicos de seguridad. El proyecto MISRA fue concebido para desarrollar directrices para la construcción de Software Embebido en Sistemas electrónicos de vehículos terrestres. En noviembre de 1994 se publicó "Development guidelines for vehicle based software". Este documento representaba un consenso industrial significativo y fue también la primera interpretación industrial automotriz del emergente estándar IEC 61508.

Una vez que la fundación oficial se disolvió los miembros de MISRA decidieron continuar trabajando de forma conjunta sobre una base informal. Uno de los primeros resultados de esta colaboración fue MISRA C, el cual nació cuando Ford y Rover decidieron combinar sus esfuerzos individuales para crear un subconjunto del lenguaje C. Desde entonces MISRA C se ha convertido en el estándar de facto para la programación Embebida en C en la mayoría de industrias relacionadas con la seguridad y es utilizado también para mejorar la calidad de software incluso donde la seguridad no es la consideración primordial. MISRA ha hecho mucho para promover los mejores lineamientos y prácticas para C y ahora para C++.

En 1998, MISRA publicó su estándar de C para promover el uso seguro del lenguaje en la industria automotriz de Reino Unido el cual ha sido actualizado y liberado como MISRA-C:2004.

El globalmente aceptado subconjunto seguro del lenguaje C aborda particularmente los temas realzados en el estándar ISO respecto a lo inespecífico, indefinido y al comportamiento dependiente de la implementación. MISRA-C ha sido globalmente acogido por compañías como DENSO, Delphi, Paragon, Yaskawa, Ford, Continental, Actia, etc., como una base para motivar las buenas prácticas de programación.

Aunque MISRA-C es de los estándares de codificación más utilizados como base para la creación de estándares de codificación industriales y para el desarrollo de código C los estudios disponibles sobre MISRA-C 1998 y 2004 no parecen soportar la utilización tan extendida y difundida de este conjunto de reglas de codificación.

En una comparación entre MISRA-C 1998 y MISRA-C 2004 aplicada a siete paquetes de software comerciales se puede concluir que similar a MISRA-C 1998, la versión 2004 del estándar se queda también en la zona donde corregir las transgresiones puede incrementar el número total de fallas en vez de disminuirlas debido al ruido de las reglas y al fenómeno de re-inyección de fallas. En otras palabras el espíritu original de reducir el número total de fallas de software mediante el uso de MISRA-C en forma inalterada y sin una buena política de desviación puede no sólo incumplirse sino de forma contraproducente empeorarse.

Debido a las deficiencias de MISRA-C y a los diferentes ámbitos y necesidades de estandarización existen otras opciones de uso y aceptación industrial como:

- CERT C
- HIS

- JPL

- IPA/SEC C

- Netrino C

6.7. Metodología SpecC

La metodología SpecC es una notación formal utilizada para la especificación y el diseño de los Sistemas Embebidos, para tanto Software como Hardware. El lenguaje SpecC se basa en el lenguaje ANSI-C y soporta conceptos esenciales para el diseño de Software Embebido como jerarquías estructurales y de comportamiento, concurrencia, comunicación, sincronización, transiciones entre estado, etc.

Esta metodología se basa en cuatro niveles de abstracción que son:

- Nivel de Sistema.
- Nivel de Transferencia de Registro (Register Transfer Level ó RTL).
- Nivel de Compuertas.
- Nivel de Transistores.

Mientras más bajo sea el nivel, el proceso de diseño se enfoca más a detalle en algunos aspectos del Sistema. Para ilustrar esto, se muestra en la figura 6.8 el diagrama Y con los cuatro niveles de abstracción.

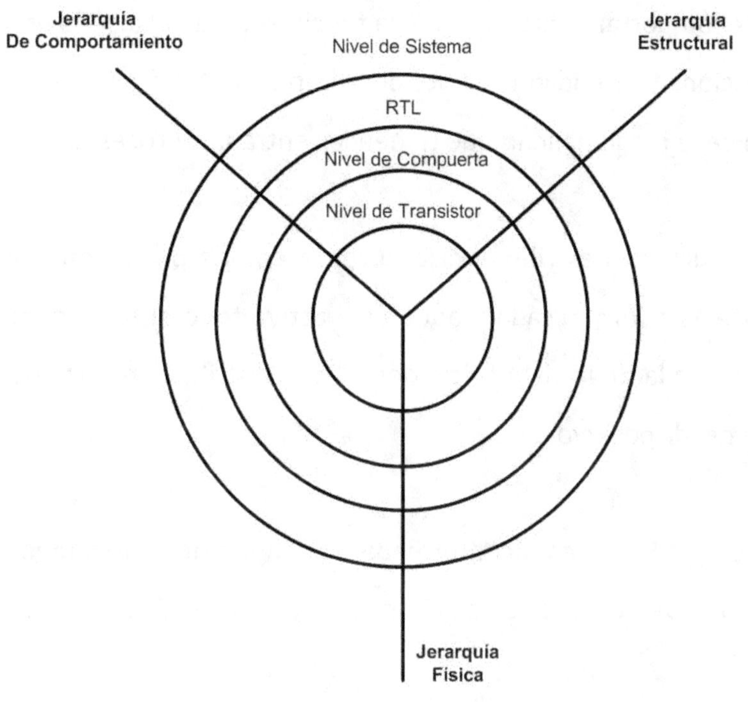

Figura 6.8. Diagrama "Y" con los Cuatro Niveles de Abstracción.

En cada uno de los niveles de abstracción, existen ciertos componentes a ser considerados. Por ejemplo, a nivel de Sistema se consideran los buses de Sistema, a nivel RTL se considera las microarquitecturas, sub-sistemas, registros, etc.

Como se muestra en la figura 6.8, está dividido en 3 vistas o jerarquías: la física, la estructural y la de comportamiento.

203

La vista de comportamiento describe la funcionalidad del diseño en términos de los conceptos de abstracción independientemente de la implementación. Cada bloque de esta vista describe una pieza de la funcionalidad que tienen las entradas, procesos y salidas.

La vista estructural describe el diseño representado por objetos físicos que son conectados entre sí. De esta forma, cada bloque está activo todo el tiempo, procesando continuamente datos. Por otro lado, la vista física, describe la distribución física de los componentes de más bajo nivel del dispositivo.

La metodología SpecC está conformada por un set de cuatro modelos que abarcan desde la especificación del sistema hasta la implementación del RTL, como se muestra en la figura 6.9.

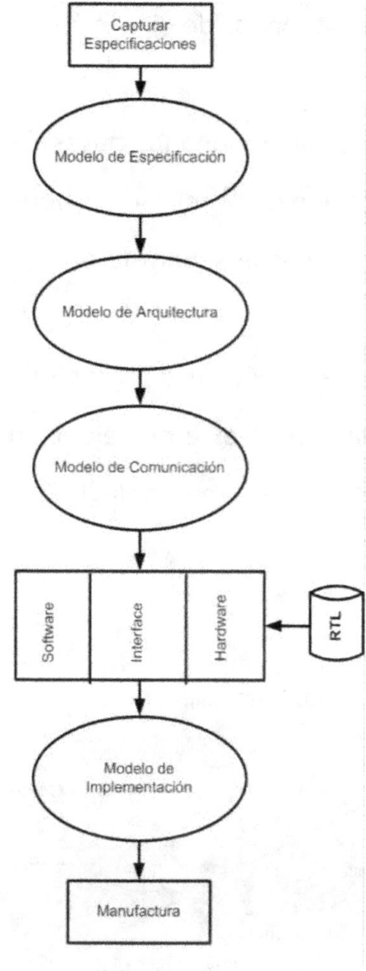

Figura 6.9. Metodología SpecC.

En el Modelo de especificación se refinan los requerimientos y especificaciones. En el modelo de arquitectura de define la estructura del sistema y el mapeo del comportamiento computacional, incluido los tiempos de ejecución.

El modelo de comunicación selecciona los buses de sistema y crea un modelo que refleje la arquitectura de comunicaciones. Al mismo tiempo, la especificación de la funcionalidad del sistema de ve a nivel de RTL y se separa la parte de interfaz del usuario, el Hardware y el Software.

En el modelo de la implementación se ve la descripción estructurada de todo el sistema. Alto nivel de detalle es necesario para este modelo. El modelo visto del diagrama "Y" de la figura 6.8, puede ser visto por medio de la metodología SpecC de la figura 6.9. El resultado se muestra en la figura 6.10.

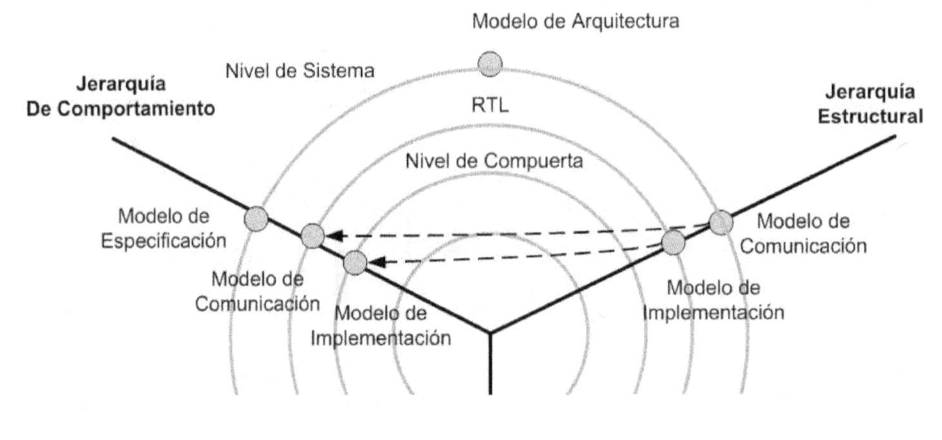

Figura 6.10. Metodología SpecC mediante Diagrama "Y".

6.8. Procesos de mejora de Software

Las iniciativas para mejorar el proceso de Software no son más que esfuerzos coordinados de estandarización que han sido llevado a cabo por organizaciones dedicadas a este campo o por asociaciones dedicadas a mejorar la administración del desarrollo de Software. Entre las iniciativas más importantes encontramos al CMM, el CMMI, la serie de estándares ISO 9000 e ISO/IEC 15504, mejor conocido como SPICE.

Por ejemplo, las áreas de proceso del CMMI agrupadas por categoría pueden ser observadas en la siguiente tabla:

Categoría	*Área de proceso*
Administración del proceso	Definición del proceso organizacional Enfoque del proceso organizacional Entrenamiento organizacional Desempeño del proceso organizacional Organización y despliegue organizacional
Administración de proyectos	Planeación de proyectos Monitoreo y control de proyectos Administración de contratos de proveedores Administración integrada de proyectos Administración de riesgos Integración de equipos Administración cuantitativa de proyectos
Ingeniería	Administración de requisitos Desarrollo de requisitos Soluciones técnicas Integración del producto *Verificación* *Validación*

Soporte	Administración de la configuración Administración de la calidad del proceso y del producto Medición y análisis Análisis de decisiones y resoluciones Ambiente organizacional para la integración Análisis de causa y resolución

Es importante mencionar que aunque CMMI no es propiamente un estándar que sigan todas las empresas de SW Embebido, al ser un estándar de la industria del Software es útil conocerla

De acuerdo al modelo de proceso de SPICE, principalmente utilizado en la industria automotriz, se definen los procesos primarios de desarrollo de acuerdo a la siguiente tabla:

Identificación del Proceso	*Nombre del Proceso*
ENG.1	Obtención y licitación de requisitos
ENG.2	Análisis de requisitos del sistema
ENG.3	Diseño arquitectónico del sistema
ENG.4	Análisis de requisitos de software
ENG.5	Diseño de software
ENG.6	Construcción de software

ENG.7	Pruebas de integración de software
ENG.8	Pruebas de software
ENG.9	Pruebas de integración del sistema
ENG.10	Pruebas del sistema

6.8.1. SQuaRE y Modelos ISO

Existen varias métricas similares con esta misma clasificación debido a su similaridad. Las tres metodologías más modernas dentro de esta categoría son las siguientes:

- **ISO 9126**: Este es el precursor al estándar **SQuaRE** y todavía se utiliza en muchas partes de la industria.

- **ISO/IEC 29119**: Los estándares del ISO que determinan las metodologías y estándares en el ambito de las pruebas de software. He encontrado mucha resistencia contra este estandar debido a que no es transparente y no tiene soporte de la industria moderna.

- **ISO/IEC 25010:2011 - SQuaRE:** SQuaRE es el estándar más reciente del ISO/IEC en términos de la calidad de software. Este método toma en cuenta medidas cuantificables para evaluar diferentes aspectos del Software en cuestión. Cada métrica es evaluada con uno de 3 pesos; alto, medio, y bajo. De esta forma se puede priorizar las medidas. Debido a que esta metodología es el estándar "oficial" para la evaluación de software, es nuestro mejor punto de referencia en cuanto a las tendencias modernas. Sin embargo, no menciona muchos aspectos del Software Embebido y no es tan uilizable en esta industria.

- **IEEE 829-2008 - Standard for Software and System Test Documentation:** Estándar del IEEE en el ambito de pruebas de Software. Este estándar cubre la planeación de pruebas y su documentación y realmente no tiene mucho en términos de metodología completa. Debido a que no se enfoque en metodologías, es menos controversial en la industria, pero en realidad no sirve como metodología. Dentro del documento se encuentran checklists y guías de cómo formar los siguientes documentos de las pruebas.

  - **Guías:**

    Estrategia de Pruebas: Cuáles y que tipos de prueba son las mejores?

    Plan de Pruebas: Plan de cómo se ejecutan las pruebas

    Casos de Prueba: Casos preparados especialmente para verificar si cumple un módulo los requerimientos del proyecto.

    Datos de Prueba: Datos de entrada completos que tomen en cuenta todos los casos posiblemente erróneos de la prueba.

    Ambiente de Prueba: Ambiente controlado en cual se lleva a cabo las pruebas.

  - **Checklists -** Detección de errores:

    Monitoreo de la ejecución de los planes.

    Análisis de las anomalías que se descubrieron durante la ejecución de los planes

Reportaje sobre el progreso de los proceso de las pruebas

Valoración de los resultados de las pruebas conforme a las expectativas

La determinación de si una tarea de pruebas se ha completado

Verificación de los resultados final

- **Checklists -** Desarrollo de pruebas:

Generacion de Casos de Pruebas (Acceptance)

Generacion de Procedimientos para Pruebas (Acceptance)

Generacion de Casos de Pruebas (System)

Generacion de Procedimientos para Pruebas (System)

Generacion de Casos de Pruebas (Component Integration)

Generacion de Procedimientos para Pruebas (Component Integration)

Generacion de Casos de Pruebas (Component)

Generacion de Procedimientos para Pruebas (Component)

Ejecución de Pruebas de Componentes

Evaluación de los Resultados de las Pruebas de Componentes

Preparación de Reporte de Pruebas de Componentes

Generacion de Matriz de Trazabilidad

Revisión del nivel de Preparación de Pruebas (TRR)

Identificación de nivel de Integridad

Identificación de riesgos

Identificación de problemas de seguridad

- **Checklists - Descripciones de pruebas deben incluir:**

Metodos

Entradas

Salidas

Cronograma

Recursos

Riesgos y asump

Roles y Asumpciones

6.8.2. CERT C

Como parte del "Software Engineering Institute" existe una organización llamada CERT cuya misión es estudiar las vulnerabilidades de seguridad de internet, investigar los cambios a largo plazo en los sistemas interconectados y desarrollar información y entrenamiento que ayude a mejorar la seguridad.

Parte de los esfuerzos de CERT en el área de aseguramiento de software ("Software Assurance"), específicamente en lo que se refiere a codificación segura ("Secure Coding") han producido CERT C.

CERT ha coordinado el desarrollo de estándares de codificación segura en el cual más de 500 contribuyentes y revisores han participado. La versión 1.0 del estándar de codificación seguro está disponible como un libro de Addison-Wesley y la versión 2.0 está todavía en desarrollo.

6.8.3. HIS

HIS ("Herstellerinitiative Software") es un comité compuesto por Audi, BMW, Daimler, Porsche y Volkswagen que tiene el objetivo de mejorar la competencia en los métodos de diseño de sSad para las unidades de control que corren sobre microprocesadores. El objetivo principal es desarrollar y utilizar estándares conjuntos.

El grupo de trabajo HIS de pruebas de software liberó un subconjunto de las reglas de MISRA-C 1998 aplicables a este grupo. Respecto a MISRA-C 2004 también incluyó reglas adicionales. En total el estándar HIS comprende 115 reglas de codificación de las cuales 3 no se consideran analizables estáticamente.

6.8.4. JPL

Al igual que otras organizaciones que desarrollan código para aplicaciones de seguridad crítica, JPL ("Jet Propulsion Laboratory") ha escogido a C como lenguaje de programación.

Para regular y estandarizar el uso del lenguaje C, JPL desarrollo un conjunto de 10 reglas que pueden hacer más confiable el análisis de componentes críticos de Software. Las reglas son:

Regla	Contenido	Justificación
Regla 1	Restringe todo el código a estructuras de control simples. No utilices goto, setjmp o longjmp, o recursión directa o indirecta.	Las estructuras de control simples se traducen en mayores capacidades de análisis y frecuentemente en mayor claridad de

		código.
Regla 2	Todos los ciclos deben tener un límite superior fijo de tal forma que estáticamente pueda determinarse que el ciclo no excede el límite máximo de iteraciones. Los calendarizadores de procesos están exentos.	La ausencia de recursión y los límites pre-establecidos en los ciclos evitan código que nunca termina.
Regla 3	No utilizar memoria dinámica posterior a la inicialización.	Las funciones para reservar memoria como malloc y los recolectores de basura ("garbage collectors") frecuentemente tienen comportamientos impredecibles que pueden impactar significativamente el desempeño.
Regla 4	Ninguna función debe ser mayor a (60 líneas de código) lo que puede imprimirse en una hoja en formato estándar de una línea por enunciado ("statement") y una línea por declaración.	Cada función debería ser la unidad lógica en el código, entendible y verificable como unidad. Las funciones extensas son frecuentemente un signo de código mal estructurado.
Regla 5	La densidad de aserciones del código debería promediar dos aserciones por función.	Las estadísticas indican que las pruebas unitarias encuentran frecuentemente al menos un defecto por cada 10 o 100 líneas de código. La tasa de intercepción de defectos incrementa

		significativamente con una densidad de aserciones mayor.
Regla 6	Declara todos los objetos con el menor alcance posible.	Esta regla se basa en el principio de encapsulamiento de datos. Un menor número de asignaciones facilita el diagnóstico de problemas.
Regla 7	Una función que llama a otra función debe checar el valor de retorno cuando es distinto a void, y cada función llamada debe checar la validez de los parámetros provistos.	El valor de retorno de una función no debe ser ignorado especialmente si la función debe propagar el valor de error en la jerarquía de llamadas.
Regla 8	El uso del pre-procesador debe limitarse a la inclusión de encabezados y a la definición de macros simples además de que la compilación condicional deberá mantenerse al mínimo.	El pre-procesador de C es una herramienta poderosa de ofuscación que puede destruir la claridad del código.
Regla 9	El uso de apuntadores debe restringirse a: -apuntadores simples, no dobles ni más allá. -operaciones de apuntadores escondidas en definiciones de macros o sinónimos en declaraciones de tipos ("typedefs"). -los apuntadores a función no son permitidos.	Los apuntadores pueden hacer que el código sea difícil de seguir y de analizar. Por otro lado los apuntadores a función deben utilizarse sólo si existen razones poderosas respaldándolos.
Regla 10	Todo el código debe compilarse desde el primer día con todos los warnings habilitados en el	Existen varios analizadores estáticos extremadamente

nivel de chequeo más estricto disponible. Todo el código debe compilar sin warnings y todo el código debe ser checado diariamente con al menos una herramienta de análisis estático poderosa y deberá pasar con cero warnings.	efectivos en el mercado estos días y unos pocos gratuitos por lo que no hay excusa para no utilizarlos.

A diferencia de otras reglas de codificación con típicamente cientos de reglas, JPL provee un conjunto pequeño de reglas con la intención de que todas ellas sean lo suficientemente claras y específicas para que puedan implantarse y verificarse de forma manual o automática; al mismo tiempo que puedan lograrse efectos medibles en la confiabilidad y verificabilidad del Software.

Estas reglas están siendo utilizadas de forma experimental en JPL para escribir Software de operación crítica encontrando beneficios en la seguridad.

6.8.5. IPA/SEC C

La guía de prácticas de codificación IPA/SEC C fue creada por el centro de ingeniería de Software de la agencia japonesa de promoción de tecnologías de información. Las prácticas fueron diseñadas para ayudar en la producción de código de alta calidad sin importar las habilidades de los programadores.

La guía se basa en experiencia japonesa en el desarrollo de Sistemas Embebidos, combinada con MISRA-C 2004, los estándares de codificación y de estilo "Indian Hill" y los estándares de codificación de GNU.

Debido a que la guía se enfoca en cubrir atributos de calidad como confiabilidad, mantenibilidad, portabilidad, convenciones de nombres, estilo y eficiencia en contraste con MISRA-C 2004 (el cual se enfoca principalmente en la confiabilidad) cubre un espectro más amplio. También es un complemento a la seguridad y por lo tanto a CERT C.

6.8.6. Netrino C

La compañía Netrino fue fundada en 1999 en Elkridge Maryland. Netrino produce una gran variedad de dispositivos Embebidos desde dispositivos médicos hasta cepillos de dientes electrónicos.

Netrino C es un estándar de codificación para C Embebido que fue desarrollado por Netrino para minimizar los errores en el Firmware mediante la creación de reglas que no solo evitan los errores sino que mejoran la mantenibilidad y la portabilidad del software embebido.

El estándar de codificación detalla principios de programación de Software, especifica convenciones de nombres y describe reglas para los tipos, funciones, macros, variables, etc. Se resaltan las reglas que han demostrado reducir o eliminar cierto tipo de errores.

6.8.7. Espiral Evolutivo

La metodología de espiral evolutivo, ha sido usado por muchos años y aplicado de igual manera a proyectos de gobierno, dicha metodología puede integrar muchas de las metodologías como casos especiales para proveer una guía como la combinación de las mismas lo cual depende de las características del Sistema. Al inicio del ciclo, es necesario identificar los siguientes puntos:

- Los objetivos del sistema que será elaborado(rendimiento, funcionalidad, abilidad de integrarse al cambio, etc.).
- Las alternativas posibles dentro de la implementación del sistema(diseño A, diseño B, etc.)
- Las limitaciones impuestas en la aplicación de dichas alternativas consideradas(costo, interfaz, etc.)

El siguiente paso involucra evaluar las alternativas en función de los objetivos y las limitaciones, de igual manera involucra la elección de la estrategia efectiva acorde al costo dependiendo de las razones de riesgo, esta parte involucra prototipado, simulación, puntos de referencia, pruebas de rendimiento o combinaciones de otras técnicas de resolución.

En general, las etapas que integran esta metodología, son las siguientes:

- **Comunicación con el usuario**: Esta etapa es necesaria para establecer la comunicación con el usuario y así definir sus principales requerimientos.
- **Planificación**: En esta esta etapa, de acuerdo a los requerimientos definidos en la etapa anterior será necesario definir los recursos, el tiempo y la información requerida para el Sistema.
- **Análisis de riesgos**: Esta etapa involucra un análisis de riesgo, con el objetivo de detectar posibles errores técnicos y posiblemente de gestión del proyecto.
- **Ingeniería**: En esta etapa se definen las tareas requeridas para construir una o mas representaciones del Sistema.
- **Implementación**: Esta etapa involucra la implementación del Sistema incluyendo las

tareas de verificación para evaluar e instalar el sistema.

- **Evaluación del sistema**: Esta etapa se lleva acabo obteniendo una retroalimentación del usuario referente a la etapa anterior.

Esta metodología demanda una consideración directa de los riesgos técnicos en todas las etapas del proyecto, con el objetivo de reducir riesgos antes de que se conviertan en problemáticos, como se muestra en la figura 6.11.

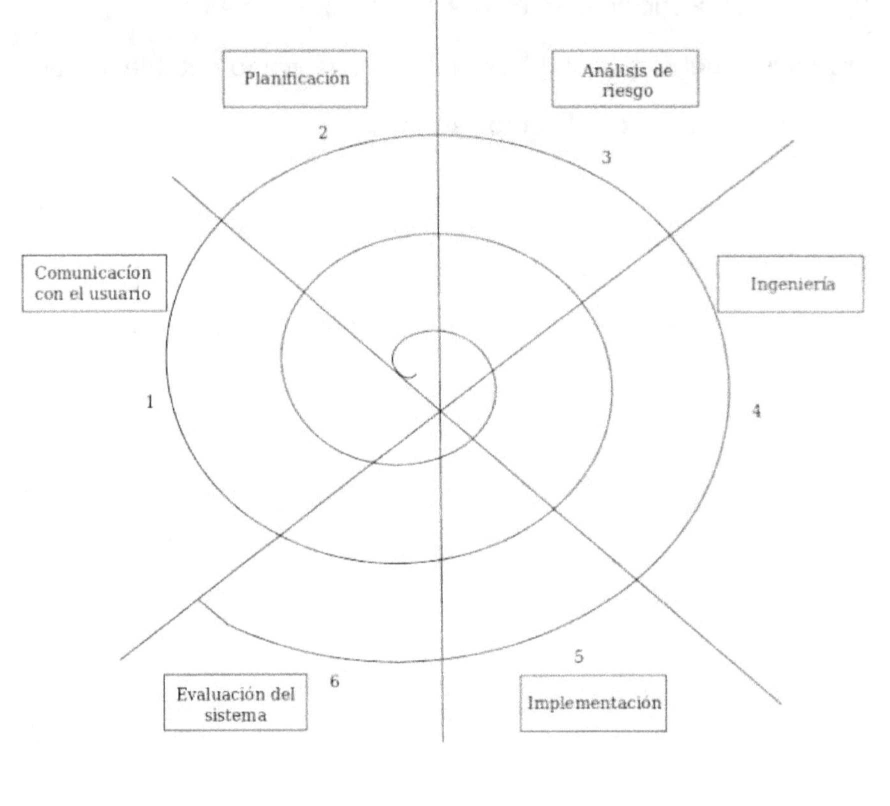

Figura 6.11. Metodología de Espiral Evolutivo.

6.9. Etapas en el Desarrollo de un Producto / Proyecto Electrónico

Independientemente de que metodología se tenga en la empresa o si se usa alguna metodología de las que ya se comentaron en el presente libro, es importante seguir una serie de pasos cuando se quiera desarrollar un producto electrónico. Esta pequeña guía es tomando en consideración únicamente la parte electrónica desde su conceptualización, hasta la fabricación/maquilación del producto en cuestión.

Estas etapas deberían de ser tomadas en cuenta al momento de desarrollar un producto o proyecto electrónico/mecatrónico.

Etapa #1: Definir el producto. En esta etapa se crea un documento que describe todos los aspectos del producto incluyendo, peor no limitado a lo siguiente:

- Propósito del producto
- Mercado al que va dirigido
- Costo aproximado de venta (de acuerdo al mercado – sector al que va dirigido)
- Características / requerimientos del sistema
- Dimensiones, peso aproximado, etcétera

Etapa #2: Crear un Plan de Desarrollo del Producto. Un error muy común, como se ha detallado anteriormente, es el de desarrollar el producto sin un plan de desarrollo del mismo, sin requerimientos, diseño, análisis de requerimientos, entre otros. Es importante tener un plan de desarrollo detallado del producto que se quiere realizar.

Etapa #3: Seleccionar los componentes y elementos electrónicos para el producto. En esta etapa se incluye tanto la arquitectura de HW con las consideraciones mencionadas en apartados anteriores, como el uso de displays, puertos, incluso considerar elementos de HW como capacitores, reloj, resistencias, conectores, etcétera.

Etapa #4: Diseñar el Esquemático. En esta etapa, el equipo de desarrollo (de HW) diseñará el diagrama de diseño electrónico, comúnmente llamado esquemático.

Etapa #5: Prototipado del Producto. En esta etapa se recomiendan tener herramientas de simulación y prototipado sin tener aún el diseño final ni todo el SW. También se recomienda tener el diseño preliminar para comprobar funcionalidad aunque esté en una etapa de diseño sin terminar (comúnmente llamado protoboard o breadboard).

Etapa #6: Pruebas del Prototipo. En esta etapa, Se recomienda realizar las pruebas del HW en su etapa de prototipo, también para asegurar que el SW funcione bien es necesario realizar diversas pruebas como se mostrará en el capítulo de validación y verificación.

Etapa #7: Crear el diseño de PCB. En esta etapa, se realiza el diseño del esquemático en un PCB (Printed Circuit Board) en el que se conectan todos los componentes electrónicos.

Etapa #8: Crear el Presupuesto de Materiales o Bill of Materials. El BOM tiene que ser creado, listando el numero de partes, la cantidad, entre otros como se muestra en el apartado 5.5.1.

Etapa #9: Realizar / Ordenar el prototipo. En este paso, es necesario crear el PCB y tener el prototipo funcional que tendrá que ser probado en etapas posteriores.

Etapa #10: Evaluar, Probar, Depurar. En esta etapa se evalúa el prototipo y se corrige cualquier error que se pueda tener. Este proceso debe ser iterativo, hasta que no se encuentren errores en el diseño de Hardware.

Etapa #11: Programar el dispositivo de Hardware. En esta etapa, se debe de "bajar" el Software a nuestra plataforma de Hardware para poder ser probado como el prototipo final. El que se hayan hecho las respectivas pruebas de simulación, no garantiza que todo funcione de manera correcta una vez implementado el prototipo, por lo que las pruebas deberán de realizarse una vez que el Sistema Embebido esté completo.

Etapa #12: Crear el modelo (3D) de la carcasa (conocido como case o enclosure). Es recomendable que esta etapa se realice en paralelo con el desarrollo electrónico. Por cuestiones de tiempo, no se podría esperar que el desarrollo electrónico esté terminado para realizar la carcasa del sistema.

Etapa #13: Ordenar prototipos o imprimirlos en impresora 3D. En esta etapa, también es recomendable hacerla en paralelo con el desarrollo electrónico. El prototipo de la carcasa se puede mandar a hacer para asegurarse que sea funcional y que las medidas sean correctas. Así mismo, se puede evaluar la adquisición de una impresora 3D. En estos tiempo, ya no es prohibitivo adquirir una como hace algunos años, por lo que en mediano y largo plazo resultaría más conveniente que ordenar carcasas.

Etapa #14: Evaluar los prototipos de carcasas. En esta etapa se deben de realizar las pruebas para asegurarse que contenga todos los elementos de manera correcta, con las especificaciones de tamaño adecuadas. Si hay modificaciones a la carcasa se regresa a la etapa 12.

Etapa #15: Preparar / ordenar los moldes para producción. Una cosa es realizar un modelo en 3D e imprimirlo y otra que en una impresora 3D se realicen cientos o miles de carcasas para la etapa de producción del Sistema Electrónico. En este caso, se recomienda que una empresa con la carcasa del prototipo diseñe un molde para poder tener esa cantidad disponible para los Sistemas. Los moldes de inyección suelen ser muy caros, por lo que se recomienda que se tenga este molde una vez que se está seguro que el prototipo funciona adecuadamente y que la carcasa haya sido probada con el Sistema Electrónico.

Etapa #16. Incrementar gradualmente la producción. Esto es especialmente importante pues no se tiene una certeza de cuantas unidades (productos) se pueden comercializar. Se recomienda ir incrementando gradualmente el número de sistemas que se mandan a producción.

7. Requerimientos

Los requerimientos es uno de los aspectos más complicados de realizar en el desarrollo de Software Embebido. En los últimos años ha surgido un interés en los requerimientos de Software, debido a la búsqueda de las organizaciones de realizar desarrollo de Software en el menor tiempo posible y con el menor gasto de recursos. En este libro no se tomarán en cuenta exhaustivamente todos los aspectos acerca de requerimientos. Sin embargo, esta sección introductoria servirá de guía para poder desarrollar un documento de requerimientos acorde con las necesidades académicas y/o organizacionales del lector, tomando en cuenta los aspectos más importantes a ser considerados.

En este sentido, la experiencia con proyectos me ha enseñado que conceptos tan básicos para un desarrollador de Software pueden confundir a personas que lo lean que sean de otras áreas de Ingeniería.

Por ejemplo, en una ocasión en un documento de SRS un ingeniero industrial puso RAM y lo pasó a los ingenieros de software embebido y salió de vacaciones.

El problema fue que para un ingeniero en áreas de informática, generalmente RAM significa Random-Access Memory. No tenía sentido dicho acrónimo en el contexto en el que lo puso, así que con el apoyo de mi equipo hicimos lluvia de ideas de que podía significar. Las respuestas variaron desde la Clásica Random-Access Memory, Relative Atomic Mass (Masa Atómica Relativa), hasta respuestas como la banda de rock Race Against the Machine. Al final, descubrimos que quería decir Monitor de Área Remota (Remote Area Monitor). Este error de acrónimo que podría parecer algo insignificante, nos pudo haber atrasado a todo el equipo de desarrollo por una semana, inaceptable para un proyecto con una fecha de entrega (comúnmente llamado deadline) muy ajustada.

Si se requiere que un programa cumpla con un set de requerimientos para Software Embebido, se tiene que analizar primeramente la relación entre dichos requerimientos y el Sistema Embebido. Sin importar si el área para la cúal se está realizando el Sistema Embebido (aeronáutica, automotriz, médico, industria, robótica, etcétera), la correcta descripción y redacción de los requerimientos podría significar el éxito o fracaso del sistema.

Esto obedece a una razón simple, si se requiere hacer un producto o un sistema, se tiene que imaginar o conceptualizar. De lo contrario, es como esperar llegar con bien a un destino, caminando por el desierto, sin mapa, brújula ni agua. Se podrá llegar a un destino por pura coincidencia o se podrá encontrar con un oasis, pero las probabilidades de éxito se reducen al azar.

Los requerimientos difieren de tamaño de acuerdo al sistema a ser desarrollado, por lo que no se puede hablar de un tamaño estándar ni de un tamaño mínimo o máximo. Mientras más grande sea el sistema, habrá inherentemente más requerimientos y será mas complejo el manejo del requerimientos y las versiones del mismo.

El documento que generalmente se utiliza por estándar de IEEE es el 830-1998 y se denomina

Software Requirement Specifications (SRS). En el Apéndice A se incluye un ejemplo de un documento SRS y las partes que lo conforman. Es importante mencionar que no es exactamente igual al del estándar mencionado, pero si cumple con los requerimientos mínimos que un buen SRS puede llevar y puede servir de base para definir los requerimientos de cualquier proyecto de Software Embebido.

Para redactar un buen SRS en el área de Software Embebido, se deben de tomar en consideración los siguientes puntos.

- El ambiente en el que el producto o proyecto se va a desarrollar.
- La metodología de desarrollo empleada.
- El perfil, habilidades, experiencia y necesidades del cliente final.
- La experiencia y perfil del equipo que desarrollará el SRS.
- La evolución y cambios que podrían tener los requerimientos.
- El prototipado final.
- Entre otros.

Los requerimientos describen lo que el producto va a hacer. Además, éstos definen las iteraciones, las interfaces, las condiciones de error en el sistema y lo que el producto final debe de realizar. Los requerimientos son descripciones de cómo el sistema se debe de comportar y las limitaciones y atributos que el sistema embebido debe de contener.

Los atributos a los que se refiere el diseño de requerimientos se refiere a las descripciones de las propiedades del sistema. Los atributos describen no solo lo que el sistema no hace, sino que también describen que también el sistema cumple con sus funciones.

En los requerimientos, también se deben de tomar en cuenta los atributos de calidad, debido a su importancia. En algunas ocasiones, el Software realiza sus funciones, pero sin embargo, no cumple con atributos de calidad (ej. Cuando la aplicación falla muy seguido o no interactúa bien con otras aplicaciones). En estos casos de ejemplo, es posible que el sistema cumpla con los requerimientos funcionales, pero no con las expectativas de calidad del usuario final (figura 7.1).

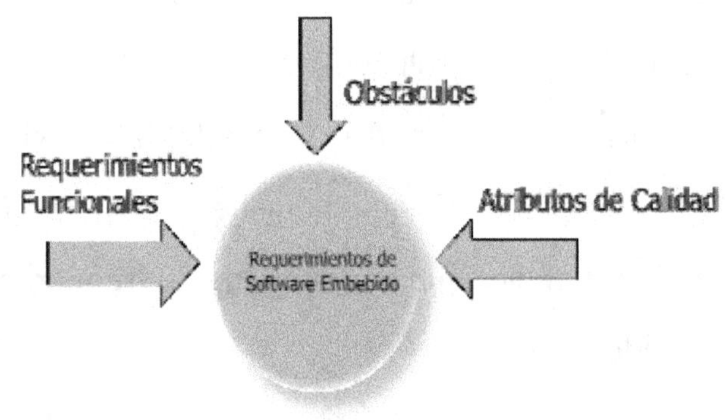

Figura 7.1. Tipos de Requerimientos en SW Embebido.

Desde el punto de vista de la documentación de requerimientos, esta puede ser dividida en dos grandes grupos: desarrollo de requerimientos y manejo de requerimientos. El objetivo del desarrollo de requerimientos es identificar y documentar los requerimientos funcionales y no funcionales así como las características del producto y limitaciones. Por otro lado, el propósito del manejo de requerimientos es el de manejar los cambios de los requerimientos previamente establecidos.

Las fases dentro del desarrollo de requerimientos se pueden sub-dividir en: especificación, validación y medición de requerimientos. Estas fases serán tratadas a detalle en secciones posteriores.

Es importante mencionar que existe una extensiva iteración entre estas fases, para que los requerimientos tengan cohesión y sean congruentes con el producto final. Esta iteración sirve para refinar el documento de requerimientos acorde al nivel de detalle que se requiere.

Cuando se está trabajando en la especificación de requerimientos, se pueden utilizar encuestas, hablar con usuarios potenciales, etc, para poder analizar la información y crear, modificar o eliminar requerimientos acordes con las necesidades del usuario final. Después, se escribe y se codifica. Pueden existir algunos requerimientos que no cumplan con la funcionalidad que se le quiere dar, y en la sub-fase de validación se pueden hacer modificaciones al documento. Este tendrá que regresar a la fase de especificación para ser revisado.

Así mismo, cuando se encuentra en fase de medición, el status puede cambiar para hacer el Sistema más alcanzable y pueda ser terminado a tiempo. En este caso el requerimiento tendrá que regresar a la fase de especificación. De esta manera el documento de requerimientos se refinará conforme se itere la lista de requerimientos y atributos.

Figura 7.2. Diagrama de Diseño de Requerimientos.

7.1. Tipos de Requerimientos

Existen diferentes tipos de requerimientos. De manera simple, se pueden separar los requerimientos en funcionales y no funcionales. El estándar para los sistemas de tiempo real de la IEEE (estándar 830) define los siguientes tipos de requerimientos:

Funcionales

- Interfaces externas
- Rendimiento
- Bases de datos lógicas
- Limitaciones de diseño
- Cumplimiento de los estándares

Atributos de SW:

- Confiabilidad
- Disponibilidad
- Seguridad
- Mantenibilidad
- Portabilidad

Además, los requerimientos pueden ser divididos de manera diferente de acuerdo a las necesidades del Sistema o de la organización. Estos otros tipos de requerimientos pueden ser: de negocio (costos de producción, tiempo para salir al mercado, etc), requerimientos de usuario (interface del usuario, etc), requerimientos de sistema (tamaño de memoria requerida, tipo de procesador a utilizar, etc), entre otros.

Además, los requerimientos funcionales incluyen una descripción de todas las entradas del Sistema y la secuencia de operaciones asociada con cada set de entradas. En este sentido, la secuencia exacta de las tareas y respuestas del sistema deben de ser listadas para cada entrada posible.

Esto debe de realizarse incluso para situaciones anormales. Las situaciones anormales pueden ser el manejo de errores y como se recupera el sistema de ellos, etcétera.

Generalmente, los requerimientos funcionales describen el comportamiento del Sistema. Los requerimientos de las interfaces externas son las descripciones de todas las entradas y salidas del Sistema, por ejemplo:

- Nombre de la entrada/salida
- Propósito de ésta
- De donde viene esa entrada o hacia dónde va la salida.
- Rango válido de valores, precisión y/o tolerancia
- Unidades de medida
- Periodicidad de ejecución
- Su relación con otras entradas/salidas
- Formato de datos

Los requerimientos de rendimiento incluyen tanto de manera estática como dinámica. Los requerimientos de rendimiento estático pueden incluir el número de usuarios que soporta el sistema simultáneamente. Por otro lado, los requerimientos de rendimiento dinámico incluyen el número de tareas y la cantidad de datos que pueden ser procesador tanto en periodos normales como en periodos de sobrecarga de tareas y datos.

Los requerimientos de bases de datos lógicas incluyen los tipos de información usados en varias funciones, como la frecuencia de uso, los atributos de acceso, requerimientos de retención de los datos, etc.

Las limitaciones del diseño se refieren al cumplimiento con los estándares y las limitaciones de Hardware. Por último, los atributos de Software se refieren a la confiabilidad, disponibilidad, seguridad, mantenibilidad y portabilidad del Sistema Embebido.

En el presente caso de estudio, se toman en cuenta algunas consideraciones mismas que se revisaron con el equipo de desarrollo del proyecto, como parte de los requerimientos, los cuales son los siguientes:

- Un tanque estacionario doméstico de gas LP típico tiene una capacidad de 300 lts.

- El ambiente que rodea al tanque es potencialmente explosivo debido a la volatilidad del gas LP. Por ello los sistemas colocados en o cerca del tanque deberán ser sellados y no generar chispas eléctricas durante su funcionamiento.

- Un tanque estacionario generalmente se ubica en lugares ventilados, típicamente al aire libre en el techo de una casa, expuesto directamente a la acción del clima.

- Debido a que el tanque puede estar colocado en lugares de difícil acceso, el sistema debe ser altamente confiable y no requerir mantenimiento frecuente. Asimismo, en caso de ser alimentado de manera autónoma, las baterías que alimenten al sistema deben durar varios años.

- La taza de consumo de gas en un ambiente doméstico es baja, pues se utiliza principalmente para alimentar calentadores de agua y estufas, por lo cual un tanque estacionario típico tardará varios meses antes de requerir ser recargado en su totalidad.

- El nivel transmitido por el sistema no requiere ser actualizado a intervalos cortos, ni se requiere de alta precisión en las lecturas del nivel del tanque.

- Debido a que la distancia entre el tanque y el sistema que despliega las lecturas recibidas puede ser considerable, se deberán tomar en cuenta posibles pérdidas de señal e interferencia, dependiendo del canal físico elegido para la transmisión.

- En los casos aplicables, la información transmitida deberá incorporar esquemas de seguridad para prevenir lecturas no autorizadas.

La figura 7.3 muestra un diagrama típico del funcionamiento de un tanque de gas estacionario para el objeto del caso de estudio.

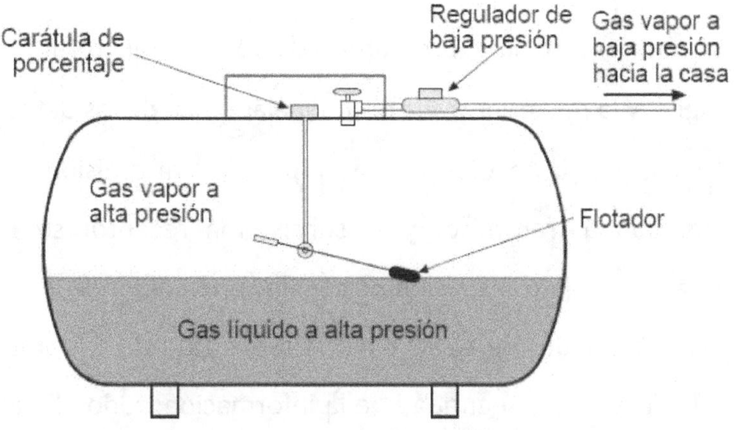

Figura 7.3. Diagrama típico de un tanque gas estacionario para el caso de estudio.

Con base en el diagrama y las consideraciones, se realizó la siguiente propuesta de sistema:

- El Sistema constará de dos partes, una parte para generar las lecturas de nivel y transmitirlas, y una parte para recibir y desplegar las lecturas del nivel de gas LP.

- El Sistema utilizará una carátula con sensor de efecto Hall y salida de voltaje radiométrico, por su fiabilidad y simplicidad de uso.

- El Sistema convertirá el voltaje radiométrico del sensor de efecto Hall a señales digitales, mediante un convertidor ADC de 8 bits, el cual proporciona una resolución de alrededor de 0.4% por cada muestra.

- El Sistema utilizará un microcontrolador de 8 bits para procesar los datos provenientes del ADC.

- El microcontrolador programará la toma de lecturas y controlará el procesamiento digital y la posterior transmisión inalámbrica de los datos.

- La pila de protocolos a utilizar para la transmisión inalámbrica de datos entre el subsistema transmisor y el subsistema receptor será ZigBee, debido a que está orientado a la transmisión de señales provenientes de una red de sensores, cubriendo las necesidades de alcance del sistema, tasa de transmisión requerida, robustez ante interferencias y seguridad de la información; todo ello aunado a un bajo consumo de energía.

- El subsistema receptor desplegará la información recibida del sensor de nivel del gas LP del tanque estacionario mediante un display LCD.

- El sistema deberá estar en modo inactivo la mayor parte del tiempo, despertando a intervalos regulares para tomar lecturas y generar los mensajes apropiados dependiendo de la variación en la lectura, con el fin de ahorrar energía.

- La arquitectura del Sistema facilitará la integración de otros nodos, con el fin de construir una red de sensores que posibilite un sistema de monitoreo más completo y cubrir diversos aspectos de las necesidades domésticas.

- Para la elección de los componentes específicos utilizados en el diseño del Sistema propuesto se consideró el manejar un esquema de funcionalidades distribuidas, incorporando componentes que fueran comercialmente disponibles, que pudieran ser montados en un circuito impreso sin requerir maquinaria especial, y que pudieran ser programados o configurados de manera simple.

La figura 7.4 muestra un diagrama a bloques general de sistema propuesto. Del lado izquierdo se encuentra el emisor que será conectado directamente al tanque de gas LP mismos datos que se enviarán por ZigBee al receptor que estará ubicado dentro de la casa y que recibirá los datos para mostrar el porcentaje de nivel de gas.

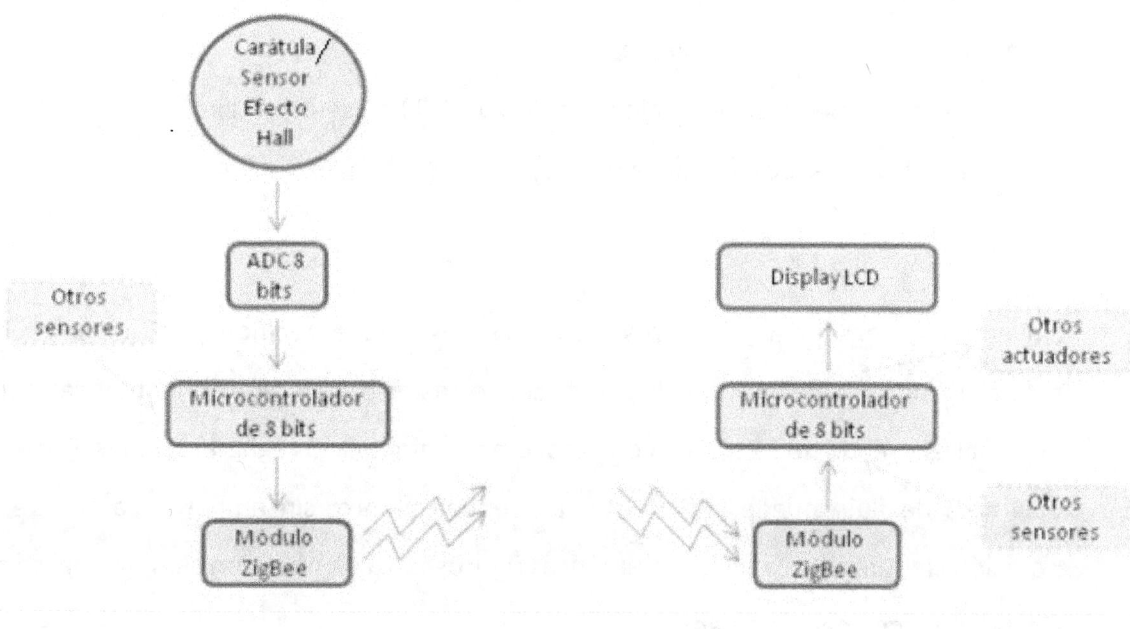

Figura 7.4. Diagrama a bloques del sistema de monitoreo inalámbrico de gas LP.

7.2. Especificaciones de Requerimientos

Actualmente, no existe una manera en particular para especificar requerimientos en sistemas de tiempo real. En general, se utiliza uno o una combinación de varios de los siguientes:

- Proceso estructurado, también llamado en cascada
- Modelo orientado a objetos
- Modelo basado en lenguaje descriptivo (HDL) o pseudocódigo.
- Técnicas Ad-Hoc o lenguaje natural

Sin embargo, en general hay tres clasificaciones para especificaciones de requerimientos: formal, semi-formal e informal. Los métodos formales tienen bases matemáticas rigurosas. La informal es cuando no se cuenta con notación matemática ni reglas asociadas. Por ejemplo: un diagrama de flujo puede representar un requerimiento, sin embargo carece de cualquier notación científica y de reglas matemáticas rigurosas. La clasificación semi-formal se da cuando existe una combinación de ambas.

Existe una cuestión a ser analizada cuando se diseñan las especificaciones de requerimientos: ¿qué nivel de detalle es necesario documentar?. Esto es de vital importancia debido a que poco detalle puede ser insuficiente para que los desarrolladores puedan entenderlo, pero mucho detalle puede resultar confuso para los desarrolladores.

Cuando se necesitan más detalle en los requerimientos, los indicios pueden ser los siguientes:

- Cuando los miembros del proyecto o sistema están geográficamente dispersos.

- El proceso de pruebas se hará basado en requerimientos.

- Cuando se requieren métricas precisas.

- Cuando se necesita rastrear los requerimientos.

- Por otro lado, existen ocasiones en los que el nivel de detalle de los documentos necesita ser menor.

Caso de Estudio:

El siguiente caso de estudio es el de un cuadricoptero utilizado para educación sobre los diversos procesos de configuración, calibración, mecánicos, eléctricos, etcétera para que alumnos de licenciatura aprendan sobre vehículos aéreos en sus clases.
Este prototipo fue creado como parte de varios proyectos, como reconocimiento, visión, detección de huellas térmicas para incendios, reconocimiento e incluso para fumigación. El presente prototipo se muestra únicamente el Software del Sistema del cuadricoptero para educación

En el anterior caso de estudio, se tomó en cuenta únicamente el Software del sistema educativo del cuadricoptero. Los requerimientos del proyecto completo se realizaron por separado. La figura 7.5 muestra un diagrama de los módulos utilizados en el Software del Cuadricóptero educativo.

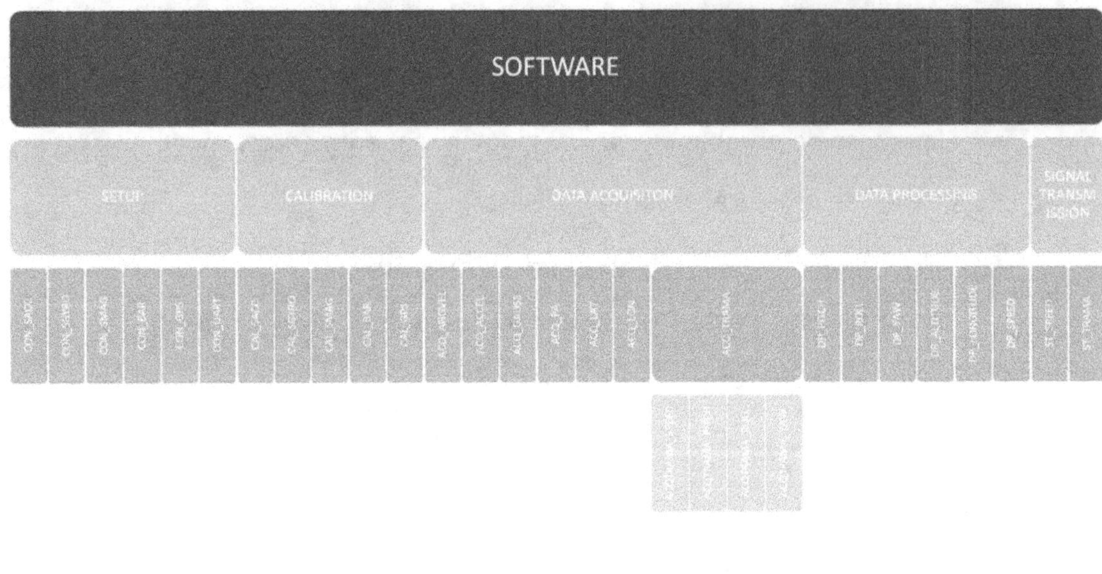

Figura 7.5. Diagrama Requerimientos del caso de Estudio del Cuadricóptero.

Como puede observarse en la figura 7.5, El Software está divididos en módulos cada uno con una diferente función en el sistema. Esta es una manera de organizar los requerimientos, con un diagrama top-down del mismo y los módulos utilizados, cada uno con la explicación de su funcionalidad (requerimientos funcionales). En dicha figura, se puede observar que el Sofware está dividido en las siguientes etapas:

- Configuración (llamada Setup)
- Calibración
- Adquisición de datos("Data Acquisition")

- Procesamiento de datos ("Data Processing")
- Transmisión de la señal ("Signal Transmission")

Cada uno de estos módulos tiene subsistemas y a su vez, cada uno de estos tiene requerimientos funcionales. Cada módulo comienza con un prefijo del sub-sistema al que pertenece para una mayor organización de los requerimientos(sección 7.3). Por ejemplo, con_ pertenece al sub-sistema de configuración o "setup", cal_ al sub-sistema de calibración, acq_ al de adquisición, procesamiento con el prefijo DP_ y por último transmisión de la señal como st_ (o "signal transmission").

7.3. Organización del Documento de Requerimientos

La estructura del documento llamado SRS (Software Requirements Specification) se puede realizar ordenadamente mediante niveles jerárquicos. En general, los SRS bien organizados tienen una estructura piramidal de requerimientos, comenzando con los requerimientos de más alto nivel. Si los requerimientos muestran una estructura de reloj de arena, generalmente significa que tienen demasiados detalles administrativos, como se muestra en la figura 7.6.

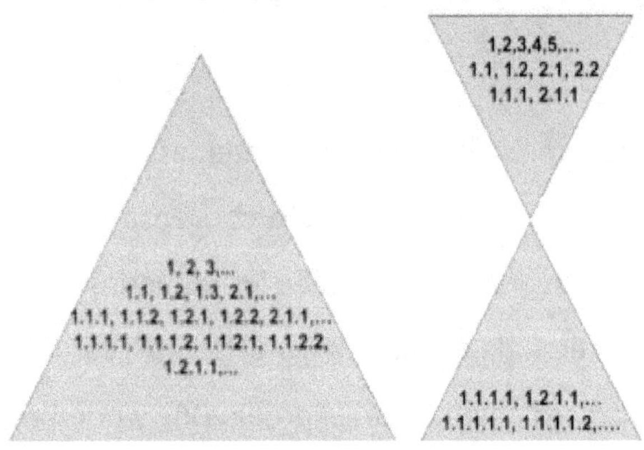

Figura 7.6. Organización del Documento de Requerimientos..

El documento SRS debe de tener las siguientes características:

- **Correcto**: debe de describir correctamente el comportamiento del sistema.

- **Inambiguo**: el documento debe describir los requerimientos claramente y no estar sujetos a que se les de distintas interpretaciones.

- **Completo**: no tiene que haber requerimientos faltantes. La nota TBD (To be Defined – por ser definido) es inaceptable para un buen documento de requerimientos. El estándar de la IEEE 830 define algunas excepciones para esta regla.

- **Consistente**: como regla general, un requerimiento no debe de contradecir a otro.

- **Modificable**: Los requerimientos deben de ser escritos de tal forma que sean fáciles de cambiar

242

- **Localizable**: Los requerimientos deben de ser localizables. Si se sigue la regla jerárquica para describirlos, explicada anteriormente, la documentación no tiene que ser un dolor de cabeza.

Existen diversas prácticas aconsejables para poder escribir un buen documento de requerimientos. Algunas de ellas se describen a continuación:

- Utilizar el mismo formato para todos los requerimientos
- Utilizar el mismo tipo de lenguaje en todo el documento
- Utilizar estilos de texto como subrayados para las partes cruciales de los requerimientos.
- Evitar lo más posible el lenguaje técnico (jargón)

Típico listado de requerimientos para sistemas embebidos:
- La respuesta del sistema para cualquier acción no debe ser mayor a 0.5 seg.
- Las funciones críticas como enviar un comando o visualizar una gráfica en el
- Sistema, deben de tener el rendimiento "suficiente".
- El tamaño del Sistema debe ser lo suficientemente compacto.
- El Sistema debe de apagarse cuando un evento de RCM sea detectado
- El Sistema tiene que ser capaz de detectar fallas de Software y automáticamente
- reiniciar el componente que falló.
- La interfaz del Sistema tiene que ser flexible.

Estos ejemplos de requerimientos son malos por muchas razones. Entre otras cosas, ninguno es verificable, la mayoría son vagos y pueden caer en ambigüedades, lo que se tiene que evitar cuando se diseñen requerimientos en Sistemas Embebidos.

7.4. Validación de Requerimientos

La validación de los requerimientos se refiere a asegurarse que el Software es congruente con el documento SRS. La validación de los requerimientos requiere revisar lo siguiente:

- **Validez**: El Sistema Embebido provee la funcionalidad y requisitos que satisfacen todas las necesidades del cliente..
- **Consistencia**: Existe un conflicto entre requerimientos. A veces se enlistan diferentes requerimientos y es hasta que se revisan que se da cuenta que dos o más requerimientos escritos en el documento, son contradictorios o conflictúan entre sí.
- **Realismo**: Se refiere a verificar si los requerimientos a ser implementados pueden completarse con la tecnología y presupuesto disponibles.
- **Verificable**: Este punto consiste en revisar si los requerimientos pueden ser probados.

7.5. Complejidad de Requerimientos

En general, la complejidad del Sistema Embebido es determinada por diversos factores como rendimiento, confiabilidad, precisión, seguridad y usabilidad. Estos atributos son considerados requerimientos no funcionales y por lo tanto son también llamados atributos de calidad (AC).

El manejar los AC como parte de Ingeniería de requerimientos Embebidos no es trabajo sencillo.

Un aspecto clave a tomar en cuenta para realizar un buen trabajo de AC es la cuantización. La cuantización es importante, para poder identificar complejidad innecesaria de los requerimientos o atributos que no aportan al sistema final, o en el peor escenario, el fallo del Sistema Embebido.

Para poder mejorar la manera de cómo se realiza la documentación de requerimientos es importante conocer sus características, como se usa y que AC tienen prioridad en la industria, así como también los desafíos que éstos representan.

En este libro, se presentan dos perspectivas por las cuales se manejará la complejidad de los requerimientos. El primer aspecto a considerar es la perspectiva del negocio. En general, los gerentes de producto o de sistemas son los responsables de esta perspectiva. El segundo aspecto tiene que ver con la perspectiva del proyecto. Para esta perspectiva los líderes de proyecto son los responsables de priorizar las tareas de acuerdo a la fase de desarrollo del sistema.

7.6. Medición de Requerimientos

Las organizaciones que realizan Software Embebido generalmente guardan métricas de cada sistema. Estas métricas proveen indicadores del producto, como tamaño del sistema, el esfuerzo que requiere, el tiempo que se tarda en realizarse, el costo del proyecto o de un sub-sistema o modulo en particular, la fase actual de desarrollo del Sistema, etcétera.

Cada una de las métricas a ser considerada es detallada a continuación:

7.6.1. Tamaño del Sistema

Una de las métricas más importantes tiene que ver con el tamaño de los requerimientos del Sistema. Si el proyecto es grande, esta medición no es tarea fácil, especialmente si se requiere medir requerimientos funcionales, tablas de eventos, modelos, reglas de negocios, atributos de calidad, etc.

Para realizar esta medición, se cuentan primero los requerimientos funcionales del Sistema. Esto es recomendable que lo hagan más de una persona diferente a la persona que los escribió y comparar resultados. En caso de una discrepancia entre ambos miembros, se tiene que considerar si existen ambigüedades o malos entendidos en los documentos de requerimientos y revisarlos antes de continuar.

En general, el número de requerimientos no determina el tiempo que los desarrolladores tardarán en probar el Sistema (se verá más adelante en el capítulo de validación y verificación), ya que algunos requerimientos necesitarán de más casos de pruebas que otros. Lo que es recomendable en estos casos es que requerimientos de alto nivel, sean "granulados" en requerimientos dependientes, también llamados "hijos". Cuando se haga esta granularidad en el documento, se tiene que tomar en cuenta la simplicidad de la validación y la verificación.

246

En el caso de los requerimientos no funcionales es importante mencionar que no todos ellos impactarán en el tamaño de la documentación de requerimientos, por lo tanto es crítico para completar a tiempo el desarrollo del Sistema, estimar el esfuerzo, los recursos y el tiempo que todos los requerimientos tomarán en ser validados y verificados.

7.6.2. Calidad en los Requerimientos

Es una buena idea, medir la calidad con la cual se realizan los requerimientos. La recomendación en este caso es clasificar los requerimientos defectuosos en varias categorías como las siguientes:

- Falta de información del requerimiento.
- Requerimiento erróneo.
- Requerimiento innecesario
- Requerimiento ambiguo, etc.

En caso de que se repita este tipo de etiquetas en la documentación de requerimientos, es necesario realizar algunas técnicas como análisis de causa-raíz para poder evitar este tipo de errores al diseñar requerimientos.

En algunas ocasiones, el realizar una inspección de cada requerimiento sería prohibitivo en términos de recursos materiales y humanos, especialmente si el Sistema Embebido es de tamaño considerable. Debido a esto, si se toma una muestra de algunas páginas de requerimientos y se identifican los defectos, se puede hacer una estimación de la cantidad de requerimientos que pudieran estar mal y si se etiquetan en categorías, se podrá tener una idea de los procesos que pueden estar fallando para la creación de requerimientos.

7.6.3. Status de los Requerimientos

Llevar un control del status de requerimientos puede afectar enormemente los recursos disponibles para el proyecto del sistema embebido. Para llevar el status de los requerimientos se propone que a cada requerimiento se asignen etiquetas, de la siguiente manera:

- **Propuesto**: este status se asigna cuando todavía no está aprobado por el equipo de desarrolladores, pero algún miembro lo sugirió.
- **Aprobado**: se aprobó en alguna junta el requerimiento propuesto.
- **Implementado**: el código se diseño, escribió y se realizó la prueba de unidad.
- **Verificado**: los requerimientos pasaron todas las pruebas requeridas, incluso las pruebas de integración con Hardware.
- **Pospuesto**: se encontró que el requerimiento es necesario, pero se decidió colocarlo para una siguiente versión del producto. Es importante mencionar que si se colocó en un requerimiento el status de "pospuesto" no podrá retomarse en la misma versón del producto, pues retrasaría el proceso de desarrollo e impactaría a otros módulos de SW.
- **Eliminado**: se decidió que este requerimiento no será implementado.
- **Rechazado**: Alguien lo propuso, pero este requerimiento nunca fue aprobado.
- **Enviado al cliente**: este requerimiento no siempre se utiliza, pero en algunas ocasiones, no se está seguro de algún requerimiento y se requiere enviarlo al cliente para que lo revise.

Un ejemplo de cómo es el flujo de status de los requerimientos se muestra en la figura 7.7. Como se había comentado, no todos los requerimientos tardan el mismo tiempo en ser validados. Sin embargo, es un buen indicativo del progreso del desarrollo del sistema si se recibe un reporte comentando que de un número de 90 requerimientos del subsistema, 35 han sido verificados, 10 han sido implementados, pero no verificados y 45 no han sido completamente implementados, en lugar de el equipo de desarrollo diga que se tiene un 50% de avance de requerimientos que pudieran estar mal y si se etiquetan en categorías, se podrá tener una idea de los procesos que pueden estar fallando para la creación de requerimientos.

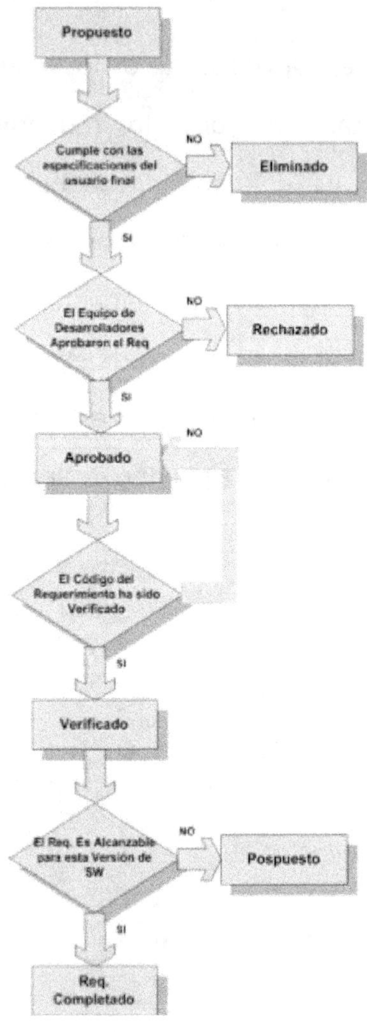

Figura 7.7. Status de los Requerimientos.

Una parte importante de manejar el documento de requerimientos es la de poder realizar

250

modificaciones, o agregar y borrar requerimientos. Por lo tanto, es importante llevar un control del status de los requerimientos y una serie de métricas para poder hacer un mejor manejo de los SRS.

En proyectos de Sistemas Embebidos muy grandes, el número de personas que intervienen en el diseño de requerimientos es considerable, es en este tipo de proyectos en donde se ve de una mejor manera que la falta de un buen control del SRS ocasionará requerimientos erróneos, ambiguos u obsoletos. Se necesita tener métricas para poder contrarrestar este problema. Para poder recolectar la información que se necesita para poder tener un mejor control del SRS, se tiene que tomar en cuenta las siguientes preguntas:

- ¿Cuántos cambios fueron realizados al SRS en un tiempo determinado?
- ¿Cuántas veces se pidió un cambio de requerimientos y de esas veces, cuantas veces se aprobó?
- ¿Cuanto tiempo de invirtió en implementar cada cambio aprobado?
- En promedio, ¿Cuántos requerimientos o propiedades del sistema fueron afectados por cada requerimiento que se cambió?

En este sentido, el tener datos que apunten que hay muchos cambios de requerimientos en el SRS, es indicativo de que el proceso de definición de requerimientos debe de ser modificado. Si existen muchos cambios de requerimientos de usuario y quedan desatendidos por un largo periodo de tiempo, también puede significar problemas de comunicación entre los equipos.

Siempre es prudente documentar de quien vienen los cambios, para poder orientar los esfuerzos de mejorar y actualizar el proceso de desarrollo del documento SRS.

7.7. Rastreo de Requerimientos

En el apéndice A, un ejemplo del documento de SRS se muestra para poder explicar un poco mejor como se redacta y que apartados debe de contener el SRS:

Sin embargo, todos los requerimientos propuestos deben de poder ser rastreados, es decir, tiene que haber rastreabilidad para cada uno. Esto se vuelve particularmente difícil ya que se tiene tanto una arquitectura de Software (lógica del sistema) como una arquitectura de Hardware que tiene que cumplir con los requerimientos posibles. Los sistemas mecánicos, hidráulicos, eléctrico, electrónico, neumático, entre otros deben de estar fundamentados en requerimientos del Sistema. De esta forma, la arquitectura técnica del sistema puede tener requerimientos que correspondan con los requerimientos y limitaciones de la arquitetura lógica y a su vez, con los requerimientos del usuario. Dicha correspondencia se muestra gráficamente en la figura 7.8.

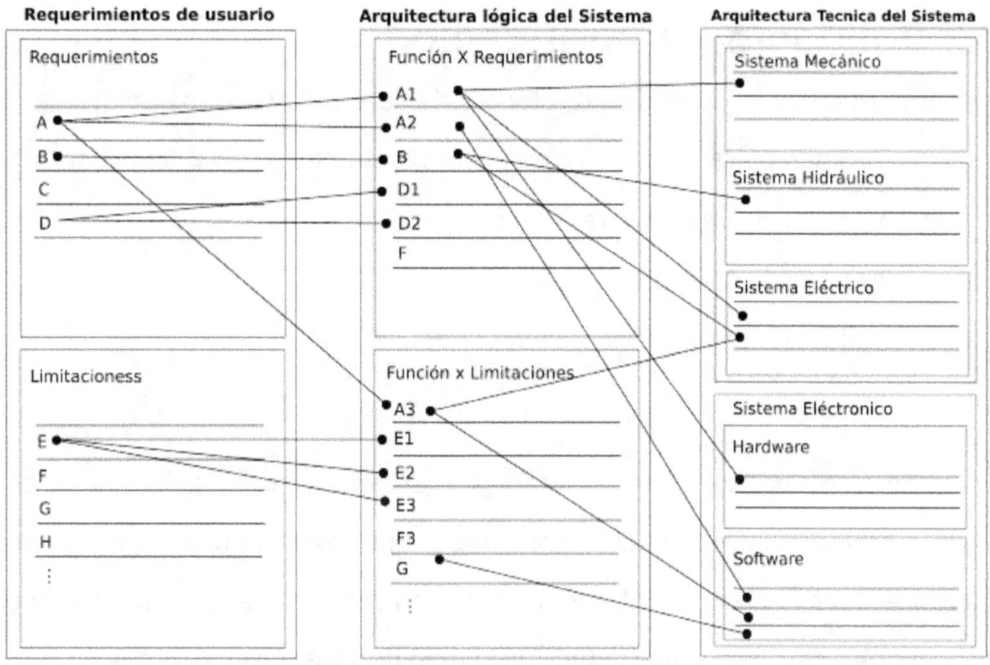

Figura 7.8. Rastreo de Requerimientos.

8. Validación y Verificación

Sin importar mucho el modelo o estándar de desarrollo de software que se utilice las actividades que típicamente influyen más directamente en la calidad del software son:

- Verificación de Software
- Pruebas de Software
- Validación de Software

Sin embargo a pesar de que estas tareas son llevadas a cabo extensivamente para controlar y evitar problemas de calidad de Software existe cierta confusión generalizada respecto a su alcance y sus diferencias. A continuación revisaremos estos conceptos con el propósito de aclararlos y de manejar una definición común de ellos.

Sistema complejo: un Sistema se puede clasificar de complejo si su diseño es tal que no es viable ni conveniente realizar simulaciones y pruebas exhaustivas y por lo tanto, el comportamiento de dicho sistema no puede ser comprobado ni verificado mediante pruebas exhaustivas.

Por pruebas exhaustivas me refiero a validar y verificar la funcionalidad de cada módulo, sub-sistema, sistema, etcétera, mediante valores típicos y atípicos, verificar su comportamiento si las entradas son negativas, flotantes, divisiones entre 0, entre otros.

254

También es importante considerar que en un Sistema complejo y a pesar de que se realizan muchas pruebas de muchos tipos, es relativamente aceptado el hecho en las empresas que desarrollan estos sistemas que quedarán defectos residuales. Por lo menos, se asume el hecho de que quedarán dichos defectos.

Los defectos residuales son aquellos defectos de Software que "sobreviven" los procesos de revisión y pruebas y se conocen generalmente hasta que se termina el desarrollo de SW o incluso cuando el sistema ya está en producción.

Tip:

Una de las preguntas comunes que me hacen cuando se diseñan sistemas complejos es: ¿Cuántos defectos está bien dejar?. En realidad la respuesta es ninguno, pero es prácticamente inevitable dejar algún defecto en sistemas en los que no se puede practicar una validación exhaustiva. Típicamente se puede tener hasta 1 defecto residual de SW por cada 1,000 lineas de código escrito. Lo que se tiene que cuidar es que módulos de SW tipo A (crítico) tengan una revisión más exhaustiva.

Debido a que no se pueden predecir los defectos residuales con precisión y es muy complicado e inviable simplemente realizar pruebas de manera exhaustiva, la estrategia de pruebas debe ser adaptada para poder lidiar con estos defectos.

La primera de estas estrategias debe ser la de aleatoreidad. Debido a que no sabemos exactamente donde pueden encontrarse los defectos, ni en que modulos, no se puede estimar donde buscar los defectos. La aleatoreidad en las pruebas además de las pruebas tradicionales, mismas que serán vistas en el transcurso del presente capítulo, asegurará que por lo menos una parte de dichos defectos sean encontrados.

Otra estrategia muy utilizada para reducir los defectos residuales es utilizar la información de defectos de anteriores versiones del sistema o anteriores sistemas. Así mismo, el tener esquemas de protección de fallas es muy útil principalmente en etapas de pruebas de Sistema y pruebas de aceptación, mismas que se verán en el presente capítulo. En esta etapa, se debe de tener en cuenta que el Hardware puede fallar y que fallas puede tener y no solo enfocarse en el Software.

Se deben de desarrollar estrategias que engloben lo que se llama contenedor de fallas o "fault containment". Esto es preveer el número de maneras en las cuales los defectos residuales de Software se pueden combinar para producir escenarios complejos en los que ocurran fallas.

Las pruebas en software Embebido se aplican en prácticamente cualquier industria en la que interviene el Software y los dispositivos programables la principal motivación de las pruebas es la de reducir el riesgo de fallas en el Software y/o el Sistema Embebido.

Además, a pesar de que el Software puede compensar algunos errores de Hardware, es necesario probar los elementos de Hardware.

En el transcurso del presente capítulo se abordarán diferentes técnicas de validación y verificación así como cuando realizar pruebas y de que manera se realizan.

8.1. Fallas (Bugs)

Hay varias maneras de definir que es una falla (bug) en Software. La manera simplista es que una falla es un defecto de Software. También puede definir como una instancia en la cual el Software viola una especificación dada. Sin embargo, una falla es un concepto un poco más complejo.

Se puede definir una falla de varias maneras:

- No proveer el comportamiento requerido.
- Instancia de Software que tiene un comportamiento incorrecto.
- Omisión o defecto de un requerimiento o especificación.

En Software Embebido, se pueden definir fallas en donde además, no se cumplió con parámetros o restricciones de diseño (por ejemplo, no se ejecuta cierta instrucción en el tiempo requerido) o el Software aparentemente cumple con los requerimientos pero su salida es "equivocada", entre otros.

Las fallas (bugs) como su nombre indica en inglés (bichos) puede tener algunos problemas. Es por esto que se aborda este capítulo desde el punto de vista de cómo se debe de probar el Software. Haciendo la analogía de los "bichos" en Software Embebido, existe lo que se conoce en fallas de Software como la paradoja del pesticida. En la paradoja del pesticida, un tipo de test, puede deshacerse de unos bichos, pero no de otros. Por eso es importante ejecutar diferentes tipos de pruebas para acabar con todos (en algunos casos, solo la mayoría) de los bichos. Así mismo, un programa que pase al 100% un test no significa que esté libre de bichos. Los bichos tienden a congregarse, como en la vida real; si no se ejecutó alguna prueba que era necesaria, pero otra sí, cierto tipo de falla (bicho) se albergará con mayor frecuencia en el

Software lo que puede hacer que todo el sistema falle. En este capítulo se intentará clarificar que pruebas se pueden realizar, cuando hacerlas, con qué frecuencia y cuáles se pueden dejar de hacer en algún momento dado.

Si en este momento quien lee estas líneas se está preguntando el porqué dedicar muchas páginas a realizar validación, verificación, etcétera, o nunca ha realizado suficientes pruebas en un sistema embebido, recomiendo que siga leyendo.

En el caso de Sistemas Embebido, los tipos de fallos en general se dividen en dos tipos:

- Fallos de Especificación.

Y

- Fallos de Implementación

Para poder detectar las fallas, se debe de realizar pruebas de Software. Las pruebas son métodos de verificar la presencia de fallos. Debido a que se enfoca a la identificación de las fallas en los sitemas embebidos, el realizar pruebas contribuye a la calidad del producto. En la mayoría de modelos de desarrollo de Software en las pruebas se diferencía entre Validación y Verificación, lo cuál se verá en la sección 8.2.

8.2. Validación y Verificación

El primer paso para la remoción de fallas es la verificación. La verificación es el proceso de evaluar un Sistema o componente de Software para determinar si satisface las condiciones impuestas antes de la fase del diseño. Si el proceso de verificación no se satisface (falla), la razón se analiza y se realizan las correcciones necesarias.

Si la condición o el requerimiento a ser verificado no se satisfacen, la razón (falla) debe ser diagnosticada y las correcciones necesarias deben de ser realizadas.

Existen diversas técnicas de verificación, una de las más importantes son las pruebas, las cuales se tratarán en la siguiente sección.

La validación es el proceso de evaluar el software para determinar si satisface los requerimientos de sistema. La validación consta de dos elementos fundamentales: la remoción de fallas y la predicción de fallas.

En la remoción de fallas, se valida el sistema en cierta instancia de tiempo o cierto estado de la fase de desarrollo, mientras que la predicción de fallas se intenta estimar las ocurrencias futuras y las consecuencias de las fallas, por lo tanto tiene que ver con cuanto tiempo el sistema permanecerá válido.

La validación de Sistemas que se emplea en las aplicaciones críticas es más importante y sensible que en los Sistemas convencionales.

8.3. Prácticas Recomendadas para Pruebas de SW

Embebido

Existen diversas prácticas recomendadas para las pruebas en Software Embebido, en esta sección, se tratarán algunas de ellas.

8.3.1. Reproducibilidad

Reproducibilidad es la práctica de volver a realizar una prueba en específico de un programa o sub-sistema después que errores han sido corregidos o después de que el Software ha cambiado debido a optimizaciones, mejoras, etc. En este caso se llama prueba de regresión.

Con la reproducibilidad se tiene la intención de asegurarse que errores que se encontraron, realmente hayan sido corregidos y/o que las modificaciones al Sistema Embebido no introdujeron nuevos errores o resultados indeseados.

Tip:

El diseñar pruebas reproducibles no son suficientes para recrear una secuencia de tareas o eventos, también se requiere recrear el tiempo de la ocurrencia y el ambiente en el que se genero la ocurrencia de dichas tareas, por lo que tener un Sistema Embebido reproducible es una tarea más compleja que en SW tradicional.

Un programa es reproducible si el Sistema o programa arroja los mismos resultados cuando se ejecuta repetidamente con las mismas entradas. Si no se alcanza una reproducibilidad en un Sistema es extremadamente difícil si no imposible la comparación cuando se generan diferentes resultados para una prueba sin cambiar el valor de las entradas.

Para los Sistemas que no son tiempo-real, la reproducibilidad generalmente no en un problema serio. Sin embargo, para Sistemas en tiempo real o aplicaciones críticas, un problema de reproducibilidad detectada no se puede ignorar.

En un Sistema Embebido, se requiere tener un control absoluto de la ejecución y latencia del Sistema para poder tener reproducibilidad. En el caso de algunos Sistemas de tiempo real, el comportamiento puede ser no reproducible debido a el no-determinismo en su Software, Hardware o Firmware. Esto tiene que ver en general con la presencia de actividades concurrentes (es decir, que se repiten), cuyo comportamiento depende de la latencia, jitter, carga del microprocesador, etc.

8.3.2. Representatividad

Esta práctica aplica principalmente en Sistemas Embebidos de tamaño considerable. La representatividad trata de probar parcialmente ciertos sub-sistemas o fases de desarrollo con entradas realistas o representativas. En algunas ocasiones es prohibitivo o muy tardado probar exhaustivamente el Sistema o programa en cuestión. Esto sucede en parte por las siguientes situaciones.

- Solo una fracción de todos los posibles escenarios reales pueden ser anticipados y tomados en cuenta, generalmente porque todos los escenarios salen de las asumpciones del diseño.

- Solo una fracción finita de estos escenarios pueden ser probados debido a la enorme combinación de posibles eventos. Para esto se cuenta con las pruebas de cobertura, que serán tratados más adelante en este capítulo.

8.3.3. Observabilidad

Cuando se realizan pruebas a un Sistema Embebido, es necesario evaluar que tan correcto es el comportamiento del Sistema. Para poder realizar esta acción, es necesario monitorear u "observar" para cada ejecución de las pruebas, lo que el Sistema hace y como se comporta.

El Sistema en cuestión debe de permitir esta observabilidad. Cuando se realizan las pruebas en el Sistema o programa, los ingenieros de pruebas deben de poder observar las entradas, los valores intermedios y las salidas para poder darse cuenta si el comportamiento del Sistema es adecuado o no.

Además, la observabilidad de los valores intermedios pueden ayudar a determinar el porqué un programa se comporta o arroja tales valores a la salida o la razón del porqué un Sistema falla.

8.3.4. Estrategias de Verificación

Es importante tener una estrategia para poder depurar y verificar el sistema en cualquier parte en el diseño. Ya se ha tocado el tema anteriormente, de que mientras más pronto en la etapa de desarrollo se puedan encontrar los defectos, mejor y más rápido podrá ser corregido. Por lo tanto, las siguientes preguntas deben de hacerse para poder hacer un buen análisis de verificación:

- ¿Cuáles elementos de diseño son nuevos, y cuáles han sido re-usados?
- ¿Que cambiar y que evitar basado en diseños pasados?
- ¿Que nivel de validación y pruebas se necesita?
- ¿Necesita especial modo de operación o patrones de señales especiales el Sistema?
- Requiere alguna condición ambiental especial para poder realizar algunas pruebas (condiciones de temperatura, humedad, presión atmosférica, altitud)?

8.4. Pruebas en Software Embebido

La validación de Software Emmbebido tiene mucho en común con la validación para software de aplicación, también llamado Software de base. Sin embargo, existen algunas diferencias importantes entre ambos.

En general, los desarrolladores de Software Embebido tienen acceso a herramientas de prueba de Hardware que normalmente no están disponibles para desarrollo de Software convencional. Además, los Sistemas Embebidos tienen características únicas que deben de ser reflejadas en el plan de pruebas.

Además, existen riesgos en aplicaciones de Sistemas Embebidos en comparación con Software de aplicación. Algunos de estos riesgos son:

- El Software Embebido debe de ejecutarse confiablemente por largos periodos de tiempo ininterrumpidamente.
- El Software Embebido es comúnmente utilizado en aplicaciones en las cuales está en riesgo la salud y / o la vida humana (aplicaciones críticas).
- Los Sistemas Embebidos son comúnmente sensibles al costo y el Software no tiene margen para ser ineficiente.
- En general, los Sistemas Embebidos deben de compensar por problemas en el Hardware.

Debido a estas diferencias, la validación y verificación del Software Embebido difiere de diversas maneras. Primeramente, debido a que trabajan en tiempo real, gran parte de las pruebas se enfocan en el comportamiento del sistema en tiempo real.

Además, debido a que los sistemas embebidos tienen recursos limitados, se requiere capacidad para medir el rendimiento del Sistema. Se necesita un grado más alto de confiabilidad y de cobertura en el código que en el Software de aplicación.

Antes de comenzar diseñando pruebas es importante tener una clara idea de por qué se prueba, en que etapa del desarrollo se pueden comenzar las pruebas y que pruebas son más críticas. Así, las pruebas se realizan por cuatro razones principales:

- Encontrar errores en Software
- Reducir riesgos innecesarios para los usuarios y la compañía
- Reducir el costo de desarrollo y mantenimiento del Software
- Mejorar el rendimiento

8.4.1. Objetivos de las Pruebas

8.4.1.1. Encontrar errores en software

La mejor prueba no es la que corrobora que el Software funciona correctamente, si no la que detecta errores. Los programadores más experimentados saben que todos los programas contienen errores, y que no existe un programa que funcione a la perfección, mucho menos la primera vez que se realizan las pruebas. La única manera de saber cuántos errores quedan en el programa es mediante un set de pruebas cuidadosamente diseñado.

8.4.1.2. Reducir Riesgos Innecesarios

Las pruebas minimizan riesgos a uno mismo, la compañía y los clientes. El objetivo de las pruebas es demostrar al equipo de Software que el Sistema y el Software funcionan correctamente y cómo fue diseñado por los requerimientos. Es necesario asegurarse que el sistema es seguro y confiable.

8.4.1.3. Reducir Costos

Mientras más pronto en el proceso de desarrollo se encuentra el error, menos caro es arreglarlo. La figura 8.1 muestra la curva para arreglar un error en software embebido.

8.4.1.4. Mejorar el rendimiento

La fase de pruebas maximiza el rendimiento del Sistema. Encontrar y eliminar código que no se utiliza o es ineficiente ayuda a asegurar que el Software usa todo el potencial del Hardware.

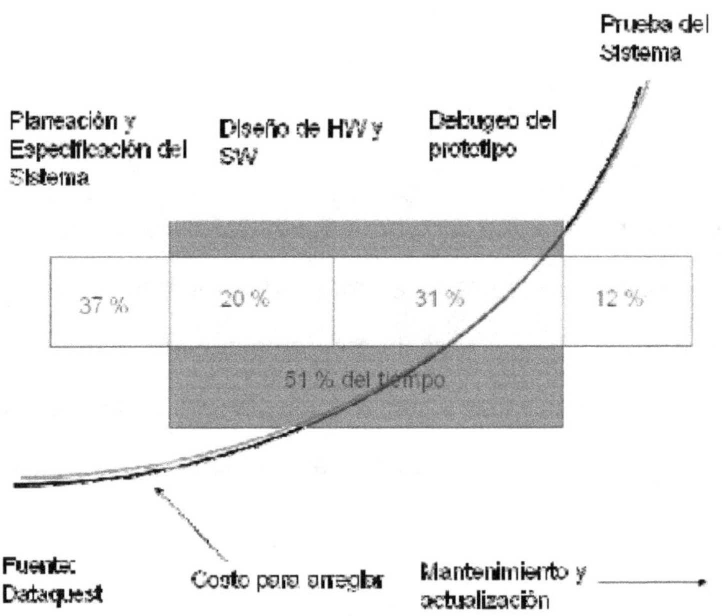

266

Tip:

El problema principal de la fase de pruebas en Software Embebido radica en seleccionar los tests más apropiados y la cantidad de pruebas por módulo. No existe una regla general para determinar cuántas pruebas son suficientes. El diseño de casos de pruebas es fundamental para asegurar la calidad del Software Embebido.

Las pruebas de Software Embebido deben de comenzar tan pronto como sea posible. En general, las pruebas más tempranas son las de modulo, comúnmente llamadas pruebas de unidad (unit test). Estas pruebas son realizadas en primera instancia por el desarrollador del módulo.

Es recomendable que además de que el propio desarrollador realizar las pruebas de unidad, exista un desarrollador externo que realice las pruebas, comúnmente conocido como "peer review". Esto se recomienda debido a que en ocasiones las pruebas pueden estar viciadas por el conocimiento del desarrollador de la función del módulo.

Desgraciadamente, muy pocos desarrolladores realizan una prueba de unidad contundente que permita encontrar errores en esta fase. En muchas ocasiones los errores son detectados hasta la fase de integración, cuando todos los módulos se ejecutan a un tiempo.

Es importante que la prueba de unidad contenga suficientes casos para probar si hay código que no se ejecuta, si pueden existir desbordamientos de memoria y si las operaciones se ejecutan correctamente.

Además es necesario probar el código cada vez que el módulo el modificado. Se recomienda que este tipo de pruebas sean automatizadas. Por ejemplo, si se realiza un set de 100 pruebas, se debe de ejecutar ese set cada vez que el código se modifique y las salidas deben ser comparadas con las respuestas correctas.

Para asegurar la calidad del Software Embebido, deben de tomarse en cuenta todos los ángulos del diseño de pruebas. Las pruebas suelen sub-dividirse en 2 categorías: pruebas funcionales y pruebas de cobertura, las cuales serán explicadas en la sección 8.5.

8.5. Pruebas Funcionales y Pruebas de Cobertura

Las pruebas funcionales (también conocidas como pruebas de caja negra) seleccionan pruebas que aseguran que los requerimientos hayan sido bien implementados en software. Las pruebas de cobertura (conocidas como pruebas de caja blanca) seleccionan casos que causan que ciertas partes del código se ejecuten.

Ambos tipos de pruebas son necesarias ser implementadas rigurosamente en un Sistema Embebido. El plan para las pruebas funcionales puede ser escrito en paralelo con los requerimientos.

8.5.1. Pruebas Funcionales

Las pruebas funcionales se pueden definir como el conjunto de actividades específicamente diseñadas para demostrar que las especificaciones de la unidad de Software funcionan como es debido.

Este tipo de pruebas se basan en las especificaciones del programa y no en las entrañas del código. A este tipo de pruebas también se les conoce como pruebas de especificación o de caja negra.

Debido a que en las pruebas funcionales se toman en cuenta los requerimientos, se tiene una idea más precisa de que se tiene que probar y por lo tanto típicamente son más baratas que las pruebas de cobertura.

Tip:

Existen ventajas y desventajas al realizar pruebas de caja negra. A mi en lo personal me parecen necesarias y busco incluirlas en un plan de pruebas cada proyecto que puedo. Las ventajas a mi parecer son: puede ser escrito independientemente del diseño del Software, se puede usar para probar diferentes implementaciones, prueba el comportamiento final del Software, entre otras.

Existe mucho debate entre cuáles pruebas son mejores si las de caja negra (comúnmente llamadas black-box testing) o las de caja blanca (white-box testing). Honestamente, nunca he entendido este debate, pues no se puede comparar ambos tipos de pruebas, solo se debe de entender qué son y cuando se usan. En mi opinión ninguna es mejor que otra, pues ambas pueden realizarse en el mismo sistema de acuerdo a las características del mismo.

Las pruebas de caja negra se utilizan generalmente con requerimientos en mano. Éstas ponen especial énfasis en que los requerimientos sean cumplidos. Tienen algo que se podría considerar una desventaja, aunque en lo personal yo lo considero una ventaja: no se conoce el diseño interno del módulo o programa. Se tienen los requerimientos y con ese documento se puede saber la salida que esperamos; por lo tanto, se pueden realizar pruebas en las que se alimentan las entradas para obtener las salidas deseadas sin sesgar los valores de entrada porque ya se conocen las entrañas del módulo. De esta forma, la idea principal de las pruebas de caja negra es probar lo que el Software hace, pero no el cómo una función es implementada.

Como se ha mencionado, hay ocasiones en las que las pruebas de caja negra no son las mejores si se hacen únicamente dichas pruebas. Por ejemplo, asumamos que tenemos que hacer una prueba de caja negra para un control de velocidad crucero (comúnmente llamada cruise control) para un motor de un avión comercial.

Al realizar la prueba se puede hacer variando la velocidad y hacer diversas pruebas de caja negra para probar el comportamiento del módulo a diferentes velocidades. Así mismo, se puede probar el módulo para valores muy pequeños o muy grandes ya que se conocen en los requerimientos para probar si están validadas las velocidades mínimas y máximas y que el programa se proteja de esos valor. En este ejemplo, notarán que hay algunas cosas que se pueden probar pero otras que no nos es posible probar. Por ejemplo, no tenemos manera de saber si el control de la velocidad se hace mediante una tabla o una ecuación. Esto nos representaría varios problemas en las pruebas.

Otro ejemplo de pruebas de caja negra podría ser probar una función que calcula la raíz cuadrada cuya salida es una variable de tipo flotante. ¿Cuáles condiciones probarían? Antes de leer la respuesta, el lector podría hacer un ejercicio de evaluación de las pruebas que haría....

Mi plan de pruebas para el módulo que evalúa la raíz cuadrada de caja negra de dicha función sería la siguiente:

Caso No. 1: sqrt(0) = 0 – Raíz cuadrada de 0 (condición de frontera)

Caso No. 2: sqrt(1) = 1 – Raíz cuadrada de 1 (comportamiento al cambio)

Caso No. 3: sqrt(9) = 3 – Raíz cuadrada de 9 (prueba de un número mayor a 1)

Caso No. 4: sqrt(0.25) = 0.5 – Raíz cuadrada de .25 (prueba de un número menor a 1)

Caso No. 5: sqrt(-1) = error – Raíz cuadrada de -1 (probar una entrada fuera de rango)

Caso No. 6: sqrt(NaN) = NaN (prueba de una entrada no numérica NaN = Not a Number)

Caso No. 7: sqrt(float_Max) – (prueba del máximo valor flotante)

Caso No. 8: sqrt(float_epsilon) – (prueba del más pequeño valor positivo, para probar la resolución del valor flotante)

8.5.2. Pruebas de Cobertura

Este tipo de pruebas son realizadas con conocimiento del diseño de Software. También se les llama "test estructural". La idea principal detrás de las pruebas de caja blanca es revisar el comportamiento del Software sabiendo como fue diseñado. Tiene varias ventajas este tipo de pruebas. Una de ellas es que generalmente se pueden diseñar pruebas con una amplia cobertura. Esto significa que se pruebe probar todos los puntos en una tabla LUT (Look-up table), cada camino en una condición (IF) o diferentes escenarios cuando una variable tiene varios valores (por ejemplo, en el uso de "CASE"). Otra de las ventajas que tiene la prueba de caja blanca es que se pueden probar los valores de frontera pues se conoce el diseño interno del Software.

Sin embargo, las pruebas de caja blanca tambien representan algunas desventajas. Por ejemplo, si se modifica la implementación o el algoritmo, las pruebas también tienen que ser modificadas y no es una tarea trivial automatizar dichas pruebas por la misma razón. Da la impresión que si se alcanzó el 100% de cobertura con la prueba de caja blanca, no existirán errores, pero puede haber errores del sistema que ya llegue con errores al módulo probado, lo cual no necesariamente significaría que se comportaría el modulo sin problemas.

Es importante aclarar algo sobre el término cobertura. Cobertura se puede definir como la

272

noción de cuántas posibles vertientes tomó el software y que "tantas se probaron". Lo cual no necesariamente significa que una buena cobertura significa que se realizaron las mejores pruebas; sin embargo, da un indicativo de la confianza que se tiene que no pasaron por alto un área de prueba.

En resúmen, las pruebas de caja blanca son mejores cuando se necesita asegurar que hasta el más pequeño detalle está implementado correctamente, mientras que las pruebas de caja negra son mejores cuando se requieren realizar pruebas en base a requerimientos bien definidos.

Es prácticamente imposible y prohibitivamente costoso realizar pruebas exhaustivas a un Sistema Embebido debido a que solo una parte de todos los posibles escenarios pueden ser anticipados y tomados en cuenta, ya sea por una falta de conocimiento sobre el sistema o por las asumpciones e hipótesis que se realizan inevitablemente en el desarrollo del sistema.

Las pruebas de cobertura indican cuantos escenarios pueden ser anticipados (o cubiertos) por casos de pruebas. Es prácticamente imposible determinar qué porcentaje de cobertura es el indicado. En este caso, lo más recomendable es hacer un plan de cuanto tiempo se planea emplear en las pruebas y realizar la mayor cantidad de pruebas para alcanzar una cobertura más alta. Si el Sistema Embebido es crítico (ej. el sistema digital para una bolsa de aire de automóvil, el sistema de paro de emergencia de una caldera, etc) lo más recomendable es alcanzar una cobertura lo más cercana a 100%.

Existen pruebas de cobertura más rigurosas. Una de ellas es la cobertura MC/DC (Modified Condition/Decision Coverage) la cual será explicada en la siguiente sección.

MC/DC es una métrica de cobertura estructural que es diseñada para demostrar independientemente los arboles de decisiones.

En general, se dice que una prueba ha satisfecho MC/DC si garantiza que:

- Cada punto de las entradas y las salidas de un modelo han sido ejecutadas por lo menos una vez.
- Cada decisión básica en una condición de un modelo ha tomado todas las posibles salidas por lo menos una vez.
- Ha sido de mostrado que cada condición afecta independientemente a la salida

MC/DC es el criterio de cobertura de código que requiere lo siguiente durante las pruebas:

- Cada punto de entrada y de salida es invocado.
- Cada decisión intenta todos los resultados posibles.
- Cada condición en una decisión toma en cada resultado posible.
- Cada condición en una decisión afecta independientemente al resultado de la decisión.

Dado que MC/DC es guiado por la sintaxis del programa y no por el flujo de datos, es fácil engañar a la prueba y por la misma razón recibe críticas duras.

274

8.6. Verificación Formal

La verificación formal es el proceso de evaluar matemáticamente el comportamiento del sistema usando un modelo formal.

La verificación formal no reemplaza la validación ni ningún otro tipo de pruebas para Sistemas Embebidos. Generalmente se utiliza a la par de la simulación como una etapa necesaria en el diseño de Hardware.

La principal ventaja de las técnicas de verificación formal es que no dependen de estímulos de entrada, por lo que son buenas pruebas en unidades de Software que requieren de casos en los que los datos de entrada no son del todo conocidos. Este tipo de verificación requiere de chequeo de equivalencia, el cual incluye una serie de herramientas para verificar que el diseño se implementa con el mismo comportamiento que los requerimientos iniciales. Es muy útil para detectar errores estructurales o inconsistencias semánticas en el diseño de referencia (tales como entradas sin conectar o inconsistencias en la longitud de un bus).

La habilidad de realizar la verificación formal es afectada enormemente por el modelo formal y los límites de su complejidad. Por ejemplo, la mayoría de los sistemas de lógica tienen un mecanismo para verificar que la implementación de compuertas lógicas esté correctamente implementada a través de ecuaciones booleanas previamente establecidas.

Existen diversos métodos para realizar la verificación formal, algunos son los siguientes:

- Métodos de comprobación de teoremas: este método provee un ambiente que ayuda a diseñar una prueba formal de las especificaciones y/o ayudar a comprobar automáticamente que el modelo haya sido correctamente implementado.

- Método autómata: consiste en una serie de estados finitos, conectados por transiciones y etiquetados con las letras del alfabeto. Este set de letras del alfabeto para cada autómata es llamado el lenguaje del automatón. Un ejemplo se puede ver en la figura 8.2.

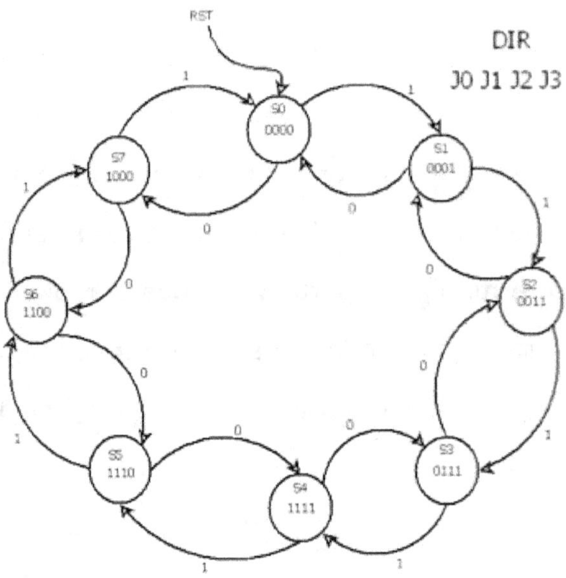

Figura 8.2. Ejemplo de un grafo para métodos autómatas.

La aplicación sistemática de alguna de las técnicas de verificación formal desde las primeras etapas de un diseño de Software Embebido, pueden satisfacer la condición de optimización tanto de código como de tiempo de ejecución para el modulo en cuestión.

8.7. Diseño de Casos de Prueba

En el mundo ideal, se requeriría probar cada posible comportamiento del programa del Sistema Embebido. Esto implica probar cada posible combinación de entradas y cada posible decisión por lo menos una vez. Sin embargo, en la realidad no solo sería prohibitivamente caro ,sino impráctico.

Una aproximación a este escenario irreal es una combinación de pruebas funcionales y de cobertura, en las que se tienen detectadas la mayor probabilidad de error.

Como fue mencionado anteriormente, las pruebas funcionales no conocen como fue implementada la unidad del código. Algunos ejemplos de pruebas funcionales son:

8.7.1. Pruebas de Excepción

Las pruebas que pueden disparar el modo de excepción o de falla.

8.7.2. Pruebas de Stress

Pruebas en las que intencionalmente se sobrecargan las entradas, los dispositivos de memoria, controladores, etc.

8.7.3. Pruebas de Valores Límites

Este tipo de pruebas intenta demostrar que el programa está protegido si las entradas se salen del rango especificado en los requerimientos.

8.7.4. Pruebas de Rendimiento

Debido a que el rendimiento es parte fundamental en un Sistema Embebido, se requiere realizar pruebas de rendimiento.

La mejor prueba no es la que corrobora que el programa funciona como es debido, sino la que encuentra un error o que el programa no funciona como está determinado en los requerimientos. Debido a esto, las pruebas funcionales deben de ser diseñada para ser destructivas.

Una de las desventajas de las pruebas funcionales es que no ejercitan todo el código. Para esto se diseñan las pruebas de cobertura. Como se comentó anteriormente, asegurarse de que cada una de las líneas de código se ejecuta es altamente impráctico.

Por ello se diseñan las pruebas con conocimiento de cómo el Software está implementado (de ahí el nombre de pruebas de caja blanca, el ingeniero de pruebas puede "ver" dentro de la caja).

Mientras que las pruebas funcionales pueden ser escritas desde que se escriben los requerimientos, los casos de prueba para las pruebas de cobertura no pueden ser diseñados hasta que se termine de programar cada unidad de Software. Algunos ejemplos de pruebas de cobertura son:

8.7.5. Cobertura de Decisión

Este tipo de prueba implica que cada decisión (tanto el código que se ejecuta con verdadero como con el falso) sea ejecutado por lo menos una vez.

8.7.6. Cobertura de Condición

Estos casos de prueba obligan cada término en una condición a tomar todos los posibles valores lógicos.

8.7.7. Cobertura de "Statement

Estos casos de prueba se realizan para ejecutar cada statement en el programa por lo menos una vez.

8.7.8. Plan de Pruebas

La piedra angular del diseño de Sistemas Embebidos es la documentación. Parte de la documentación incluye los planes y reportes de prueba. El plan de prueba es esencialmente el documento que especifica cómo se realizan la pruebas, porque se prueba y como se ejecutará la prueba.

Existe una gran cantidad de distintos planes de prueba, según la región geográfica la compañía o el cliente. Sin embargo, este capítulo se enfocará en el estándar IEE 829-1983. El siguiente ejemplo de plan de prueba no representa a una organización en particular, sino que sirve para dar una idea de cómo se conforma el plan.

El plan de pruebas es un documento detallado con los objetivos enfocados a un mercado para una beta interna del equipo y procesos para una beta específica de un producto de Software o Hardware. Por lo general, este plan contiene puntos detallados de la forma de trabajo. Dependiendo del producto y la responsabilidad de la organización para cual la prueba se aplica, la prueba puede incluir una estrategia para uno o más de los siguientes puntos:

- Verificación de diseño manufactura.
- Aceptación.
- Pruebas de servicio y reparación.
- Prueba de regresión.

Hay tres elementos principales que se deben describir en el plan de prueba:
- Pruebas de cobertura.
- Métodos de prueba.
- Responsabilidades de prueba.

El estándar de la IEEE es el 829-2008; es el Estándar para la Documentación de Software de Prueba.

8.7.8.1. PROPÓSITO DEL PLAN DE PRUEBAS

El propósito del plan de prueba es definir las estrategias, alcance de las pruebas, criterios de entradas y salidas y herramientas de pruebas que serán usadas. El plan también incluye información sobre asignación de recursos y tiempos de entrega.

8.7.8.2. TIPO DE AUDIENCIA Y APLICACIÓN

- El personal de pruebas y de calidad debe ser capaz de entender e implementar el plan de pruebas.

- El personal de calidad debe ser capaz de analizar los resultados y realizar las recomendaciones acerca de la calidad de software probado a la gerencia.

- Los desarrolladores deben de ser capaces de entender que funciones se prueban y las condiciones bajo las cuales las pruebas son realizadas.

8.7.8.3. ENTREGABLES

Los resultados de las pruebas son los siguientes entregables:

- Casos de prueba incluyendo entradas y resultados esperados.

- Criterios de pruebas satisfechos.

- Reporte de problemas (generados como resultado de las pruebas).

- Análisis de pruebas de cobertura.

Cada plan de prueba debe de contener la siguiente información:

- Introducción.

- Elementos de prueba.

- Características y funciones a probar.

- Características que no fueron probadas.

- Criterios y estrategias para las pruebas.

- Criterios para pasar o fallar la prueba.

- Requerimientos de Software y Hardware.

- Necesidades de entrenamiento para los ingenieros de prueba.

- Riesgos y contingencias.

Para este plan de pruebas se pueden agregar más secciones si son necesarias. Este plan solo es una guía de lo que puede contener, no excluye ninguna otra sección que la compañía / cliente pudiera necesitar.

8.8. Características generales de las pruebas

Una de las características principales del proceso de pruebas en Sistemas Embebidos es la de volver a probar un programa o módulo después de que errores han sido corregidos o después de que el Software ha cambiado debido a mejoras u optimizaciones. Este proceso es llamado prueba de regresión.

Este tipo de prueba se realiza para asegurarse que todos los errores previamente encontrados hayan sido eliminados, así como también que si hubo modificaciones, estas no hayan introducido nuevos errores.

Este tipo de pruebas son más fáciles de realizar si las pruebas son reproducibles. Esto significa que las pruebas deben de arrojar los mismos resultados repetidamente con los mismos datos de entrada. Si no son reproducibles se corre el riesgo de que el error no se corrija, o que no se detecten errores nuevos en caso de que el código haya cambiado.

Es recomendable que este tipo de pruebas sean automatizadas para mejorar el costo-beneficio de realizar pruebas, especialmente si el Sistema es de tiempo real.

Cuando un sistema embebido es probado es necesario evaluar o juzgar el comportamiento "adecuado" del Sistema. Para realizar esto, se debe monitorear u observar cada prueba para verificar que hace el Sistema, como lo hace y en algunas pruebas cuando lo hace.

El Sistema debe de facilitar dicha observabilidad. Cuando se prueba un modulo o parte del Sistema Embebido, el ingeniero de pruebas tiene que observar las entradas, los valores intermedios, las salidas o todos ellos.

La observabilidad de las entradas permite determinar las condiciones ambientales bajo las cuales se ejecuta una prueba en particular. En general, esto no es ningún problema debido a que las entradas son controladas por el ingeniero de prueba. La excepción para que las entradas representen un problema de observabilidad es en el caso de que el tiempo en el cual las entradas lleguen sea crítico.

Además, resulta ventajoso que los valores o variables intermedios tengan observabilidad. Frecuentemente, el que los estados intermedios puedan ser observados, ayudan a determinar por qué el programa o modulo se comporta de cierta manera.

Además, tanto la observabilidad y la reproducibilidad no son independientes entre sí. Mientras que la observación es necesaria para recolectar información de los eventos significativos, se requiere que las pruebas puedan ser repetidas y re-ejecutados con resultados idénticos.

8.9. Pruebas de Unidad

Las pruebas de unidad (también llamadas pruebas de lazo abierto) se conducen cuando un único modulo es probado sin tomar en cuenta módulos o subsistemas anteriores o posteriores. Las pruebas de lazo abierto generalmente se realizan en las primeras etapas de desarrollo de Software Embebido.

La ventaja principal de las pruebas de unidad es que es posible observar las actividades y comportamientos de las entradas de cada modulo. Esto es muy útil para Sistemas con muchos módulos o muy complejos, pues permite identificar errores en una fase muy temprana de desarrollo.

Una de las desventajas de este tipo de pruebas es que no es fácil simular con datos reales cuando se requiere de interfaces externas o comunicación con otros módulos, es por esto que se realizan las pruebas de lazo cerrado.

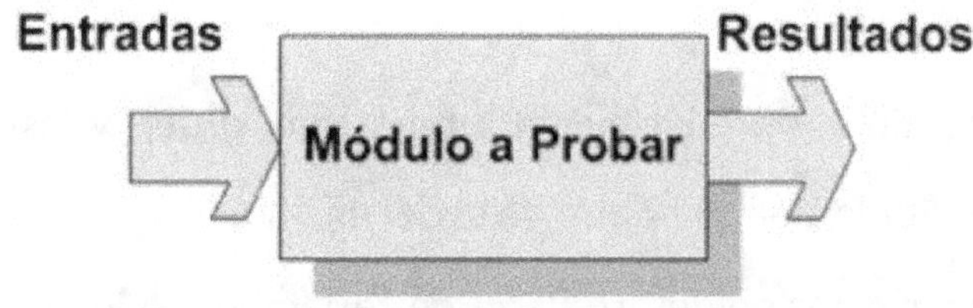

Figura 8.3. Diagrama de Pruebas de Lazo Abierto.

Es un método que prueba una unidad de código. Al hablar de una unidad de código nos referimos a un requerimiento. Muchos desarrolladores tienen su propio concepto de lo que es una prueba unitaria; sin embargo, la gran mayoría coincide en que una prueba unitaria tiene las siguientes características:

- Prueba solamente pequeñas cantidades de código: Solamente prueba el código del requerimiento específico.

- Se aísla de otro código y de otros desarrolladores: El unit test prueba exclusivamente el código relacionado con el requerimiento y no interfiere con el trabajo hecho por otros desarrolladores.

- Solamente se prueban los endpoints públicos: Esto principalmente porque los disparadores de los métodos privados son métodos públicos por lo tanto se abarca el código de los métodos privados dentro de las pruebas.

- Los resultados son automatizados: Cuando se ejecutan las pruebas se puede hacer de forma individual o de forma grupal. Estas pruebas las hace el motor de prueba y los resultados de los mismos deben de ser precisos con respecto a cada prueba unitaria desarrollada

- Repetible y predecible: No importa el orden y las veces que se repita la prueba, el resultado siempre debe de ser el mismo.

- Son rápidos de desarrollar: Contrariamente a lo que piensan los desarrolladores, "que el desarrollo de pruebas unitarias quita tiempo", los unit test por lo general deben de ser simples y rápidos de desarrollar.

Las pruebas de unidad se componen de tres fases, las cuales son particionadas en un total de 8 actividades. Las actividades que contemplan las pruebas de unidad son las siguientes:

- Plan de pruebas
  - Planear las actividades de prueba, los recursos y el itinerario.

- o   Determinar las características que necesitan ser probadas.

  - o   Refinar el plan general.

- Adquirir el set de pruebas

  - o   Diseñar el set de pruebas.

  - o   Implementar el plan general.

- Medir las pruebas de unidad.

  - o   Ejecutar los procedimientos de pruebas.

  - o   Checar el tiempo de termino de las pruebas.

  - o   Evaluar el esfuerzo que tomo la prueba de unidad.

El flujo de datos de las fases de pruebas de unidad se muestra en la figura 8.4.

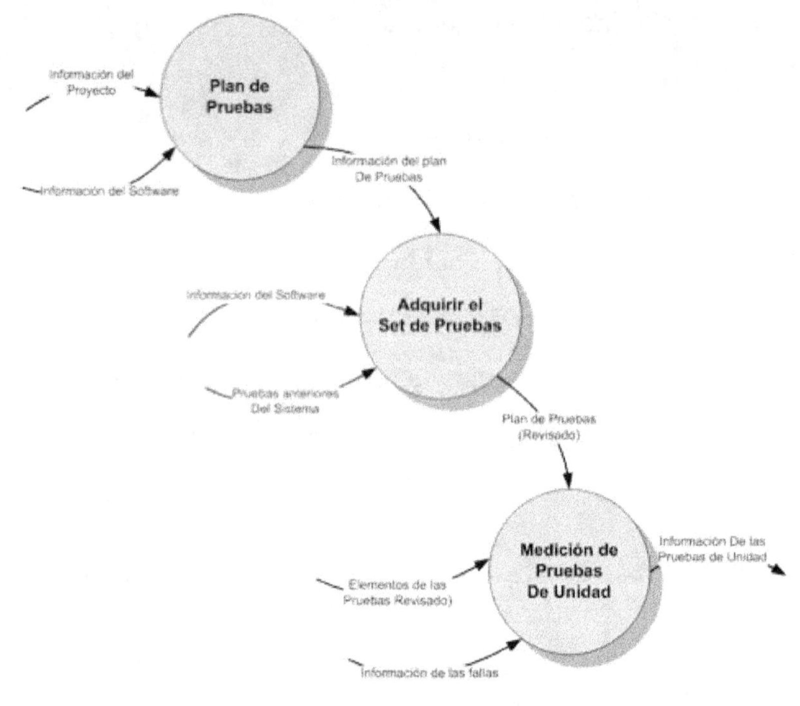

Figura 8.4. Flujo de datos de las fases para las pruebas de unidad.

Cuando a más de un modulo se le realizará pruebas de unidad, el plan de pruebas debe de contener todo el set de pruebas y no repetirse para cada prueba de unidad. Las otras actividades tienen que ser realizadas por lo menos una vez para cada unidad. En general, todas las son secuenciales con excepción del ciclo de ejecutar y revisar.

Estas actividades de dividen en las siguientes partes: planear, determinar, refinar, diseñar,

288

ejecutar, revisar y evaluar. Esto se muestra en la figura 8.5.

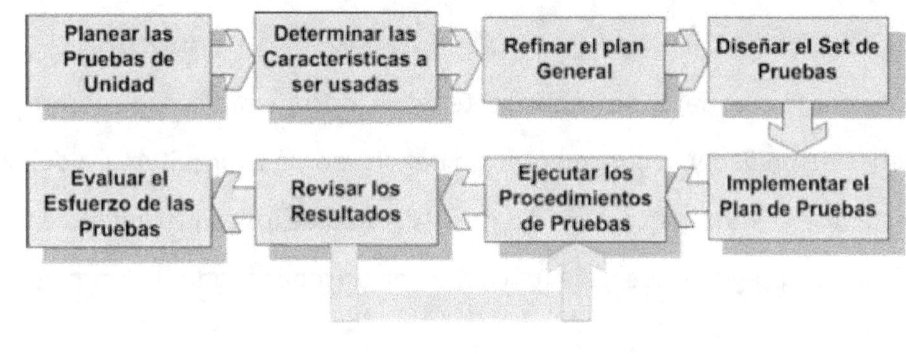

Figura 8.5. Actividades para la fase de Pruebas de Unidad.

8.9.1. Planeación de Pruebas de Unidad

Esta fase de planeación debe de ocurrir durante la fase de planeación y tiene que ser plasmada en el documento de plan de pruebas. La planeación de recursos debe de contener la siguiente información:

- Entradas del Plan:
    - Planes del proyecto.
    - Documentación de requerimientos de Software.
- Tareas del Plan:
    - Especificar las áreas riesgosas a ser probadas en las pruebas.
    - Limitaciones de las pruebas (limitaciones de diseño, o implementación).
- Salidas del Plan:

289

- o   Información de las pruebas de unidad.

8.9.2. Determinar las Características a ser usadas

Al comenzar esta fase, se requiere tener la documentación de los requerimientos de las pruebas de unidad y la documentación del diseño de la arquitectura del Software. Las tareas de esta fase se terminan por medio de un estudio de los requerimientos funcionales. También se tiene que asegurar que cada función tenga un identificador o "etiqueta" única.

También se tienen que identificar los requerimientos adicionales, como los requerimientos de rendimiento, atributos o limitaciones de diseño, asociados con las características de Software que pueden ser probadas a nivel de pruebas de unidad.

Si los requerimientos de las pruebas de unidad especifican múltiples estados, se tiene que asegurar en esta fase de identificar cada estado y cada transición de la prueba. Además, se tienen que seleccionar todos los elementos a ser incluidos en las pruebas.

Cuando las pruebas completas son impracticas, esta información resulta crucial para determinar las pruebas críticas de las que pueden dejar sin realizarse.

8.9.3. Refinar el plan General

En esta fase se listan los elementos incluidos en las pruebas. En esta fase también se tienen que definir los casos de prueba y los procedimientos que tienen que ser considerados para ser usados. Además se tiene que identificar cualquier recurso necesario para la prueba de unidad. Por último, se tiene que definir el itinerario para las pruebas de unidad basado en los recursos, la disponibilidad del modulo a ser probado, etc.

8.9.4. Diseñar el Set de Pruebas

En esta fase se debe de diseñar la arquitectura del set de pruebas. Este diseño tiene que ser basado en las características a ser probadas y las condiciones específicas o implícitas de los elementos a ser probados. Por ejemplo: los procedimientos, las transiciones, las características de los datos, etc.

El diseño debe de ser jerárquico descompuesto en objetivos, de tal forma que cada objetivo de más bajo nivel pueda ser directamente ligado a casos de prueba específicos. Por último cualquier prueba ligada a un re-diseño de pruebas es aceptada en esta fase.

8.9.5. Implementar el plan de Pruebas

En esta fase se obtiene y se verifican los datos a usar en las pruebas de unidad. Existen ocasiones en las cuales no existe una correlación aparente entre los casos de pruebas y los sets de datos. Si esto ocurre, se recomienda desarrollar una tabla conteniendo esta correlación e incluirla en las especificaciones del diseño de pruebas de unidad.

8.9.6. Ejecutar los Procedimientos de Pruebas

En esta fase, se realiza el ambiente en el cual se ejecutarán las pruebas. Todos los incidentes o resultados inesperados deberán de ser documentados en el reporte de la prueba. Por cada caso de prueba se debe de determinar si el modulo (unidad) pasó o no la prueba basado en las especificaciones de los resultados deseados.

También es recomendable documentar los recursos gastados en cada caso de prueba. Por cada falla se debe de documentar la información de la falla en la sección de resultados, así como también que variables y entradas intervinieron para que se diera la falla.

Existen diversos casos en los cuales se puede desarrollar las fallas. Estos casos se listan a continuación:

- Caso 1: Una falla en la especificación de la prueba o en los datos de prueba. Corregir la falla, documentar como se corrigió la falla y volver a ejecutar el caso de prueba que falló.
- Caso 2: Una falla en la ejecución del procedimiento de pruebas. Volver a ejecutar el procedimiento incorrecto.
- Caso 3: Una falla en el ambiente de pruebas. En este caso el ambiente de pruebas que falla puede ser el Software del Sistema. En algunas ocasiones no es posible corregir el ambiente en el cual se desarrollan las pruebas, si no se puede se prepara para una terminación anormal de la prueba y se documenta porqué no se puede corregir el ambiente.
- Caso 4: Una falla en la implementación de la prueba de unidad. En este caso se tiene que corregir el módulo o unidad completamente, se documenta la corrección de la falla

y se vuelven a ejecutar todos los casos de pruebas de dicha unidad.

- Caso 5: Una falla en el Diseño de la Unidad. En este caso se re-diseña la unidad, se modifica la especificación de las pruebas y los datos de acuerdo al nuevo diseño, se documenta la corrección de la falla y se vuelve a ejecutar los casos de prueba nuevos de acuerdo al re-diseño.

8.9.7. Revisar los Resultados

En esta fase se revisan los procesos de las pruebas, los resultados y si la prueba de unidad termino con éxito las pruebas. En esta fase se determina la necesidad de pruebas adicionales basadas en la cobertura de los requerimientos. En caso de que no sean necesarias pruebas adicionales, se documenta la terminación de las pruebas de unidad.

8.9.8. Evaluar el Esfuerzo de las Pruebas

En esta última fase se describe el status de las pruebas. Se documentan las variaciones entre los planes de pruebas y las especificaciones de las pruebas. Si la prueba termino "anormalmente" se documentan las razones posibles.

Además, se evalúa el diseño del modulo contra los requerimientos basados en los resultados de las pruebas y se detectan fallas en la información. Por último, se completa el reporte de la prueba y se asegura que se preserven las pruebas que se completaron con éxito.

8.10. Pruebas de Integración de Hardware y Software.

Las pruebas de integración (también llamadas pruebas de Sistema) se realizan para verificar que la interacción entre módulos de un sub-sistema es correcta y que este sub-sistema funciona de acuerdo a las especificaciones. Este tipo de pruebas pueden ser realizadas cuando las pruebas de unidad del sub-Sistema en cuestión sean completadas.

En este tipo de pruebas se pueden evaluar la calidad de los algoritmos de los sistemas de control, y se pueden observar y evaluar las salidas con respecto a entradas reales. Cuando las pruebas de integración se completan para todos los sub-sistemas, se deben realizar pruebas del sistema completo (pruebas de lazo cerrado). Se recomienda que este tipo de pruebas sean realizadas por personas ajenas a los desarrolladores de los módulos, para evitar así vicios en el proceso de prueba. A esta manera de hacer las pruebas se le conoce como Independent Validation and Verification (IV&V)

8.10.1. Métodos de Integración del Software y Hardware.

Como se ha mencionado, para poder terminar el desarrollo de un producto en Sistemas Embebidos es necesario integrar los componentes de Software con los de Hardware. En cuestión de integrar el Software que ha sido previamente validado, se utilizan diferentes métodos para integrarlo. Hay diversas consideraciones cuando se integre el Software con el Hardware. Un ejemplo de un diagrama de integración entre el SW y el HW puede ser visto en la figura 8.6.

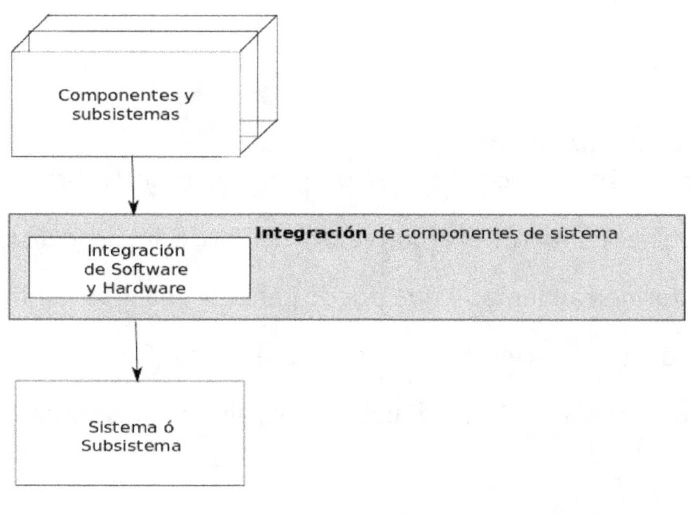

Figura 8.6. Ejemplo de Integración del Sistema SW/HW.

8.10.1.1. Download

El proceso de "bajar" o pasar un código de programa a un dispositivo de hardware se conoce comúnmente como "download". Como parte de este procedimiento, se ejecuta una pequeña porción de programa para cargar y monitorear en el dispositivo de hardware el código. Esta porción de código se conoce como "boot loader".

El "boot loader" es un programa que es ejecutado directamente en la arquitectura de Hardware (ej. Microprocesador). El bootloader deposita un archivo binario en el Hardware el que es transferido generalmente con una interfaz serial, una memoria flash o SRAM (ó SDRAM).

8.10.1.2. Programación en Memoria Flash

En este tipo de programación, se realiza por medio de un programador de memoria Flash y rutinas especiales dentro de la arquitectura de Hardware. Uno de los problemas que se pueden tener con estas herramientas y que puede generar una gran cantidad de inconvenientes, es el borrado accidental de áreas de memoria reservadas. Estas áreas pueden ser en donde están las rutinas de programación, señales de inicialización, direcciones de memoria protegidas, entre otros.

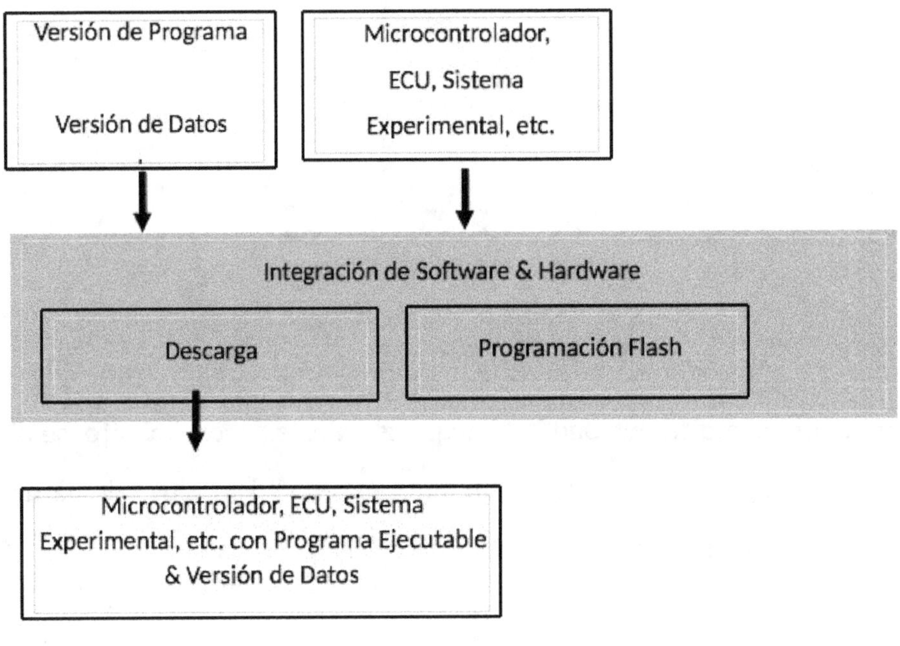

Figura 8.7. Ejemplo de Programación en Memoria FLASH.

8.10.2. Pruebas de Integración de las Funciones de Software

En esta sección se abordan las diferentes herramientas para la integración y el ambiente de pruebas. Existen muchas herramientas y ambientes de pruebas, las cuales pueden dividirse principalmente de la siguiente manera:

- Herramientas de simulación
- Banco de pruebas
- Prototipo o Sistemas de producción

8.10.2.1. Herramientas de Simulación

Existen diversas herramientas de simulación tanto para Hardware como para Software.

Una de ellas es la llamada "Software in the Loop" (SiL). SiL se refiere a la ejecución de componentes de Software implementados en en un ambiente simulado (es decir, simulación).

Esta herramienta de simulación es muy util cuando se quiere validar un componente de Software en lazo cerrado (sección 8.11). De esta forma, el componente de Software de el módulo de lazo cerrado puede ser simulado y ejecutado en el mismo lazo, como se muestra en la figura 8.8.

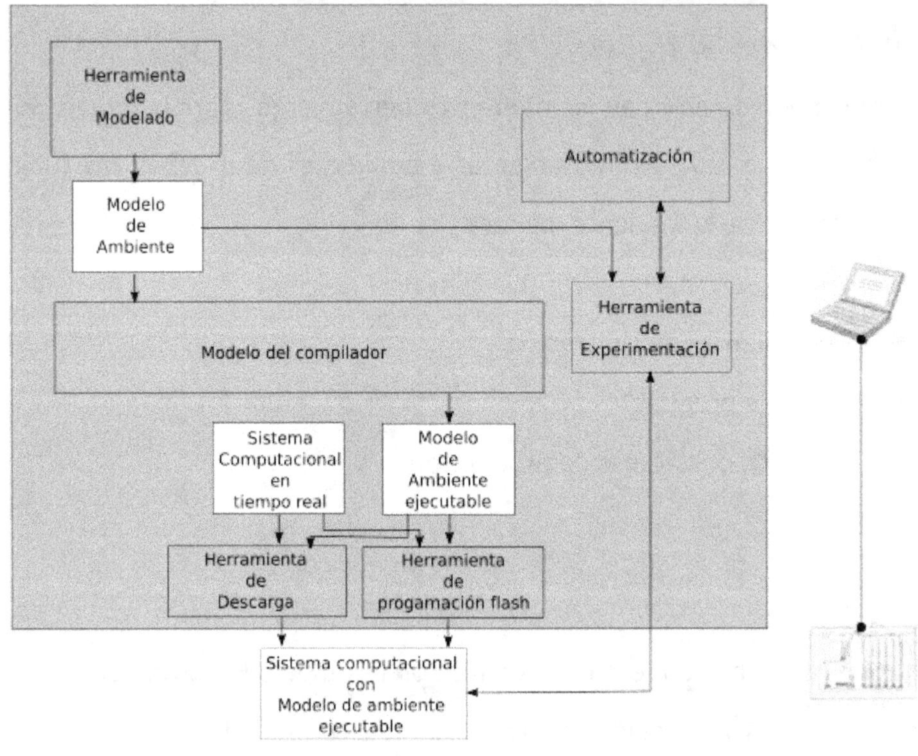

Figura 8.8. Ejemplo de una Herramienta de Simulación.

8.11. Pruebas de Lazo Cerrado

Las pruebas de lazo cerrado se ejecutan con todo el Sistema completo. Esto se puede hacer tanto en un simulador, como en Hardware. En estas pruebas las salidas del sistema son alimentadas a las entradas para poder calcular tanto el comportamiento pasado, como el

298

presente, es decir, de forma dinámica. Esto se muestra en la figura 8.9.

Las pruebas de lazo abierto requieren que el Sistema este completamente implementado para que todos los módulos o sub-sistemas estén terminados. También se recomienda que las pruebas de lazo abierto hayan pasado satisfactoriamente para poder realizar las de lazo cerrado.

En el caso que se haga las pruebas de lazo cerrado mediante simulaciones, es recomendable que el tiempo de ejecución sea el mismo al tiempo que se ejecuta en el dispositivo programable.

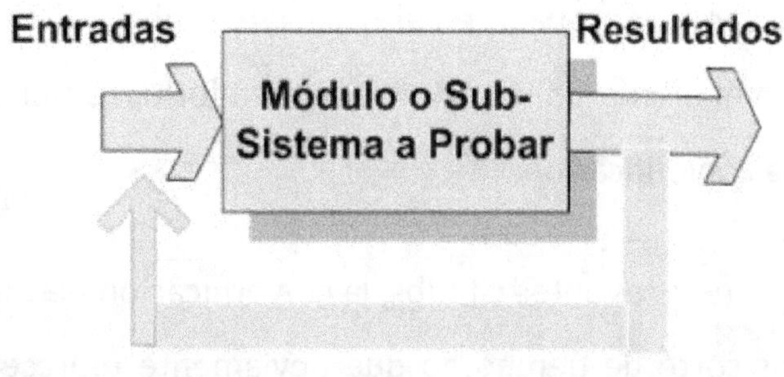

Figura 8.9. Diagrama de Pruebas de Lazo Cerrado.

8.12 Co-Verificación

Como se ha comentado, La verificación de Software en el Hardware es fundamental en todo Sistema Embebido. Para ello existe lo que se denomina co-verificación La co-verificación significa que el Software se probará en el Hardware para detectar que no existen errores ni de Hardware ni de Software antes de que el Sistema se fabrique.

Así mismo, las herramientas de co-verificación deben de proveer el manejo y control del Sistema tanto de los equipos de diseñadores tanto de software como de hardware. A la co-verificación se le conoce también como prototipado virtual (virtual prototyping) debido a que el diseño del simulador del Hardware se comporta como el Hardware real.

La co-verificación tiene dos ventajas fundamentales: la primera instancia permite que el Software que es dependiente del Hardware sea probado y depurado antes de que el prototipo esté disponible para ser probado en el Hardware real. La otra ventaja es que provee pruebas adicionales para el diseño de Hardware. De esta forma, ambos grupos de desarrolladores se benefician de la co-verificación.

Además de los beneficios antes citados, la co-verificación permite que el Sistema esté listo en un periodo más corto de tiempo, lo que obviamente representa ahorros para el proyecto. Cuando los desarrolladores de software trabajan en un proyecto para un sistema embebido, colaboran en el diseño de los requerimientos, realizan las pruebas necesarias de verificación y validación, pero tienen que esperar a que el Hardware esté disponible, lo que puede representar tiempo muerto para el equipo de desarrolladores de Software. Los diagramas de tiempo de diseño sin co-verificación y con co-verificación se muestran en las figuras 8.10 y 8.11, respectivamente.

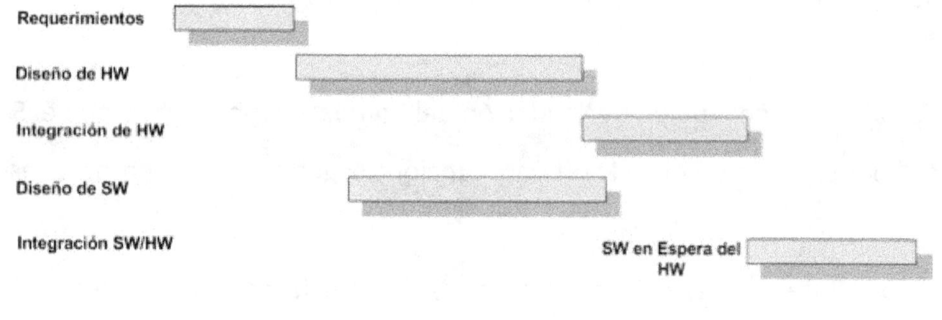

Figura 8.10. Diagrama de tiempo para el diseño de Sistemas Embebidos sin co-verificación.

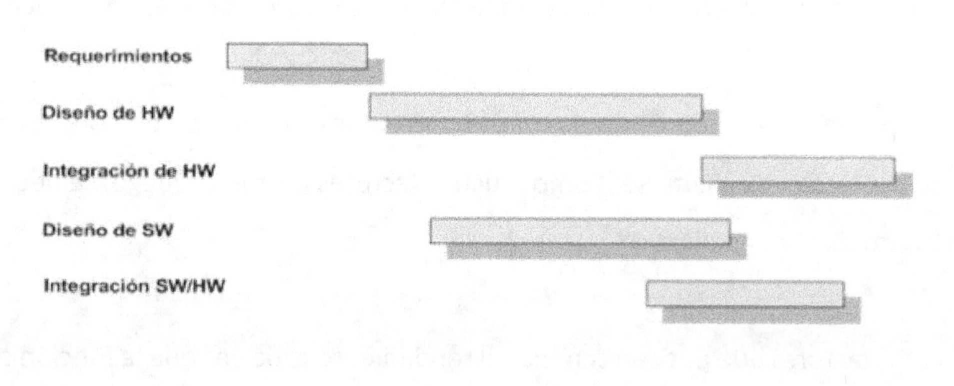

Figura 8.11. Diagrama de tiempo para el diseño de Sistemas Embebidos con co-verificación.

8.13 Pruebas de Rendimiento

Las pruebas de rendimiento son cruciales para los Sistemas Embebidos y desgraciadamente en la mayoría de los proyectos se ignora este tipo de pruebas.

La típica actitud del equipo de validación del Software Embebido es que el Software funciona "bien" por el hecho de que el Software funciona según los documentos de especificaciones.

Cuando el Sistema final es sensible al costo, el no realizar pruebas de rendimiento puede ser la diferencia entre que el proyecto fracase y que los márgenes de ganancia sean considerables. Cuando se sobre diseña un Sistema con un microcontrolador rápido, más memoria, etc, y la solución es tan simple como elegir los componentes de acuerdo al rendimiento del Sistema, el Sistema final se volvería tan poco competitivo que estaría condenado al fracaso.

En las pruebas de rendimiento, lo más importantes es el tiempo que una función o unidad de software tarda en ejecutarse. Como muchos factores entran en juego, se debe de medir desde un punto de vista estadístico.

Algunos factores que pueden cambiar el rendimiento cada vez que la función es ejecutada son:

- Contenidos de la instrucción cuando la función es ejecutada.
- Interrupciones.
- Requerimientos de procesamiento de datos de la función.
- Carga de la tarea del RTOS.

De esta manera, se realizan estadísticas del mínimo, máximo, promedio y ejecución cumulativa para cada función de interés.

8.14. Validación y Verificación Independiente (IV&V)

En general las pruebas de validación y verificación independiente ("Independent Validation and Verification" IV&V) son desarrolladas para el ciclo de vida de Software Embebido. Las funciones típicas de IV&V se realizan con las siguientes fases, mismas que se muestran gráficamente en la figura 8.12.

8.14.1. Fase de Planeación y Análisis

La documentación que es producida cuando el primer concepto y plan del sistema embebido en cuestión es evaluado independientemente. Estos documentos incluyen los reportes de planeación, la descripción inicial del proyecto y los reportes de factibilidad. Además se analiza lo crítico de cada modulo o sub-sistema que compone el Sistema.

8.14.2. Fase de Análisis de Requerimientos

Los requerimientos de software son verificados a través de análisis independiente de requerimientos, comparación a las referencias estándar, simulaciones funcionales, etc. Se requiere en esta fase de un análisis de tiempo y tamaño de módulos.

8.14.3. Fase de Análisis del Diseño

Hay varias cosas que se revisan en esta fase por parte del equipo de IV&V. Algunas de estas cosas incluyen: la correlación entre los diversos elementos del diseño, verificación independiente de las funciones y algoritmos usados en el sistema, análisis independiente de las interfaces, etc.

8.14.4. Fase de Análisis de la Implementación

Durante esta fase la IV&V, se realizan dos actividades en paralelo: análisis del código (Code Review) y pruebas. El análisis del código incluye comparación de las versiones, análisis sintáctico, análisis de la estructura de datos, inspección de código y análisis de las bases de datos, entre otros. El análisis del código incluye la aplicación de pruebas independientes para determinar que se cumplieron con los requerimientos del Sistema.

8.14.5. Fase de Validación y Verificación

La simulación, ejecución de pruebas, validación y verificación, son realizadas en esta fase. Los reportes de problemas encontrados son preparados durante esta fase.

8.14.6. Fase de Integración de Software y Hardware

En esta fase, los resultados finales de la evaluación del sistema completo son realizadas. Durante esta fase, las pruebas de Sistema, de Hardware, etc, son realizadas de manera concurrente para validar los resultados.

8.14.7. Fase de Mantenimiento del Sistema

Las tareas de IV&V durante esta fase incluyen: reporte de problemas de operación, mantenimiento, instalación, etc.

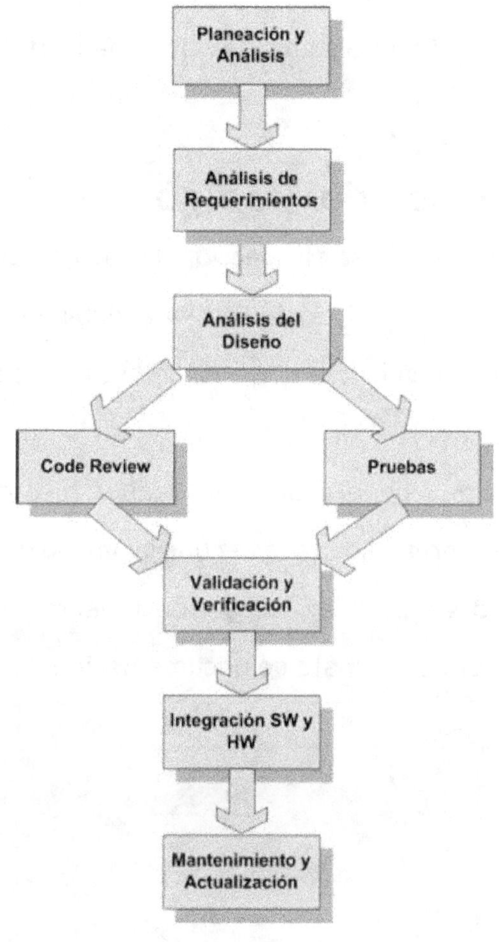

Figura 8.12. Diagrama que muestra las fases para la Verificación y Validación Independiente.

IV&V ha sido comprobada el ser una función necesaria para proyectos de Software de cualquier tamaño, pero es particularmente importante para proyectos grandes. Si no se realiza validación y verificación independiente en los proyectos de Software Embebido, puede resultar en el bajo rendimiento del Sistema, las fallas inadvertidas del Sistema, etc.

8.15. Inspección del Código

Es útil que exista un equipo de inspección de código. Este equipo debe de ser independiente al equipo que desarrolló la unidad de Software, debido a que es muy probable que si el autor no descubrió un error cuando lo desarrolló, no lo va a encontrar cuando lo inspeccione.

El inspector debe de tener el código y los requerimientos a la mano y proceder a la revisión. La revisión debe de ser realizada cada vez que la unidad de Software se modifique. Se recomienda tener un formato pre-establecido para documentar la inspección del código. La figura 8.13 muestra un ejemplo de formato de documentación de inspección de código.

Proyecto: ______________________________
Autor: ______________________________
Nombre de la Función: ______________________________
Fecha: ______________________________

| Número de errores | | Tipo de Error |
Mayores	Menores	
		El tamaño y complejidad de la función son inadmisibles
		Las expresiones del código no son claras
		El código no se adhiere a los estándares establecidos
		Las funciones no se usan correctamente
		Los tipos de datos no coinciden
		La lógica esta mal implementada
		Los comentarios no son claros o están mal
		Las variables no están inicializadas
		La sintaxis es incorrecta
		El código es lento donde se necesita rapidez
		Otra

Figura 8.13. Checklist recomendado para Inspección de Código.

Si se encuentran errores, la lista detallada de los errores se turnará al autor para corregirlos. Es importante que después el inspector de código le de seguimiento si los errores fueron corregidos satisfactoriamente.

Es la examinación sistemática (como en la revisión por pares) del código fuente de un programa informático. Se practica con el objetivo de mejorar la calidad del código que se genera en el proceso de desarrollo del Software, mediante la detección temprana de errores en el código de los programas o alternativas más eficientes a la implementación inicial.

También se utiliza como técnica para mejorar las cualidades de los desarrolladores involucrados en la práctica, mediante la discusión abierta de posibles mejores en el programa.

Se realizan principalmente revisiones de código por parte de las metodologías ágiles que practican programación en pareja como parte del proceso, o en otras que pueden implementar revisiones periódicas de código, tanto informales como formales.

8.16. Pruebas de Hardware

Además de las pruebas de Software antes mencionadas, es importante realizar pruebas de Hardware. Esto es independiente de correcciones que el Software pueda dar cuando el Hardware no responda como es debido.

Existen criterios para la selección de ciertos componentes electrónicos. En componentes donde no exista redundancia física (más de un sensor, actuador, etc para la misma función de Hardware), alta confiabilidad solo puede ser alcanzada seleccionando componentes y materiales con bajos índices de falla.

Antes de realizar la selección de los componentes es necesario considerar:

- La aplicación para la que se requiera el Sistema. En particular las condiciones ambientales en las que se encontrará el Sistema Embebido y la confiabilidad que se requiera.
- Propiedades específicas de los componentes. Esto se refiere a la vida útil,

comportamiento del componente a largo plazo (ej. degradación de la señal, fractura del material, etc), rendimiento, problemas de interface, compatibilidad electromagnética (EMC), costo, propiedades de guardar datos, disponibilidad, nivel de calidad, etc.

En cuestión de condiciones ambientales, existen estándares internacionales que especifican límites y condiciones de prueba, por ejemplo: nivel de calor, frio, humedad, precipitación, radiación (solar, etc), vibración, caída, aceleración, entre otros. Las condiciones ambientales pueden variar de severas, como en las aplicaciones aeroespaciales (con cambios extremos de altas y bajas temperaturas, 100% humedad relativa, rápidos cambios térmicos, alto nivel de vibración y alta interferencia electromagnética), a favorables como una computadora donde no se requieren pruebas de vibración ni de altas temperaturas.

Existen además ciertas consideraciones para pruebas de componentes electrónicos. Dichas pruebas incluyen:

- Rango de validez: este rango tiene que ser suficientemente preciso para ser representativo, pero suficientemente grande para cubrir las necesidades del Sistema.
- Caracterización: sirve para investiga los parámetros de rendimiento eléctrico.
- Pruebas de confiabilidad: sirve para obtener información sobre ocurrencia de fallas.
- Análisis de fallas: para detectar la causa raíz de la falla e investigar los mecanismos de falla.
- La duración de cada uno de las pruebas dependerá de la importancia del componente electrónico a considerar y la consecuencia de la falla en el equipo o sistema.

8.17. Depuración (Debug) de Hardware

Existen muchas maneras de depurar en Sistemas Embebidos. También existen riesgos y retos de poder hacerlo. Como ya se ha mencionado, los Sistemas Embebidos no solo constan de SW sino de Firmware y SW. Se puede depurar dicho HW con el uso de analizadores lógicos y osciloscopios digitales, herramientas de simulación, entre otros.

De acuerdo a diversas cuestiones como presupuesto y la complejidad del sistema, los diseñadores deben de escoger las mejores herramientas de acuerdo a sus necesidades. Esto también tiene su complejidad pues una vez que está en ejecución el SW; en este caso, embebido; no es tan trivial ejecutar depuración línea por línea si un dispositivo por ejemplo un motor a paso, no está siendo ejecutado de manera correcta. En este caso, puede ser un problema del mismo Hardware, de otro proceso de Software que está interfiriendo con el proceso del motor y que no permite que éste de la cantidad de pasos correcta. Puede ser un problema intermitente, solo cuando ciertos procesos se ejecutan o cuando la señal para iniciar el motor sale de un módulo; y en este caso, el problema no será detectado en las pruebas de unidad (unit test). Una de las maneras ara solucionar este problema, por ejemplo, es mediante el uso de un buffer de rastreo ("trace buffer").

Un buffer de rastreo graba acciones en un buffer de memoria. Una vez que el evento termina, se para el buffer de rastreo y se obtienen los datos através de un puerto de comunicación disponible (ej. SPI, I2C, UART, USART, Ethernet, entre otros); con dichos datos se puede investigar que parámetros causaron la falla y bajo que escenarios ocurrió la falla, lo cual es muy conveniente para poderla reparar.

Otro método es mediante el uso de códigos. En lugar de capturar datos en la memoria del sistema, se pueden enviar códigos a un registro externo o pines externos para capturar las salidas. Esto se realiza mediante el uso de analizadores lógicos. Esto tiene varias ventajas, no se necesita utilizar la memoria del Sistema para poder depurar el código, memoria que de por sí puede ser muy limitada en un Sistema Embebido.

El caso de estudio anterior es un caso típico que trataré de desglozar para dar a entender un poco el tema de depuración. Primeramente, el equipo de Hardware cuando recibe un error de éstos es generalmente asumir que se trata ya sea de un error de SW o un error del plan de pruebas de SW, por lo que regresa un reporte al equipo de SW comentando que de su lado (es decir, del lado del Hardware) no se encontró ningún error. Esto es muy común porque lo que generalmente realiza el equipo de diseñadores de Hardware es una inspección general de su

Hardware y siempre se asume que los problemas están del lado del Software.

Después de varios meses de continuos problemas con estos eventos se decidió realizar una investigación más completa del lado de Hardware para ver que estaba sucediendo con el Sistema. Se realizaron varias pruebas con emuladores integrados y se implementó un buffer de rastreo en el dispositivo de la aplicación (el microprocesador) sin encontrar el error. Posteriormente, se procedió a realizar pruebas con un analizador lógico que en ese momento no teníamos disponible y tuvimos que solicitar uno a otro departamento.

El analizador lógico que conseguimos tenía sólo 4K de memoria, por lo que la depuración podría ser complicado debido a esto. A pesar de la restricción de memoria, se realizaron diversos disparos de eventos (en inglés llamado "event triggering") por etapas en el modulo de la interfaz entre los dispositivos. La depuración consistía en 10 etapas y por fin encontramos el error. El problema radicaba en que el controlador de E/S respondía demasiado rápido al microprocesador que ejecutaba la aplicación. Esto fue resuleto de manera muy rápida con algunos NOP (No Operation) en el código. La lección de este problema fue que incluso el problema más sencillo puede representar un gran problema y tomar meses solucionarlo de no tener las herramientas necesarias para poder depurarlo correctamente.

Ejemplo de Herramientas de Depuración

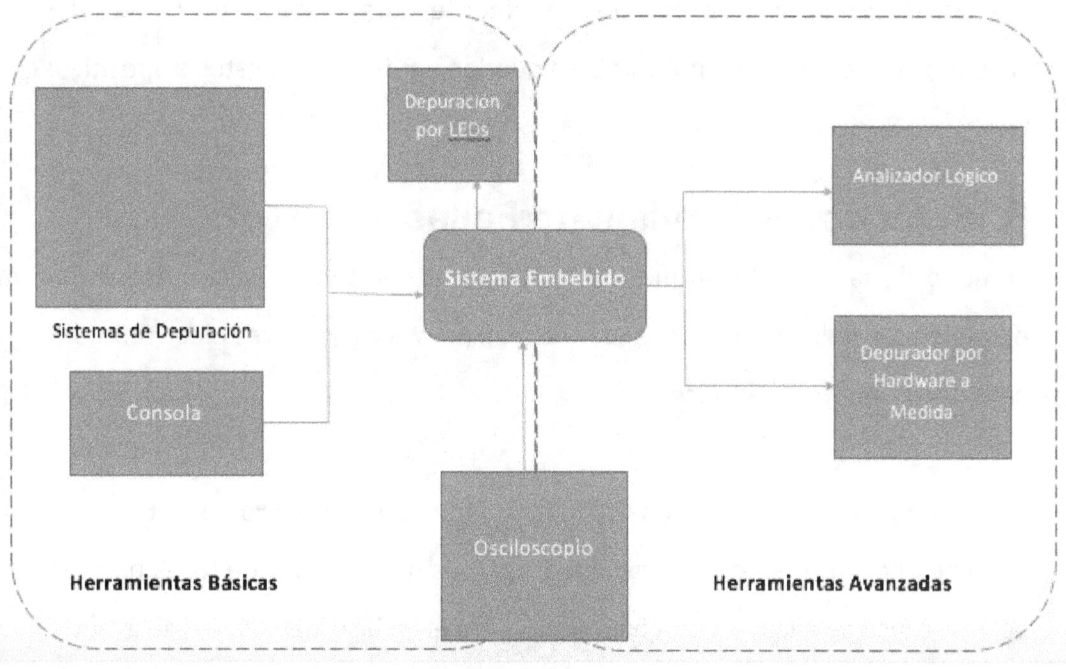

Figura 8.14. Ejemplo de una configuración para realizar depuración.

Como puede verse en la figura 8.14, existen diversos elementos para depurar un Sistema. Los depuradores y las consolas son los elementos más comúnmente utilizados al depurar un sistema. Los diodos LED y switches son también otro ejemplo que algunos elmentos simples pueden ayudar para determinar si ciertas salidas se activan o entradas cambian y aunque no recomiendo utilizar únicamente LEDs para depurar, son herramientas útiles en combinación con otros elementos.

Los Osciloscopios son utilizados comúnmente para resolver problemas de tiempos en el sistema; latencia, throughput también pueden verificarse en estos dispositivos.

8.18. Modos y Análisis de Fallas

El modo de falla es el síntoma (efecto local) a través del cual se observa una falla. Algunos ejemplos son abierto, corto o falla funcional para componentes electrónicos y ruptura y stress para componentes mecánicos.

En general, los diferentes modos de falla son también influenciados por la aplicación específica. El objetivo del análisis de fallas es investigar los mecanismos de fallas para poder averiguar la posible causa de ellas. Un procedimiento para el análisis de falla es mostrado en la figura 8.14. El procedimiento está basado en los siguientes pasos y puede ser terminado tan pronto se obtenga la información necesaria:

- Detección y descripción de fallas: una cuidadosa descripción de la falla tan como se observa, junto con sus condiciones de operación, tiempo de ocurrencia, etc, es importante. Además, para fallas de componentes eléctricos es necesario incluir la información del fabricante, el tipo, modelo, etc.

- Análisis no destructivo: este análisis comienza con una inspección visual externa del componente (daño mecánico, ruptura, corrosión, sobrecalentamiento, etc.).

- El resultado del análisis no destructivo es una descripción cuidadosa del modo de falla externa junto con información de posibles causas de falla.

314

- Análisis semi-destructivo: este análisis incluye abrir el componente para detectar falsos, cortos, corrosión, etc. El resultado de este análisis es una descripción cuidadosa del modo de falla interna junto con un análisis detallado de causas de falla evidente.

- Mecanismo de análisis de fallas: Este paso incluye una interpretación correcta de los resultados de los anteriores 3 pasos. En algunos casos, un análisis más exhaustivo necesitará realizarse, como análisis destructivo.

- Reporte del análisis de fallas: Todos los resultados relevantes de los anteriores 4 pasos deben de ser incluidos en este paso.

- Acciones correctivas: un reporte detallado de las acciones correctivas propuestas debe de ser redactado en este paso.

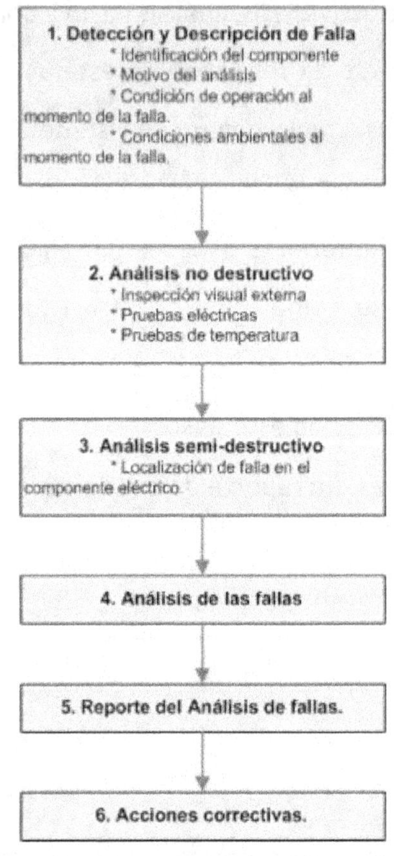

Figura 8.15. Procedimiento ejemplo para análisis de fallas en componentes eléctricos.

Con respecto al lenguaje C, tiene sus propios modos de falla. A pesar de que C es un lenguaje pequeño y sencillo, es muy similar a una daga extremadamente cortante. Si se sabe cortar con ella se pueden hacer cortes finos y precisos, pero si por el contrario no se tiene cuidado o no

316

se sabe cortar con ella, uno mismo puede herirse gravemente. Los cortes no deseados son los múltiples modos de falla nada fáciles de dominar que el lenguaje de programación C tiene implícitamente.

Algunos de los modos de falla de C son:

- Una función que se supone que regresa algo, pero no provee nada en la   expresión de retorno.

- Operaciones combinando variables enteras con signo, y sin signo.

- Las conversiones implícitas.

- Campos de bits sin especificación de signo.

- Cuando en una unión se lee un miembro diferente al que se escribió.

- La precedencia de los operadores de bits respecto a los operadores de igualdad.

- El uso de apuntadores y variables sin inicializar, etc.

- Las conversiones explícitas de apuntadores de un tipo, a apuntadores de otro   tipo. En las manos de un programador experto, la mayoría de las limitaciones de C pueden ser evitadas, esto, por supuesto, es un problema para los programadores novatos.

Para los estudiantes de computación de hoy, aprender C es como tomar una clase de mitología o filosofía. Pero C es cualquier cosa menos historia, y no es para nada un lenguaje muerto. C es adecuado para la programación de Sistemas de bajo nivel. Gracias a su estandarización, el lenguaje está disponible en una enorme variedad de plataformas.

9. Prácticas Recomendables en el Desarrollo de Sistemas Embebidos

En capítulos anteriores, se han abordado algunos consejos (tips) en distintos tópicos para desarrollar Sistemas Embebidos. Tanto dichos tips como los consejos abordados en el presente capítulo se exponen basados únicamente en mi experiencia y no representan necesariamente lo que se tiene que hacer o lo que sucede en cada proyecto. Sin embargo, se recomienda revisar los distintos problemas y sus posibles soluciones que se abordan en el presente capítulo para no cometer dichos errores. Digamos que este capítulo lo escribí con la sangre y el sudor que representó cada batalla de cada proyecto en los que he participado y que en algunas ocasiones no se encontraba la solución.

La mayoría de los problemas que se encuentran en un proyecto de Sistemas Embebidos no tienen tanto que ver con la complejidad del desarrollo o la calidad técnica de los desarrolladores, ni tampoco con su experiencia. La mayoría de los problemas en mi opinión que retrasan más un proyecto de Sistemas Embebidos son errores muy simples, como ya se comentó en capítulos anteriores.

En muchas ocasiones, los problemas técnicos suelen ser derivados de errores que no se encontraron en las pruebas que se realizaron. Esto significa que la funcionalidad generalmente se realiza de manera adecuada, se diseña casi siempre sin errores, y no ocurren muchos errores al levantar los requerimientos. En este apartado, intentaré desglosar de manera entendible algunas de las principales áreas en las que existe más riesgo de cometer errores al diseñar

Sistemas Embebidos.

Estos consejos y guías para no caer en círculos viciosos no son una guía única y se debe de revisar lo que se dice en este capítulo de acuerdo al proyecto en cuestión, pues no todo aplica para cualquier proyecto. No pretendo saberlo todo de Sistemas Embebidos, esta guía al igual que este libro se realizaron principal y simplemente para vaciar algunos años de experiencia y conocimiento en esta área en unas cuantas páginas. También pasa lo contrario; en muchos lugares en los que he tenido el gusto de ver y revisar sus proyectos en etapas en las que ya comenzó el proyecto pero aún no se ha terminado (y generalmente con problemas fuertes de diseño), algunos de los ingenieros con los que he trabajado y a quien les he preguntado aspectos técnicos del proyecto en su mayoría piensan que lo saben todo o que todos los procedimientos que han realizado o realizan son los adecuados y/o los mejores, es decir, a la defensiva, pensando que están en riesgo probable de perder su trabajo si detecto algunas anomalías en algún proceso o si no se realizaron ciertos procedimientos de manera adecuada, lo cual nunca ha sido mi intención.

En este sentido, el saber soldar no te hace un buen ingeniero de HW; de la misma manera que el saber escribir código no te hace un buen ingeniero de SW; Ni saber soldar y escribir código te hace un buen ingeniero en Sistemas Embebidos, mucho tiene que ver con la experiencia adquirida de solucionar algunos problemas que van saliendo en el camino.

9.1. Consideraciones y Riesgos al Diseñar Sistemas Embebidos

Como ya se mencionó en secciones anteriores, los dispositivos utilizados normalmente en Sistemas Embebidos son su "cerebro". Generalmente se utilizan microcontroladores, microprocesadores, procesador digital de señales (DSP), circuitos integrados de aplicación específica (ASICs) o arreglo de compuertas de campo programables (comúnmente llamados FPGAs).

También se consideran otros componentes cada vez más usados en diseño de Sistemas Embebidos, ellos son los ADCs (convertidor analógico / digital), DACs (convertidor digital / analógico), sensores, transductores, todos ellos tienen interfaces en el mundo físico. Estos componentes tienen un rol crítico en los Sistemas Embebidos, lo cuál es la de convertir información del mundo analógico en datos digitales que puedan ser aceptados y procesados por el cerebro principal y en algunas ocasiones ser regresados a señales analógicas. La cantidad de estos elementos de un diseño en particular depende del tipo de dispositivo, Sistema y aplicación.

Conforme crece el número de éstos elementos de Hardware por la complejidad de un sistema, también necesita crecer el número de canales de comunicación entre estos elementos. El uso exclusivo de puertos seriales, paralelos, etcétera se vuelve prohibitivo en muchas ocasiones por el número de ellos o las interfaces que se necesitan para poderlos manejar todos a la vez. En Sistemas Embebidos actualmente, se utilizan interfaces de comunicación serial de relativamente baja velocidad como I2C, RS-232, SPI, FlexRay, CAN, LIN, USB, etcétera. La complejidad de estas interfaces de comunicación, requieren herramientas especiales y desarrolladores con habilidades para manejarlas; los principales retos son desarrollar las herramientas para decodificar los protocolos, analizar los datos tanto de entrada como de salida, seguridad de los datos, entre otros.

Otros diseños de Sistemas Embebidos usan interfaces de mayor velocidad como Ethernet, SATA, HDMI, PCI-Express, entre otros. Para este tipo de interfaces, los mayores retos de los desarrolladores son las adquisición de datos de alta velocidad, protección y validación de los mismos, depuración, y pruebas.

Otro de los retos con los que los desarrolladores de Sistemas Embebidos tienen es la habilidad y capacidad que se requiere para adquirir y monitorear diferentes señales y protocolos. Bajo esos parámetros, los ingenieros de diseño tienen que generar una variedad de señales para poder probar el DUT (inglés para Device Under Test ó dispositivo bajo prueba) bajo condiciones reales, lo que representa en algunas ocasiones una tarea muy compleja. Se necesita no solo buscar soluciones que visualmente pueden reproducir las señales para verificar la integridad de las señales, sino se necesita reproducir con precisión múltiples señales en el tiempo para poder revisar los buses y puertos y poder determinar si habrá algún problema antes de las pruebas de integración, es decir, antes que el Software completo se integre a la arquitectura de Hardware.

Los elementos que deben de ser considerados para poder diseñar Sistemas embebidos se muestran en las siguientes secciones.

9.1.1. Elección de Arquitectura de Hardware

Existen diversos factores para elegir las arquitecturas de Hardware a utilizar, pues de las capacidades del chip, su arquitectura interna, el tipo de procesador, periféricos, tamaño de memorias, etcétera determinará el éxito del proyecto. En la experiencia que tengo desarrollando Sistemas Embebidos, puedo comentar que la elección de la arquitectura de Hardware es uno de los factores preponderantes para el fracaso de un proyecto, principalmente en la industria.

Los factores de los diseñadores y programadores para la mala elección de dicha arquitectura son entre otros:

- La falta de visión a largo plazo, es decir, la arquitectura queda "justa" para que el sistema pueda crecer en productos mas complejos, más elaborados o más robustos.

- Falta de tiempo. Esto es un factor muy recurrente, generalmente un proyecto tiene que ser terminado con el recurso humano disponible (generalmente insuficiente), y sólo se tienen ciertas tarjetas de desarrollo a la mano.

- Los programadores o diseñadores tienen que elegir ciertas arquitecturas de Hardware con el único argumento de que la programación de la arquitectura puede darse en un lenguaje/plataforma conocido previamente por los programadores. Es muy común que los programadores digan "yo solo programo en C por lo que utilizaré un microcontrolador cuya plataforma se programa en dicho lenguaje".

- Los diseñadores de Sistemas Embebidos escogen la arquitectura de hardware más fácil.

Hay ciertos tipos de arquitectura que ya son tarjetas de desarrollo que pueden ser programados proyectos completos relativamente rápido, con programas de ejemplo, librerías para comunicación I2C, RS-232, UART, con conectividad para bluetooth®, Wi-Fi, Zigbee® y un largo etcétera o ya con Hardware hecho (los llamados Shields) para prácticamente conectar y usar. Éste tipo de arquitecturas no siempre son las más adecuadas, y en programas cuyo rendimiento o tamaño del código son críticos, no son recomendables, y aunque se tarde más tiempo en el desarrollo, se tiene el control de todos y cada una de las interfaces, módulos, sub-sistemas, por lo que resulta más robusto y conveniente.

Tip:

Para elegir la arquitectura de hardware más adecuado, se recomienda formar un equipo de expertos para que se puedan debatir los pros y contras de cada una de las opciones. Es importante que también en dichas reuniones de retroalimentación esté un líder de Software presente, pues el Software se implementará dentro de la arquitectura de Hardware propuesta.

El que se piense que tal dispositivo o tarjeta de desarrollo "ya tiene todo lo que necesito". De nuevo, esto es un error muy común, y no está mal, desarrollar prototipos basados en ciertas plataformas o tarjetas de desarrollo. Pero esto tiene varios inconvenientes, uno de ellos es el gasto innecesario en adquirir no sólo la tarjeta en cuestión, sino las herramientas de Software para simular, realizar pruebas, licencias de uso, etcétera. Siempre será la mejor opción realizar nuestras propias interfaces en la medida que el tiempo y el costo lo permita. Hay que recordar que las tarjetas de desarrollo que ya contienen módulos de comunicación, memoria EEPROM, Flash, Convertidores Analógico Digitales o Digitales-Analógicos (ADC y DAC, respectivamente) el fabricante cobra por dicha tarjeta, y siendo innecesarios algunos de éstos módulos en nuestro producto final, también elevaría el costo de nuestro desarrollo.

Mientras que se esté en la fase de desarrollo del sistema, hay atributos que se deben de considerar. La decisión de escoger la arquitectura de hardware de desarrollo, debe de considerar factores como el procesador, los periféricos, memorias. También se debe de considerar que una decisión importante se basa en tomar en cuenta que muchas aplicaciones de sistemas embebidos actuales requieren hardware que pueda ser altamente configurable. Al mismo tiempo, los desarrolladores requieren soluciones flexibles que puedan ser modificadas para ser utilizados en nuevos mercados y futuros requerimientos o necesidades.

Como regla general, se tiene que pensar en todas las vertientes, hacer un diseño y un plan de desarrollo del Sistema/producto y elegir con cuidado la arquitectura de Hardware.

9.1.2. Consideraciones de Costo

El costo en la mayoría de los Sistemas Embebidos tiene que ser bajo. Así como en el apartado anterior se mencionó que la arquitectura no debe de quedar "justa", es también un problema de costo si se elige para comenzar una arquitectura de Hardware que sobrepase los parámetros de costo. Por ejemplo, se puede desarrollar un reloj-alarma utilizando una arquitectura como un FPGA, de la misma manera en la que se puede comprar un Ferrari® y utilizarlo para cargar costales de naranja, se puede, SI, ¿es conveniente en una relación costo-beneficio?, definitivamente NO.

Muchas veces, la solución depende del costo de la electrónica. Sin embargo se tiene que tener en cuenta otros factores. No sólo eso es importante, sino el costo de depurar, validar y verificar el código que tiene el sistema. También en relación al costo de la electrónica, muchos ingenieros piensan que los Sistemas de un solo chip servirán, pero se tiene que tener cuidado que los llamados "System-On-Chip" (SoC) tengan todas las capacidades, la capacidad de memoria, los puertos de entrada / salida, entre otras cosas. Como ya se mencionó, el escoger una arquitectura de Hardware incorrecta, puede derivar en el fracaso del Sistema.

9.1.2. Interfaces de Usuario

Las Interfaces de Usuario (UI, por sus siglas en inglés) son muy importantes en prácticamente cualquier sistema embebido. La calidad de la UI influye directamente en el éxito (o fracaso) del producto, más aún cuando se trata de un producto orientado a bien de consumo.

Si los usuarios finales encuentran esta interfaz "rara" o muy complicada de utilizar, terminarán comprando un producto similar de la competencia cuando llegue la oportunidad. De esta forma, el hacerlo de manera correcta no es opcional.

Esto puede complicarse debido a diversos factores. Uno de ellos, por ejemplo, es que puesto que la interfaz de usuario se desarrolla en el Software pero está diseñado para funcionar adecuadamente con el Hardware puede no funcionar adecuadamente cuando se pruebe en el Hardware, aunque haya funcionado de manera correcta cuando se desarrolló e incluso se implementó en herramientas de simulación del Hardware.

En el mundo ideal, se desarrolla el Hardware, se hace el prototipo del sistema, se implementa el Software y se prueba el UI. Sin embargo, no vivimos en el mundo ideal. En la mayoría de los casos cuando se desarrolla el Software aún no está terminado el Hardware, por lo que se tiene que implementar diferentes estrategias. Una de ellas es el de realizar un prototipo para poder probar las Interfaces de Usuario. La otra opción, también viable, es la de tener herramientas de simulación, para que se pueda probar las interfaces y que se comporten como si el Hardware estuviera presente, aunque siempre es importante realizar pruebas con el Hardware una vez terminado.

> **Caso de Estudio:**
>
> En el siguiente caso de estudio se propone un ejemplo simple. Se requiere realizar una aplicación móvil que conjuntamente con el Hardware pueda calcular el número de vueltas de un carro a control remoto en una pista. El sistema me va a mostrar el número de vueltas que lleva el auto, la velocidad promedio y la velocidad máxima que ha alcanzado el vehículo.

En el anterior caso de estudio, se muestra un ejemplo muy sencillo de un proyecto simple y relativamente fácil de implementar. Sin embargo, el punto de poner este caso de estudio es el de mostrar una interfaz de usuario.

Varios de los puntos que se trataron en este punto, que es la interfaz de usuario, pueden verse en la figura 9.1. La interfaz de usuario que puede verse en el caso de estudio que se muestra en la figura 9.1, puede realizarse y puede realizarse las pruebas sin necesidad que esté el Hardware. El Hardware consistirá en un sistema que pueda ser instalado en una pista de carreras, un sensor (en este caso infrarrojo) que detecte en milisegundos cuando pasa el carrito, el envío de los datos a la aplicación móvil, entre otros. También en la interfaz se pueden realizar los cálculos con pruebas antes de integrar el Hardware al Sistema final, en este caso, la longitud de la pista, el número de vueltas, etcétera.

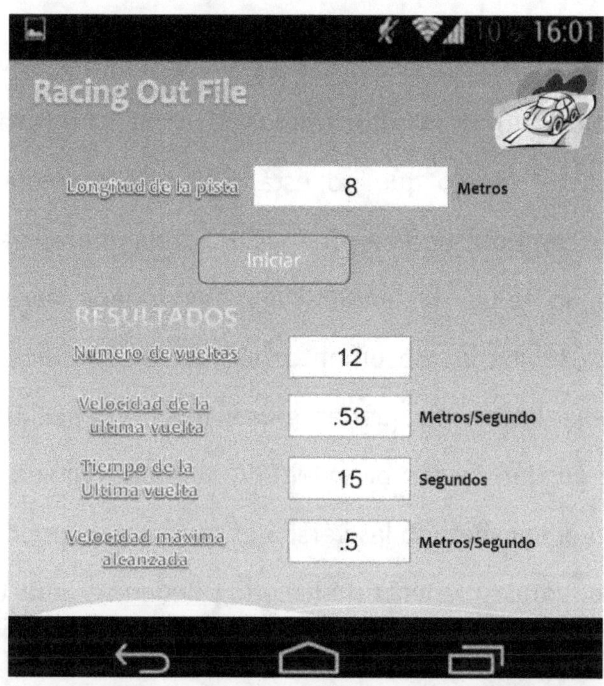

Figura 9.1.Interfaz de Usuario para un caso de Estudio.

9.1.3. Requerimientos Escritos (o falta de Documentación)

Es casi un mantra cuando uno camina en algún pasillo donde se desarrolla tanto Software como Hardware y quiere identificar el problema que se tiene y como consultor se pregunta por la documentación. La respuesta puede variar un poco, pero termina significando lo mismo: "yo no la tengo" responden todos en coro. Y es la verdad, nadie la tiene, quien la tenía se fue de la empresa, está incompleta, no se entiende, se la comió el perro y un largo, tedioso y estresante etcétera.

El problema no solo es la documentación del proyecto, el problema es de fondo, documentación del código que no está o está incompleta, no existe un documento de requerimientos, tampoco uno de pruebas. Hay una diferencia muy grande entre no imprimir documentos a no tener documentación, esto puede parecer absurdo, pero en muchas empresas no se tenían los documentos ICD o las especificaciones de requerimientos (SRS) porque los jefes / líderes no querían gastar mucho papel. También es importante tener un documento de gestión de cambios del SW, aunque muchos desarrolladores lo ponen como comentarios en el encabezado las versiones que se van modificando del SW en cada módulo; en este sentido, ambas maneras de hacerlo pueden ser adecuadas, siempre y cuando se sea consistente.

También como parte de la documentación tiene que venir especificado el diseño, la elección de la arquitectura de HW, los planes de mantenibilidad y escalabilidad, las revisiones tanto al desarrollo, como al diseño, entre otros. Afrontémoslo, los desarrolladores (tanto de SW como de HW) lo que menos hacemos o queremos hacer es documentar lo que hacemos. Hablo tanto de los que desarrollan Hardware como Software. En general, los ingenieros que estamos colaborando en proyectos de Sistemas Embebidos nos gusta hacer las cosas, que las cosas funcionen y verlas funcionando, pero no documentar lo que estamos haciendo. En este sentido, no es una cuestión de si me gusta o no, o cuando tiempo "voy a perder" documentando, es necesario hacerlo. También es importante monitorear cómo se hace y tener estándares para escribir tanto los documentos como el código que se realice.

También se recomienda tener plantillas (los llamados "templates") para los procesos, revisión de código, presentación de documentos como ICD, FRD, SRS, "footprints" para el diseño de Hardware, etcétera.

En cuestión de los requerimientos, existen ciertas reglas que se pueden seguir para la correcta redacción de los documentos de requerimientos. Por ejemplo, se tiene que ser específico. He visto una cantidad enorme de veces en muchos proyectos diferentes cosas como: "El usuario nos dijo", "Este requerimiento es muy parecido al anterior Sistema", "el Hardware se va a comprar hecho o ya está definido", "El programador ya sabe", etcétera. Este tipo de redacción podrá ser en su momento obvia, pero no lo será en el futuro ni para los demás desarrolladores, por lo que el ser claro y explícito es de suma importancia. X debe de realizar Y cuando Z eventos ocurran es una de las prácticas recomendadas en este caso, también debe ser inambiguo o no prestarse para que el párrafo pueda significar más de una cosa.

Como regla general, hay que asumir que quien va a leer un documento de requerimientos, procesos o pruebas no tiene idea ni del área (Software, Hardware, Firmware, etcétera) ni tampoco saben nada del proyecto, por lo que hay que evitar acrónimos, siglas, utilizar palabras cortas que para el desarrollador que lo redacta pueda parecer obvia, pero de nuevo, para los demás no necesariamente es obvio. En el caso de incluir acrónimos, se debe de poner como anexo una lista de los mismos para definir lo que significan.

Otro de los errores más comunes en el documento de requerimientos es que los redactores técnicos o los ingenieros que trabajan en el proyecto escriben el cómo lo van a hacer. Esto es incorrecto, pues no es un documento de diseño, el documento SRS debe de contener el "qué" se va a hacer no el cómo se haría.

Otro par de comentarios es con respecto a los que se comentaba que se tiene que escribir como si quien lo leyera no supiera nada. Eso es por múltiples razones, para un ingeniero de SW, acrónimos como UML, SO, RAM pueden sonar obvio. También un ingeniero en electrónica o HW puede que algunos también lo sean, pero existen múltiples conceptos cuyas siglas significan un diferente acrónimo, pasa mucho más seguido de lo que se pensaría.

Por último, se debe de tener requerimientos que tengan alguna manera de ser medibles. Se debe de evitar cosas como: "el sistema debe de correr suficientemente rápido", el "sistema debe de acceder a memoria de manera muy eficiente", etcétera. No hay manera de saber si corre suficientemente rápido ni si es muy eficiente, solo con decirlo. Si se hablan de nanosegundos, porcentajes, ciclos de reloj, etcétera, da una mejor métrica para poder después realizar la verificación y validación del Sistema.

9.1.4. Arquitectura no Especificada o Mixta

En este punto se explicarán a detalle algunos riesgos que se pueden tener al no especificar una arquitectura o tener diferentes arquitecturas en un mismo sistema. En secciones posteriores se abordarán algunos conceptos que solo tienen que ver ya sea con Software o con Hardware. Sin embargo, la elección de una arquitectura o no especificarla tiene que ver con ambos reinos.

En cuanto a la arquitectura del Software existen diferentes riesgos y consideraciones que se pueden tomar en cuenta. La arquitectura de Software es como construir nuestra casa; no dejaríamos de seguir los planos ni haríamos la casa sin los cimientos simplemente porque estamos atrasados o queremos terminar pronto.

Si lo hiciéramos, ¿que pasaría con nuestra casa?, ¿la quisiéramos habitar?. Con Software pasa lo mismo, no deberíamos de hacer el SW para un Sistema Embebido sin definir y seguir una arquitectura.

Si se está familiarizado con un diagrama de arquitectura para Software tradicional, resulta útil en el dominio de los Sistemas Embebidos. Algunas buenas prácticas para los desarrolladores de Hardware que para su "infortunio" tienen que hacer el Software de un sistema es que su diagrama de arquitectura se puede realizar como se realizan los diagramas de bloques en un diagrama de HW "top-down".

Se pueden crear diagramas de "cajas y flechas" donde las cajas son objetos o actividades, mientras que las flechas indican el flujo de datos, control, etcétera. Es importante que cada "caja" en el diagrama lleve una etiqueta que indique de qué se trata y que tenga un significado definido y único. El nivel más alto del diagrama debe de caber en una hoja tamaño carta impresa. Si se tienen diferentes niveles en la arquitectura, se puede realizar de manera jerárquica y ésta puede caber en varias páginas (siempre y cuando cada "nivel" quepa en una hoja tamaño carta.

En cuanto al HW, la elección de la arquitectura también es un tema importante. Se debe de tener cuidado que los diseñadores de HW no cometan ciertos errores, pues se corre el riesgo de que el proyecto no se pueda completar de manera adecuada. Se debe de elegir la arquitectura apropiada, no solo para satisfacer al desarrollador del SW; también se tiene que tener cuidado con que se utilice una tarjeta de desarrollo.

En general, las tarjetas de desarrollo son mucho más caras de lo que normalmente se necesitaría para terminar un proyecto, por lo que elegir una tarjeta sólo porque la arquitectura ya tiene "todo" es normalmente un error debido a que la relación costo-beneficio resulta ser contraproducente en este tipo de tarjetas. En la actualidad, muchas marcas tienen tarjetas con los llamados "open-hardware"; tarjetas de desarrollo que tienen agregados para ampliar el proyecto, los llamados "shields", "add-on", etcétera. El tiempo de desarrollo baja, pero el costo no. Si se plantea el proyecto como un prototipo o un proyecto escolar, esta opción es bastante conveniente, si se plantea en serio vender la solución, no es recomendable. Entre otras cosas, lo siguiente se debe de considerar: el procesador, los periféricos, memorias, que el Hardware sea altamente configurable y escalable para futuros desarrollos.

9.1.5. Falta de Estructura y Modularidad del Código

En cuestión de la estructura del código y la modularidad del sistema de SW, existen muchas interpretaciones y desinformación al respecto. Primeramente, un buen Software es modular.

Sin importar que tan buen desarrollador de SW o diseñador de HW crees que seas, si un Sistema tiene por lo menos un par de cientos de líneas de código y todo está en el mismo archivo y funciona de manera secuencial, es decir sólo una función void(), está mal hecho.

Un buen SW es modular. Esto quiere decir, que cada acción que realiza el SW tiene una función que se ejecuta cuando es necesario y regresa el control al programa principal. Los diagramas funcionan muy bien en este sentido. Cada módulo tiene señales de entrada, señales intermedias y señales de salida. En un diagrama de alto nivel se pueden mostrar tanto las señales de entrada como las de salida de cada modulo, así como su interconexión. En cuanto a las señales intermedias, se recomienda tener diagramas o tablas que muestren qué módulo usa que señales intermedias (en SW tradicional se conocen como variables locales).

En este sentido, se recomienda evitar en la medida de lo posible el uso de variables globales. Existen muchas razones, la más importante para el caso de los Sistemas Embebidos es el uso de memoria. En el SW tradicional, es muy común que todas las variables se declaren de manera global, pues según muchos programadores es lo más útil para que estén disponibles en todo momento todas las variables. No concuerdo con esto; aún así, en Sistemas Embebidos, cada variable que esté "visible" a un tiempo ocupa memoria; y en general, en un Sistema Embebido, la memoria es uno de los recursos más valiosos y que más se deben de cuidar.

9.1.6. Errores Comunes en las Tablas y FSM

En muchas ocasiones, los desarrolladores confunden el uso de los diagramas de flujo con los diagramas de estado. Los diagramas de flujo son útiles en muchas ocasiones; sin embargo, un buen número de Sistemas Embebidos muestran un comportamiento basado en estados.

Los estados representan modos de operación (por ejemplo, ejecutar, pasar a alto, a bajo, en espera, etcétera). Los diagramas de flujo son útiles cuando se tiene un sistema con un control de flujo que no sea basado en estados y que no dependa del control de la memoria. Se tiene que tener mucho cuidado para elegir como representar un proceso, tarea, etcétera.

9.1.7. Diseño y Análisis de Software después del Código

Existen muchos mitos con respecto a que tan "pronto" se puede desarrollar código. Esto es muy común principalmente en desarrolladores novatos o recién egresados. Esas ganas de codificar en cuanto saben de un proyecto. Como se mostró en la sección de metodologías, el desarrollar un Sistema Embebido requiere de análisis, diseño, requerimientos, codificación, validación, verificación, control de cambios, entre otros. Todo esto con excepción de algunos tipos de pruebas, se debe realizar antes del código.

He visto una gran cantidad de casos en los que se modifican los requerimientos o el diseño después de que el código fue terminado con el argumento de que "eso faltó", "no nos acordábamos", etcétera. Si el código que se realizó no concuerda con el documento de diseño o de requerimientos, entonces ese código sale sobrando. Si el código si se necesita, entonces no se realizó un buen trabajo de diseño ni de análisis ni de requerimientos. Esto es como un cirujano que quiera operar sin que al paciente se le realice ningún análisis, prueba, radiografía, etcétera o como hacer un PCB sin un diseño esquemático, ¿Cómo se puede escribir líneas de código sin haberlas diseñado o planeado?.

Muchos desarrolladores argumentan que es como un preparar un platillo en el sentido que alguien que es muy hábil en la cocina podrá cocinar algo bueno sin necesariamente seguir la receta. Con esto, no puedo estar de acuerdo, pero es muy común entre desarrolladores, entrar a un módulo y modificarlo, o crear un código nuevo que se insertará al sistema con el argumento que "se necesitaba".

Un diseño permite poder ver todo el cuadro completo, permite analizar todo el flujo del programa sin preocuparse tanto por los detalles de cómo se va a implementar, que funciones tendrá o cómo lucirá el código una vez que se termine. Así mismo, el diseño permite que las revisiones y aprobaciones tanto de los líderes técnicos como del cliente se desarrollen mucho más rápidas y de manera más eficiente.

Otro punto importante es que documentar el código no reemplaza el diseño del sistema, como muchos desarrolladores creen; es necesario que se realice un documento de diseño.

9.1.8. Estilos de Codificación

Otro de los puntos importantes que se deben de considerar es el del estilo de codificación. Existen muchos estilos para hacer código y muchos argumentos para defender qué estilo es mejor. En mi opinión, no hay tanto problema que estilo para codificar se use, mientras se sea consistente.

Consistencia es que cada desarrollador haga el código siguiendo ciertos estándares y que TODOS los desarrolladores sigan el mismo estilo. Se recomienda que todos los desarrolladores que co-existan en un proyecto se pongan de acuerdo para como van a codificar lo siguiente:

- Encabezados de cada módulo (que información debe de llevar, así como el control de versiones y el autor tanto original como de cada cambio que se le haga al módulo.
- Que tipo de comentarios hacer en el código y cada cuantas líneas.
- Reglas para nombrar tanto variables y señales, como constantes, funciones, nombres de módulos y subsistemas, etcétera.

Para todos estos puntos mencionados se recomienda tener un documento que pueda ser compartido por todo el equipo y que todos los desarrolladores tanto de Software como de Hardware lo conozcan

9.1.9. Recomendaciones en Desarrollo de Pruebas

En el capítulo 8 se abordaron diversos temas que acercan al lector al desarrollo de pruebas para verificar y validar un sistema. Sin embargo, existen varias recomendaciones que se pueden seguir al desarrollar pruebas, mismas que se abordarán en esta sección.

Una de las primeras recomendaciones que si no se realizan, se incrementa la posibilidad de errores que no se encuentran o fallas que se encuentran muy tarde en el proceso de desarrollo

336

de SW; la revisión de pares. La revisión de pares (o peer-review) es una manera relativamente barata sin requerir herramientas especializadas de validación y verificación del sistema. Consiste principalmente en que otro desarrollador que no haya programado el módulo, revise el código con el documento de requerimientos en mano, para verificar si existe algún error, tanto de sintaxis, requerimientos, que no se desborde una variable por un valor que no esté validado, etcétera.

Existen métricas en algunos textos que indican la cantidad de revisores que se tienen o se pueden dedicar de acuerdo a la complejidad del código, número de líneas del módulo, etcétera. Por ejemplo, existen documentos que dicen que cada persona revisando un código puede hacerlo a razón de 100-200 líneas de código por hora. Es importante que sea un revisor diferente al programador de preferencia que no haya visto ese código o módulo anteriormente. Existen otras métricas que dicen por ejemplo que de acuerdo a la complejidad de Halstead se puede calcular cuánto código se puede revisar por hora.

Se pueden tomar ambas direcciones, y ambas son correctas a medias; esto es, se puede utilizar una métrica pero la revisión del código depende de muchos factores como la modularidad del sub-sistema, el número de variables, los ciclos anidados (también considerados en la complejidad de un código), si se utilizan punteros o llamadas dinámicas, clases y un largo etcétera que influye en el tiempo que un desarrollador tardaría en realizar un peer-review. En este sentido, se recomienda definir un tiempo en el que el equipo de revisores podrían revisar todo el código encomendado, no medirlo por líneas de código.

Es importante mencionar que la revisión de pares NO encuentra todos los errores en el SW; pero es una buena opción, conveniente y barata para poder detectar muchas fallas que al desarrollador titular del código se le pueda pasar.

9.1.10. Revisiones

La revisión de pares en las pruebas de SW no es lo único que debe de ser revisado en el desarrollo de un Sistema Embebido. Como recomendación general, todo lo que esté escrito puede (y debe) ser revisado.

El revisar los documentos de requerimientos, control de interfaces, diseños, etcétera, es una buena práctica que se debe de realizar sin necesidad de esperar a que se realice el código para comenzar las revisiones. Sucede mucho más seguido de lo que uno pensaría o quisiera que sucediera, que se comenten errores de diseño o de requerimientos, que podrían en su mayoría ser evitados. En cuestión de los fallos o bugs, las revisiones evitarían un gran número de éstas si se realizan incluso antes de la fase de pruebas.Se recomienda revisar lo siguiente:

- Requerimientos
- Arquitecturas tanto de SW como de HW
- Diseños
- Interfaces
- Implementación
- Tareas, hilos y procesos
- Plan de pruebas.
- Itinerario (scheduling) tanto fijo como en tiempo real

Así mismo, existen alguna reglas de "sentido común" que se deben de seguir al realizar las revisiones, entre ellas están las siguientes:

- Inspeccionar y revisar el elemento, no al autor. Antes de comenzar a revisar dicho elemento, se tiene que asegurar que la revisión no se convierta en una cacería de brujas donde se le "castiga" al desarrollador tanto de SW como de HW por un trabajo "mal hecho". Me he topado varias veces con que se tienen prácticas establecidas de revisiones, pero los líderes técnicos o gerentes "castigan" tanto con horas de trabajo o incluso económicamente a desarrolladores que se equivoquen y cuyos compañeros tienen que revisar sus diseños o códigos. Esto genera un ambiente donde o se convierte en una cacería de brujas y se le busca al autor de dicho elemento errores o se cubran entre desarrolladores para no ser castigados, po lo que se corrompe el proceso de revisión; de cualquier manera, se convierte en un círculo vicioso este tipo de prácticas. De la misma manera, el desarrollador al que se le encontró un fallo, no se debe de poner a la defensiva, se cometió un error, se regresa al desarrollador para que lo corrija, se documenta cuando se corrige y se verifica que se haya hecho la corrección, hasta los desarrolladores más experimentados cometen errores.

- Si se encuentran problemas, no se arreglan por quien encontró el fallo, sino por el encargado(a) del elemento. Se documenta en un formato preestablecido el tipo de fallo y se le notifica al desarrollador. Generalmente, se les da un plazo para corregirlo y el desarrollador envía evidencia de que fue corregido el fallo.

- Si se van a agendar reuniones para tratar estos asuntos, se recomienda mantener las reuniones cortas, tampoco se arreglan los problemas en las juntas, las mismas son solo informativas. También es muy común que se aborden temas sobre estilos de codificación, herramientas apropiadas de diseño, etcétera. Si ya se tiene un estándar de diseño, codificación, formato, etcétera, este tipo de platicas de asistentes "puritanos" o "evangelizadores" que quieren imponer sus propios estilos, están fuera de lugar en este tipo de reuniones.

Para poder dar seguimiento a las revisiones se recomienda utilizar un formato específico; en el caso de revisión de código se puede usar un formato como el que se muestra en la figura 9.2.

Fecha:	09/01/16
Elemento:	Progra1.cpp **Funciones o clases:**
Revisor(es):	Fulanito M., Menganito A.
Tamaño:	120 **SLOC**
Tiempo:	10 **Minutos**
# Fallas:	3
Resultado:	Reenviar a dueño de elemento Progra1.cpp y volverlo a revisar

Falla#		Descripción de la Falla
	1 Falla #1	
	2 Falla #2	
	3 Falla #3	
	4	
	5	
	6	
	7	
	8	
	9	

Figura 9.2. Formato de Revisión por pares.

9.1.11. Buenas Prácticas de los Planes de Pruebas

En el capítulo de validación y verificación se abordaron diversos temas con respecto al plan de pruebas. Sin embargo, en muchas ocasiones se hacen algunas pruebas de unidad (Unit test), se tienen herramientas para revisar el código (code review) y se hacen algunas revisiones de pares (peer review). Sin embargo, en muchas ocasiones no se tiene un plan de pruebas definido. De preferencia se deben de seguir estándares para realizar el plan de pruebas (ej. IEEE 829). Una de las cuestiones que están implícitas en el plan de pruebas es la cobertura.

Es por eso que el plan de pruebas es importante, en dicho plan se delinean los tipos de pruebas que se van a realizar, pues cada tipo de prueba tiene diferente cobertura.

Es importante cuando se realiza un plan de pruebas revisar lo siguiente:

• Las interfaces en las pruebas de integración.

• En las pruebas de aceptación y las pruebas de unidad, que todos los requerimientos hayan sido cubiertos.

Usualmente, el plan de pruebas sería modular con respecto a los requerimientos, es decir, se realizan los casos de pruebas de las pruebas de unidad, luego de sub-sistema, integración, aceptación y validación beta (todo el sistema completo).

Otra de las buenas prácticas para desarrollar el plan de pruebas son tanto los valores como las condiciones iniciales, es decir, con que entradas se está realizando la prueba y bajo que condiciones se ejecutaría. También es importante mencionar que requerimiento se está probando, así como el procedimiento para realizar la prueba, el resultado que se esperaba y si pasó o falló la prueba.

Siempre que comento algunos tips sobre pruebas o la importancia de que los planes de pruebas existan y tengan ciertos elementos, me hacen la misma pregunta: "¿Cuantas pruebas son SUFICIENTES?". Mi respuesta es siempre la misma: depende de muchas cosas.

Primeramente, se tiene que tomar en cuenta como se mencionó anteriormente el grado de cobertura que se desea, eso me va a indicar si tengo que probar exhaustivamente todo el SW o una menor cobertura puede ser la adecuada. También depende si mi SW es crítico o no. En SW crítico mientras más cobertura mejor, cuando no lo es, tengo que considerar el esfuerzo que mi equipo de desarrolladores y testers van invertir en probar el SW. Las pruebas son necesarias, pero no se requiere que se hagan pruebas excesivas ni que todos mis desarrolladores inviertan por ejemplo el 80% de su tiempo probando SW de algún otro desarrollador. Sin embargo, en general un Sistema Embebido puede significar del 40-60% del costo total del SW por lo que las pruebas que se consideran si son una mayor cantidad que en Software tradicional.

Como se mencionó en las pruebas de revisión de pares, deben de existir formatos establecidos y herramientas para poder manejar las fallas y defectos del SW. Es más común que a pesar de que estos tips parezcan de sentido común, el que se encuentren fallas o defectos en el SW y se anoten en "papelitos" y se usen para decorar el cubículo de quien encuentra la falla o se les manden mensajes vía celular al que cometió la falla, sin que realmente se lleve un control de que tipo de fallas se están cometiendo y específicamente que módulos o funciones están teniendo las fallas y de que tipo; todo esto se tiene que archivar y de ser posible, buscar estrategias si se detectan que ciertos tipos de errores o en ciertos módulos se están detectando muchas fallas, para que deje de suceder esto.

Como estrategias para reducir el número de fallos se pueden enumerar las siguientes:

Guardar un registro del problema que se encontró y dar seguimiento para asegurarse que se resolvió la falla.

Identificar en la medida que el tiempo lo permita, las causas que originaron la falla.

Realizar algún tipo de análisis para encontrar problemas comunes, pues en ese tipo de problemas puede revelar fallos en algún proceso y por lo tanto se puede reducir el número de fallos.

Como regla general si un módulo da muchos problemas en cuestión de fallas, es mejor volver a desarrollarlo a partir de requerimientos a pasar todo el ciclo del SW arreglando sus múltiples fallas.

Realizar un análisis de prioridad de las fallas.

En cuestión del análisis de prioridad de fallas, puede servir una matriz de riesgo de fallas tomando en cuenta la probabilidad de que ocurra y la consecuencia (gravedad) que dicha falla

aparezca. Un ejemplo de una matriz de fallas se muestra en la figura 9.3.

Prioridad de Corrección de Errores		Probabilidad				
		Muy Alto	Alto	Medio	Bajo	Muy Bajo
	Muy Alto	Muy Alto	Muy Alto	Muy Alto	Alto	Alto
	Alto	Muy Alto	Alto	Alto	Medio	Medio
Consecuencias	Medio	Alto	Alto	Medio	Medio	Bajo
	Bajo	Alto	Medio	Medio	Bajo	Muy Bajo
	Muy Bajo	Medio	Bajo	Bajo	Muy Bajo	Muy Bajo

Figura 9.3. Matriz de Prioridades de Fallas.

9.1.12. Recomendaciones en Interfaces de Usuario (UI)

También se pueden listar algunas recomendaciones al realizar interfaces de usuario (o UI por

sus siglas en inglés).

Como se comentó anteriormente, el diseño adecuado de las interfaces de usuario son cruciales

para el éxito de un proyecto. Como regla general los desarrolladores no deben de realizar las

pruebas de UI, solo de diseño y probar que se cumplen con los requerimientos, pero no las

pruebas beta cuando toda la interfaz esté completa.

Otra de las recomendaciones para realizar correctamente una UI es centrarla en el usuario final y con usuarios reales. El segmento que va a usar el producto final debe de probarlo, no se puede asumir que es una buena interfaz solo porque se vea "bonita". Las reglas de oro de una buena UI son: consistencia, simplicidad y centrado en el usuario.

Como regla final que se debe de seguir, se tienen que tomar en cuenta para tanto el diseño como los textos, figuras, etcétera, lo siguiente:

- La región donde de va a desplegar (vender) el producto final.
- varios casos de uso para personas con las siguientes condiciones: daltonismo, artritis, problemas de sordera, zurdos, entre otros.
- Zonas horarias y horarios de verano.
- Usuarios de diferentes edades.
- Contraste adecuado de la UI cuando se está en interiores y cuando se está en exteriores. Considerar también diferentes horas de día y condiciones de iluminación.

9.1.13. Uso Correcto del Watchdog

Como ya se comentó anteriormente, en algunas aplicaciones, el uso del Watchdog es esencial. Sin embargo, existen algunas consideraciones al momento de diseñarlo e implementarlo. Algunas de ellas son:

- El watchdog está deshabilitado. Lo más fácil es apagarlo, principalmente cuando comienzan las pruebas de integración. A veces, bajo ciertos casos de prueba es algo molesto para quien está desarrollando la prueba que se esté activando el watchdog, pues resetea todo el sistema. Lo que el tester no toma en cuenta es que si el watchdog se está activando es por alguna razón. Desde que esté el contador del watchdog mal implementado, hasta que alguna falla esté ocasionando que el sistema tarde y por ende se active el watchdog, por lo que no debería ser apagado o deshabilitado.

- El watchdog está ligado (y conectado) al contador o temporizador del sistema.
- El watchdog está conectada a un ISR de baja prioridad.

9.1.14. Reset del Sistema

Tip:

Recomiendo revisar la frecuencia con la que un sistema se resetea. Depende mucho de la frecuencia, las causas y la manera en la que un Sistema se resetea. Si se resetea con una frecuencia alta, se necesita un plan B. Revisar bajo que escenarios se resetea y que módulos y variables (señales) intervinieron; después de saberlo, se tienen que tomar medidas y corregirlo.

Existen diversas consideraciones con respecto al reset del sistema que deben de ser analizadas y de ser necesario, implementadas para evitar fallos en el sistema. Por ejemplo:

- ¿Existe una manera de de resetear tu sistema manualmente?
- ¿Cuándo se resetea el sistema, todas las salidas críticas se guardan o se reinician a un valor adecuado?
- ¿Se han hecho pruebas o se tiene considerado que hacer si el sistema se congela durante la inicialización del mismo?

En cuestión del reset, se tiene que verificar si se reinicia a causa del watchdog. Si sucede esto puede ser generalmente porque está mal implementado, a menos que esté ocurriendo una falla grave de manera periódica, por lo que primero se tiene que descartar eso.

9.1.15. Consideraciones sobre seguridad

En general, me he topado con que no se le da suficiente peso a cuestiones de seguridad en el sistema. Hablar de seguridad, tomaría varios capítulos de este texto, por lo que en lugar de eso, me avocaré a dar algunos tips sobre seguridad en el Sistema Embebido.

Primero, las consideraciones de seguridad tienen mucho que ver con el tipo de Sistema. Para poder diseñar un Sistema basado en un nivel de seguridad suficiente se tiene que realizar un mapa de riesgos. Para realizar este mapa se puede hacer con respecto a una matriz. En horizontal se pone la gravedad del problema de seguridad. Esto puede variar desde leve hasta crítico. Así mismo, en vertical se enlistan todos los riesgos que el equipo encontró.

Una vez que se tenga el mapa de riesgos, se tiene que verificar que cumplan con las normas establecidas y que se hayan revisado los parámetros de seguridad establecidos. Depende de la industria se pueden tener algunos estándares ya definidos, como por ejemplo el IEC 61508 (para procesos), el ISO 26262 (para automotriz), entre otros.

9.1.16. Manejo de los Cambios

El manejo de los cambios, o comúnmente conocido como "change management" genera varios problemas, principalmente porque la premisa en la mayoría de los equipos de desarrollo es muchas veces no realizar cambios". Esto sucede un poco como si los desarrolladores fueran negocios de la esquina; una vez que el Hardware o el Código sale de almacén: "no se admiten cambios ni devoluciones".

Lo primero que se tiene que entender en los equipos de desarrollo, es que va a haber cambios. Los cambios pueden variar desde cambios en el diseño, los requerimientos, el Hardware, entre otros. Se debe de limitar el número de cambios, es decir, si se cambia todos los días el proyecto no acabará; pero habrá cambios, es parte del ciclo de vida del Sistema.

En este sentido, se debe de tener un margen en el cuál los equipos estén cómodos con los camios y no les represente un problema cambiar las implementaciones. Esta es otra razón, por la cual he recomendado trabajar con módulos pequeños en lugar de un sistema de un solo programa secuencial, puesto que los cambios en los requerimientos causarán un dolor de cabeza y no es mantenible el Software. También me gustaría comentar que si incrementa la rapidez con la que se realizan cambios, sugeriría revisar la causa y al mismo tiempo, cambiar el modelo de desarrollo por uno incremental para que no se re-haga gran parte del Hardware o del Software.

También se tiene que identificar si el cambio puede ir en una versión posterior del sistema, como una especie de parche de Firmware, actualización del Software o realmente se requiere hacer el cambio y retrasar el proyecto. En este sentido, se recomienda tener una especie de consejo que tome la decisión de corregir o continuar (recomiendo un miembro técnico del equipo, gerentes o directivos de finanzas o marketing no son buenas opciones para decidir).

9.1.17. Manejo de Versiones

Este punto va de la mano con el control de cambios. Si cambia el Sistema (principalmente el Software) se tiene que tener un control de las versiones del mismo. Es muy común que se sobre escriban es decir, se "encimen" los cambios con respecto a la versión pasada. Esto representa un problema, puesto que siempre se tiene que tener las versiones pasadas en caso de que se necesite "retornar" a la versión pasada.

Así mismo, para el manejo de versiones recomiendo valorar los siguientes puntos:

- Si se tienen muchos productos con un código base en común: ¿se tiene registro de que módulos se pueden reutilizar y cuales han sufrido cambios?
- Si se da soporte (recomendable): ¿Cuántas versiones contempla el soporte?. En este sentido no existe un "número mágico"; depende mucho del proyecto y el producto.
- Siempre hay que asumir que pueden haber fallas en el Software. ¿Cuál es el plan para mitigar el número de fallas desde el punto de vista de las diferentes versiones que se manejan?
- ¿Los usuarios del sistema saben que necesitan actualizaciones o parches?
- ¿De qué manera se instalan los parches en el Sistema?

- Si la actualizaciones se descargan en línea: ¿Podrían existir vulnerabilidades de seguridad las conecciones entrantes para descargarlas?

9.1.18. Procesos del SQA

El proceso de SQA (En inglés: Software Quality Assurance, Aseguramiento de la Calidad de Software) generalmente se refiere a las pruebas de Software. A pesar de que existe un capítulo al respecto, decidí tomar el tiempo para explicar ciertos mitos y realidades que se tienen alrededor de el rol del aseguramiento de la calidad en un producto.

Primeramente el equipo o la persona encargado de SQA no solo deberá de ser una persona que entienda de pruebas tanto de SW como de HW sino que entienda los procesos que conlleva el Sistema, las metodologías empleadas, el tiempo de desarrollo, etcétera. Además de entender el proceso, el equipo de SQA tiene que revisar que realmente hiciste lo que dijiste que harías, es decir, que el proceso y la metodología no solo se definió, sino que también se siguió.

Uno de los estigmas que los SQA llevan consigo es el de "policía de pruebas" o "policía de procesos". ¿Cómo es esto? Si los desarrolladores no ven la valía de seguir una metodología, van a ver al SQA como el que los va a regañar, les va a decir que están realizando las cosas mal, les va a encontrar errores, etcétera. El punto es que los SQA actúen como "mentores" en vez de cómo policía, y una vez que los SQA encuentren alguna falla, no debería de recriminarse al desarrollador por ello. Se de algunos gerentes técnicos que incluso descuentan prestaciones ligadas a su salario si un SQA encuentra errores en sus procesos o códigos. Lo único que dichos gerentes generan es la desconfianza y la divisón en un equipo que tiene que trabajar unido para que el proyecto progrese en el proyecto de la mejor manera.

Los SQA además deben de generar métricas de calidad para saber donde están los "moretones" en el proyecto. El punto de esto es atacar lo mñas temprano posible en el proceso estos defectos de calidad y saber donde se es más proclive a equivocarse para evitar caer en los mismos errores en cada proyecto. Suena como a Gurú, pero un SQA con experiencia podría saber muchas veces cuando un tren se descarrilará antes de que pase por la vía equivocada. Esto también es útil pues el comentarles a los desarrolladores con tiempo, los puede salvar de ese descarrilamiento, principalmente cuando se está bajo la presión de terminar o se tienen tiempos muy cortos para los delta de Software, entre otros.

9.2. Prácticas Recomendadas Específicas de Software

Existen muchas prácticas que se recomiendan para el desarrollo de Sistemas Embebidos, específicamente para el caso del Software. Algunas de ellas son las siguientes:

9.2.1. Desarrollo de Software Formal

En apartados anteriores, se ha hablado de los métodos de desarrollo de SW Embebido. A pesar

352

de que existen metodologías robustas y probadas que ayudan a desarrollar el SW de manera clara y precisa. Sin embargo, es increíble la cantidad de proyectos que he revisado en los que no se sigue una metodología precisa, se hace la documentación del diseño después de haber escrito el código (esto se verá más adelante), no se hace ninguna verificación ni validación del Software, entre muchos otros. Si no se tiene una metodología ni los pasos se tienen definidos, no existe camino, si no hay camino no se puede llegar a la salida y por lo tanto, el proyecto estará condenado al fracaso.

Un buen plan de desarrollo para terminar el Sistema, tiene lo siguiente:

- Metodología definida para el desarrollo del Sistema Embebido
- Actividades y procesos y quién los va a terminar
- productos (entregables) definidos desde la primera etapa
- Una manera definida para poder medir el éxito (o fracaso) del producto
- DOCUMENTACIÓN (si no está escrito, no existe)
- Plan de pruebas

9.2.2. Evitar Ciertos Errores al Desarrollar Código.

Existen muchas cosas que se pueden decir acerca de errores que comúnmente dise cometen al hacer código. Por ejemplo, muchos desarrolladores cometen errores al realizar conversiones en tipos de datos (comúnmente llamado Cast) o en manejo de variables. Algunos ejemplos de puntos de falla son:

- Una función que debe regresar algo pero no provee ninguna expresión de retorno.

- El signo de una variable entera cuando este no se especifica.

- La precedencia de los operadores de bit respecto a los operadores de igualdad.

- La pérdida de información en conversiones implícitas o cuando se asigna una variable de mayor tamaño a una más pequeña.

- Cuando se intercalan y se hacen operaciones entre variables enteras sin signo y variables enteras signadas.

- La pérdida de precisión por redondeo en variables flotantes.

- Estructuras multi-decisión ("switch") sin un caso por defecto ("default" ó "when-others", según el lenguaje de programación)

- Nombres reusados en diferentes ámbitos, etc.

También se tiene que tener cuidado con el manejo de las interrupciones. Prácticamente cualquier Sistema Embebido usa interrupciones. Muchas de estas aplicaciones tienen operaciones muti-procesos o multi-hilos. Este tipo de aplicaciones esperan que el flujo de control del programa cambie en cualquier momento. Sin embargo, cuando se activa (dispara) una interrupción, la operación actual se pone en espera para poder ejecutar la interrupción. ¿Qué sucede entonces si las funciones y tareas comparten variables?(esto también es otro riesgo de que todas las variables sean globales, como ya se vio con anterioridad).

Para que este tipo de errores no sucedan se tiene que tener un control muy estricto de como los datos son compartidos. Para esto se crean funciones re-entrantes (reentrant), las cuales permiten que múltiples llamadas concurrentes no se afecten entre sí. Para que el código sea re-entrante en Sistemas Embebidos, debe seguir ciertas reglas para evitar errores que conlleven fallos catastróficos en un sistema embebido:

- **Regla #1**: Usar todas las variables (señales) compartidas de manera atómica, a menos que sean establecidas en una instancia específica de una función.
- **Regla #2**: No debe de llamar una función no-reentrante.
- **Regla #3**: No debe de usar el Hardware de manera no-atómica.

Si se observa en las reglas mencionadas con anterioridad, se menciona en dos de ellas la palabra atómica. Este es un concepto con el que no todos los ingenieros que desarrollan Software Embebido están familiarizados, por lo que trataré de explicarlo de manera muy simple.

La palabra atómico proviene del griego que significa "indivisible". De esta forma, en el mundo computacional, las variables atómicas significan que la operación o el proceso no puede ser dividido, es decir, no puede ser interrumpido. Por ejemplo, considere la siguiente instrucción en lenguaje ensamblador:

mov ax,bx

En la instrucción anterior, salvo resetear abruptamente el sistema impedirá que se ejecute, es decir, no podrá ser parada o interrumpida, por lo cual la instrucción es atómica. Así mismo, la regla #1 especifica que las variables o señales compartidas deben de ser atómicas.

Consideren el siguiente ejemplo:

temporal = var1; temporal+=1; var1=temporal;

Además de que las variables están mal nombradas por los estándares que se vieron en temas anteriores (se hizo así para que fuera más fácil explicarlo), la variable llamada var1 no es reentrante, es decir, no es usada de manera atómica, puesto que para actualizar (cambiar) su valor requiere de tres instrucciones. De esta forma, si una interrupción llega por ejemplo, entre la primera y la segunda instrucción, cambia el contexto a otra función, la cual también podría cambiar el valor de var1.

Si en lugar de las instrucciones mostradas en líneas arriba, se escribiera algo como: var1+=1; en este caso la operación ahora es reentrante, por lo que es atómica y una interrupción no cambiaría el valor de var1.

Con respecto a la segunda parte de la regla 1, digamos que es una excepción a la misma regla. La regla infiere que "a menos que sean establecidas en una instancia específica". Una instancia es un camino a través del código. En realidad no hay razón por la cual una función no deba de ser llamada desde uno o más lugares en el código. Cada camino (path) de ejecución del código es una instancia del código. Por ejemplo:

int var1; void funcionx(void){var++;}

Como se puede observar, var1 es una variable global, cuyo valor existe más allá de la funcionx.

Incluso si ninguna otra rutina utiliza var1, funcionx puede corromper la variable si mas de una instancia corre esta función al mismo tiempo. A pesar de que C y C++ nos protegen de este tipo de errores, no podemos descartar que este error puede ocurrir.

Utilizando nombres de señales que solo existan en esa función en específico (variables locales) se puede proteger de este tipo de errores. Por ejemplo:

void funcionx(void){int var1; var1++;}

Otra opción puede ser asignar dinámicamente la memoria de tal forma que cada instancia pueda usar un área de memoria específica y única (utilizando malloc, por ejemplo). De esta forma se evita el problema que tiene el código reentrante, haciendo imposible que múltiples instancias jueguen con la misma variable.

Podría pensarse que dado que en muchas ocasiones, las variables globales pueden causar que el código falle principalmente cuando se utilizan en dos funciones o procesos o cuando se activa una interrupción lo más lógico es evitar el uso de variables globales. Mi recomendación es sólo utilizarlas cuando sea absolutamente necesario. Las variables globales no solo causan problemas bajo estas circunstancias, sino que son una de las mejores maneras que hay de pasar los datos de una función o de un módulo a otro, por lo que no deben de descartarse completamente.

Además, en un Sistema Embebido real, no es posible en la mayoría de los casos deshacerse completamente de todas las variables globales. Por lo tanto, se recomienda que cuando se utiliza un recursos compartido como una variable o un dispositivos de Hardware, se tienen que tomar acciones para evitar los problemas de código reentrante. En general, los desarrolladores más experimentados tienden a deshabilitar las interrupciones mientras se ejecuta código no reentrante. Con las interrupciones momentáneamente deshabilitadas del sistema, el proceso se convierte en un ambiente sin múltiples procesos o hilos. Al no cambiar el contexto, no habrá problemas con los cambios de valores en estas variables y no se volverá inestable el sistema. También es importante no olvidarse de volver a habilitar las interrupciones mientras este código se ejecute. Por ejemplo:

```
long i; void funcionx(void)
{
        push interrupt state;
        disable_interrupts();
        i+=0x1234;
        pop interrupt state;
        enable_interrupts();
}
```

Al deshabilitar las interrupciones se incrementa la latencia del sistema, reduciendo la habilidad que éste tiene de responder a eventos externos. Otra manera sería utilizar un comúnmente llamado semáforo para indicar cuando un recurso está ocupado. Los semáforos son simples switches que indican con estados de tipo prendido-apagado y cuya ejecución es inherentemente atómica. Prácticamente cualquier sistema operativo de tiempo real incluye semáforos para poder controlar los recursos disponibles de manera eficiente.

Ninguna discusión sobre una instrucción reentrante está completa si no se habla de recursión, principalmente porque ambas suelen confundirse. El término de código reentrante o instrucciones reentrantes ya se discutieron con anterioridad. Recursión es una función que se llama a sí misma, la cual es una manera muy clásica de eliminar la iteración de muchos algoritmos. Si se tiene suficiente espacio en la pila, este código recursivo es valido, aunque difícil de depurar.

Dado que una función recursiva es aquella que se llama así misma, tiene que ser reentrante para evitar que se manipulen sus variables de manera incorrecta. Por lo tanto, todas las funciones recursivas son reentrantes, pero no todas las funciones reentrantes son recursivas.

Otro error común cuando se habla de código es conservar todo el código. De alguna manera, muchos desarrolladores se convierten en "ropavejeros digitales", guardan, conservan, acumulan y nunca se deshacen de ningun código que alguna vez implementaron. Es importante remover (no solo comentar) todo el código innecesario. Si es innecesario debe de ser desechado. En la documentación del módulo se comenta que parte se desechó y porqué. Ésta es una de las razones por las cuales se debe de tener un orden en el control de versiones. Es importante mencionar que se debe asegurar que el borrar cierto código, no afectará a los demás módulos, como variables que se inicializan, funciones que se mandan llamar desde dicho módulo, etcétera.

Además de que el código no sea utilizado porque cambiaron los requerimientos o pertenece a una versión "vieja" de Software, existen otras consideraciones para deshacerse del código. Por ejemplo, ciclos vacíos, es decir, que no contengan código. Muchos desarrolladores usan este tipo de ciclos para hacer tiempo en lo que se ejecuta una función u otro código. Se recomienda que en lugar de ciclos vacíos, se utilicen NOP (No operation) o instrucciones de delay() dependiendo del lenguaje en el que e esté desarrollando.

En cuanto a las llamadas a función, todo buen programador de lenguajes como ensamblador saben bien que una llamada a función escrita en un lenguaje de alto nivel puede ser relativamente más complicado y costoso. Por ejemplo, una llamada a función debe de grabar las variables globales a memoria,   mover las variables locales que se requieran a los registros (o guardarlos en la pila) y los parámetros que se necesiten guardar en la pila.

Sin embargo, algunos compiladores modernos tienden a reducir esta complejidad de manera significativa, principalmente lo referente al uso de espacio de la pila y el número de registros que serán designado a los parámetros. El número de registros que se utilizan para guadar los parámetros varían enormemente dependiendo de la arquitectura y del compilador. En muchos casos se designan 4 registros para los parámetros.

Con respecto a los arreglos, siempre se pasan sus parámetros como punteros al arreglo; de esa forma, las estructuras siempre se copian a la pila y los parámetros de la estructura cambian del de un puntero al de una estructura. Sin embargo, los punteros se deben de pasar a un registro.

360

Para ahorrar espacio en la pila, siempre es buena idea utilizar punteros a estructuras como parámetros en lugar de solo las estructuras.

9.3. Prácticas Recomendadas Específicas de Hardware

Existen diversas técnicas de diseño de Hardware. No se explorarán todas de manera exhaustiva, pero si se dará un breve repaso sobre las distintas técnicas y consideraciones al momento de diseñar el Hardware.

Como ya se mencionó, en Sistemas Embebidos, no solo es importante seguir la metodología de desarrollo de Software, sino es importante tener en cuenta el diseño del Hardware. En la sección 2.1, se mencionó algunas características a ser tomadas en cuenta en cuanto a la elección de la arquitectura de Hardware. Ésto sólo es escoger el corazón del sistema, en donde va a vivir el Software.

Sin embargo, existen muchas otras consideraciones para realizar el diseño del Hardware. Cuando el diseñador hojea un catálogo de un fabricante de dispositivos de Hardware o vendedor generalmente siguen la siguiente receta de cocina:

- Seleccionar un dispositivo de la lista.
- Comprar la tarjeta de desarrollo del vendedor o fabricante del dispositivo que elegiste
- Comprar (o descargar) uno de los compiladores comerciales y herramientas de depuración del fabricante

- En su defecto, descargar el IDE o plataforma de desarrollo que sea compatible con el dispositivo
- Desarrollar la aplicación con la tarjeta de desarrollo
- Desarrollar el Hardware (prototipo)
- Bajar el software a la tarjeta y prueba tu sistema

A simple vista, la lista tiene lógica y parece suficientemente fácil. Sin embargo, existen algunas consideraciones a ser tomadas en cuenta. Por ejemplo, en dicha lista solo toma en cuenta como si el proyecto o sistema fuera a ser desarrollado por una sola persona. No toma en cuenta que generalmente se desarrolla tanto el Software como el Hardware por equipos de desarrolladoras que co-existen en el mismo proyecto al mismo tiempo, esto es como los órganos del cuerpo humano, cada uno realiza una función y son muy importantes, pero se entrelazan entre sí y residen en el mismo cuerpo. De esta forma, y siguiendo esta "receta", el proyecto tardaría más en realizarse o no se realizará en tiempo estipulado, que generalmente y de por sí casi siempre es muy corto.

Otra consideración, es que en general la tarjeta de desarrollo y las herramientas para realizar el Software son caras en comparación con únicamente el dispositivo y un compilador o entorno de desarrollo libre. Actualmente, las tarjetas de desarrollo tienen una gran cantidad de periféricos que pueden ayudar en la elaboración del prototipo. Sin embargo, como se comentó en el capítulo 2, el utilizar una tarjeta de desarrollo para un Sistema final, no es viable en la mayoría de los casos en relación de costo y puede haber interfaces innnecesarias para dicho Sistema que elevan el costo de manera excesiva.

Cuando se desarrolla una tarjeta propia con el dispositivo de Hardware seleccionado, mientras se depura el código o se prueba el Hardware, se puede ir desarrollando el Firmware propio. En algunas ocasiones, el fabricante venderá el dispositivo de Hardware con una ROM integrada con un código que permitirá subir código propio a la RAM generalmente por puerto serial. En otras ocasiones, el dispositivo de Hardware tendrá una memoria EPROM o EEPROM integrada o una memoria Flash en las cuales se puede remover y reprogramar código propio.

Actualmente algunos fabricantes también tienen soluciones "ad-hoc" en donde te venden solo los componentes que necesitas en una tarjeta de desarrollo a la medida, algunos otros fabricantes venden los componentes modularmente, es decir, la tarjeta principal e interfaces "apilables" de acuerdo a la aplicación que se requiera hacer y los requerimientos de interfaces y memoria que se requieran.

Tip:

Los siguientes puntos son importantes para la correcta ejecución de los proyectos. Aplican tanto para el diseño de SW como de HW:

a) Encontrar problemas en el diseño, en etapas tempranas al desarrollo del proyecto, así el costo en repararlo será menor.

b) Cuando se generen descripciones de algún problema, deben de estar completas y se recomienda que se revisen con un equipo de "expertos" para que se pueda dar retroalimentación .

c) Identificar áreas en donde falte conocimiento o donde ocurran errores frecuentemente. Si se identifican esas áreas se pueden generar cursos o retroalimentación y se creará un ambiente donde no ocurren errores en áreas donde sí los había.

Este "canibalismo" electrónico no siempre es más conveniente ni más barato. El escoger de diferentes "cuerpos" tu menú de acuerdo a tus necesidades, puede presentar problemas de comunicación, mapeo de memoria, por lo que se recomienda estudiar bien todas las interfaces y componentes en caso de elegir este tipo de opciones.

Existe otra opción que se utiliza mucho, la de realizar el prototipado del dispositivo o tarjeta de Hardware en un circuito propio y depurar tanto el Hardware como el Software simultáneamente. Ésta opción es muy usado por los ingenieros Senior o Arquitectos de Hardware con mucha experiencia. Esto se debe entre otras cosas a que muchas veces cuando se tienen que desarrollar sistemas complejos, no se encuentra exactamente esa combinación de sub-sistemas, dispositivos, interfaces de comunicación, memoria, etcétera, y elegir una tarjeta de desarrollo con todo eso, o "sobrada" es generalmente muy costosa.

Este tipo de desarrollo del prototipo tiene un par de desventajas. La primera de ella es el cuello de botella en el tiempo de desarrollo. Muchas veces, se tiene que analizar los requerimientos, desarrollar el Software y el Hardware, aunque simultáneamente, tienen que ser verificados, validados, integrados los elementos de Software y Hardware y verificar por medio de pruebas de integración y Co-Verificación, lo que en cuestión de tiempo para realizarlo puede resultar muy apretado.

La otra desventaja la vería un poco como saltar de un paracaídas. Una persona experta puede saltar una y mil veces, pero un error de cálculo en la altitud, problema de apertura del paracaídas, de cálculo en la zona de aterrizaje, etcétera, puede resultar catastrófico. De la misma manera, un error en el Firmware, en el diseño electrónico, la tarjeta o PCB, la integración entre el Software y Hardware, etcétera, resultará en el fracaso del proyecto y no habrá generalmente segundas oportunidades.

Otro punto importante a considerar en el diseño de HW es el tiempo de desarrollo pues muchas veces este proceso tarda mucho más tiempo del que debería o del que el equipo de desarrolladores de la electrónica quisiera. Esto en mi experiencia se debe principalmente a dos factores: el primero son pequeños errores o fallas y la otra, especificaciones que cambian demasiado.

Pequeños errores o fallas. El desarrollo de HW es significativamente lento en comparación con el desarrollo de SW. En general, cuando se encuentra una falla (bug) en el Software no se necesita mucho tiempo para corregirlo (hay algunas excepciones donde no es fácil corregirlo); sin embargo, en Hardware corregir un diseño en un PCB por ejemplo, suele tardar más tiempo, primeramente para corregir el error, simularlo, re-hacer el PCB, depurarlo, etcétera. La visibilidad que se tiene en HW es más limitada en comparación con el SW, el visualizar las variables en SW y mantener el control sobre los valores que representan en todo momento es más fácil que en HW ver las señales y revisar que en todo momento y en todas las condiciones, las señales tengan el valor adecuado. Esto no quiere decir que sea imposible hacerlo, el punto es que es más complicado y toma más tiempo. También, en el Hardware los eventos que ejecutan son en paralelo y toman ciertos ciclos de reloj, mientras que en Software el sistema se ejecuta de manera secuencial. Dado este problema y las razones por las cuáles ésto puede representar un problema, la pregunta sería: ¿Cómo solucionarlo?. La respuesta puede variar de acuerdo al proyecto, pero un buen consejo es diseñar de manera robusta. En mi experiencia los errores más frecuentes no son errores grandes, como dice el apartado son pequeños errores, pero en HW un pequeño error puede representar muchos dolores de cabeza y tomar mucho tiempo arreglarlo.

Especificaciones que cambian demasiado. Esto sucede con demasiada frecuencia, principalmente en diseños cuyas empresas estan empezando o es su primer diseño (startups, principalmente). En mi experiencia muchas veces cuando se realiza una revisión detallada debido a alguna falla o error (ya sea de HW o de SW) se cae en la tentación de querer añadir especificaciones o requerimientos nuevos, una vez que se añade esa nueva especificación generalmente pasa una de dos cosas, o se toma mucho tiempo haciendo una revisión de como afecta esa nueva especificación al diseño y se atrasa el proyecto, o solo se agrega y se revisa el PCB con la consecuencia que pueden surgir errores en etapas posteriores o cuando ya está terminado el prototipo.

Se recomienda que una vez que el diseño ya esté en fase de desarrollo, no añadir nuevas especificaciones o requerimientos, para eso ya hubo una etapa de análisis. Si el equipo de desarrollo está en etapas posteriores de desarrollo y cree que hace falta añadir algo al sistema, mi recomendación es esperar a que el producto sea lanzado al usuario final / mercado. Hay muchas estrategias para recibir retroalimentación del usuario final, esta retroalimentación podría servir para hacer modificaciones al producto final posteriormente sin sacrificar el tiempo que se gastaría en hacerlo en etapas previas.

Cuando se depuran Sistemas Embebidos, el equipo de diseño de Hardware se puede encontrar con los siguientes problemas:

- **Problemas lógicos.** Son problemas simples en el diseño lógico o la codificación. Este tipo de problemas son detectados normalmente por los simuladores de Hardware o el depurador (debugger) del Software. Aunque es algo tedioso y puede tomar mucho tiempo encontrar este tipo de problemas no son difíciles de corregir y representan una gran cantidad de los problemas que se van a encontrar en el diseño de HW.

- **Problemas de interacción HW/SW.** Estos problemas son más difíciles de depurar y normalmente requieren de herramientas físicas para poder hacerlo. Por ejemplo, los analizadores lógicos son útiles para poder proveer tanto al Hardware como al Software la capacidad para examinar la interacción del Hardware con el Software en el sistema. La depuración para este tipo de problemas generalmente las realiza desarrolladores de HW con experiencia, pues se requiere de habilidades para correlacionar señales específicas con el flujo de la ejecución del procesador, si ciertas instrucciones causarán errores de memorias o si ciertos datos causan interferencias en los buses de datos, entre otros.

- **Errores Fatales (Crash).** Muchas veces se utiliza el anglicismo crashear o crash cuando un sistema, PC, etcétera ya no puede continuar con su funcionamiento normal. Muchos de nosotros recordamos esto con la famosa pantalla azul de Windows®con letras blancas, la única opción era reiniciar o resetear la computadora. Ahora, imaginemos por un momento un Sistema Embebido de aplicación crítica y compleja, por ejemplo, un avión comercial. En un avión a velocidad crucero, millas por encima de la bella tierra firme, con 180 pasajeros a bordo más la tripulación, la cabina de control de repente se llena con esas pantallas azules pidiendo al piloto y al copiloto que presionen ctrl-alt-supr para reiniciar el sistema. Podría sonar risible, pero sería inadmisible tener ese caso en una aplicación como la mencionada y tendría serias consecuencias(aunque debo mencionar que los aviones comerciales no utilizan ese tipo de Sistema operativo). Con millones de líneas de código en este sistema, podría pasar si dicho sistema se comportara igual que el de una PC. Lo mismo pasaría con aplicaciones automotrices, como sistema de frenos, aceleración, bolsa de aire, sistemas médicos y de diagnostico, sistemas aeroespaciales, entre muchos otros.

En general, los Sistemas Embebidos no tienen un sistema operativo comercial como una PC, sino que utiliza su propio Sistema Operativo de Tiempo Real (RTOS), Firmware específicos para el Sistema, entre otros. Lo que es aún más grave es que la pantalla azul que "congela" nuestro sistema y nos obliga a reiniciarlo es por lo menos una protección contra fallos, que si bien no es recomendable en Sistemas como los Embebidos, protege el sistema de un daño mayor, a disco duro, memoria, sobreescribir datos, fallos en el bus de datos, entre otros. Muchas veces, los Sistemas Embebidos no tienen este tipo de protecciones contra un programa que realiza algo indebido. Para resolver problemas que puedan afectar el funcionamiento del Sistema completo, se recomienda utilizar analizadores lógicos que puedan proveer historia en tiempo real de cómo se comportaron las señales del sistema y ante qué circunstancias, que pueda determinar los estados en los que puede fallar el sistema e incluso monitorear y analizar el peor escenario en el cual el SW pueda fallar.

9.3.1. Puertos de Entrada / Salida

El hardware especializado provee una variedad de recursos de Entrada/Salida (E/S). Dichos puertos pueden variar depende del tipo de arquitectura de Hardware y la marca. Varían desde simple puertos paralelos y serial, hasta contadores, timers, circuitos de conversión Analógico/Digital y Digital Analógico, incluso puertos especializados según el estándar y la aplicación (por ejemplo: Flexray, AFDX, CAN, LIN, etcétera). Parecería que lo más indicado es que mientras más puertos tenga mejor, pues el número de lineas de puertos de E/S disponibles en muy importante en el Diseño de los prototipos del Sistema Embebido a utilizar. Sin embargo, no lo recomiendo, no solo es importante ver el número de puertos, pues el no tener suficientes supondría circuitería externa extra para poder enfrentar dicha deficiencia.

9.3.2. Limitaciones de Memoria

Los Sistemas Embebidos en general tienen recursos limitados de memoria. Aunque en algunas tarjetas o dispositivos de Hardware puede que la cantidad de memoria no sea pequeña, siempre puede ser un factor a considerar cuando se diseñen Sistemas Embebidos. Para diversas aplicaciones como las orientadas a bienes de consumo, la combinación de consumo de energía y costo pueden resultar también en que la cantidad de memoria externa quede también restringida.

Cualquier que sea el lenguaje a elegir para desarrollar el Sistema Embebido, se tiene que tener un conocimiento adecuado del lenguaje para poder utilizar de la manera más óptima el lenguaje en cuanto al manejo de memoria, esto incluye entre otras cosas el manejo de apuntadores.

Tip:

En general, el Hardware no estará disponible (por lo menos, no completamente implementado) para que pueda ser probada la Interfaz de Usuario (UI). Muchos equipos de desarrolladores esperan a que pueda ser probada en Hardware. Lo que se recomienda es generar herramientas de Software genéricas (que puedan ser modificables según el producto) para que pueda simularse la UI. Cuando esté disponible el Hardware se hacen pruebas de integración de acuerdo a los resultados obtenidos de la herramienta de simulación.

La posibilidad que en la misma tarjeta se incluya la memoria, permite implementaciones relativamente sencillas. De la misma manera, el tipo y tamaño de la memoria tiene ramificaciones significativas. Un pequeño bloque de memoria RAM puede ser suficiente para guardar y leer datos de manera eficaz. Los tipos de memorias y sus diferencias se pueden observar en la sección 2.2.3.

9.3.3. Hardware Tolerante a Fallos

En secciones anteriores, se trató la tolerancia a fallos desde un punto de vista general y de SW. Sin embargo, existen algunas consideraciones de tolerancia a fallos desde el punto de vista del HW. En este sentido y en algunos Sistemas Embebidos, el que el Sistema falle es simplemente inaceptable.

Para poder saber como lidiar con fallos de Hardware, es decir, para poder diseñar Sistemas cuyo Hardware sea tolerante a fallos, primero se debe de conocer los tipos de fallos que se pueden presentar en el Hardware. Cada fallo se puede categorizar como sencilla o crítica; el fallo sencillo será aquel del que el sistema se puede "reponer" y funcionar de manera adecuada después de que ocurra la falla. De la misma manera, un fallo crítico será aquel del cual el sistema no se pueda reponer o no funcione de manera correcta después de fallar.

En general se pueden tener herramientas y programas que puedan identificar y en muchos casos diagnosticar fallos que no sean críticos. Dependiendo del tipo de falla que pueda ocurrir y que dispositivos resulten afectados; incluso se debe de poder aislar el orígen de la falla cuando involucra muchos dispositivos o el Sistema es muy complejo.

Herramientas de Software pueden ser diseñadas para poder detectar fallas en diversos dispositivos como son:

- Puertos o periféricos
- Procesadores
- Memorias

En cuestión de las memorias de solo lectura se pueden realizar diversas pruebas para poder detectar fallos. El contenido de las memorias de sólo lectura (ROM) se pueden verificar mediante las siguientes pruebas:

- Pruebas de paridad
- Chequeo por sumatoria (o Checksum)
- Chequeo de Redundancia Cíclica (ó CRC por siglas en inglés)

En lo que respecta a las memorias RAM (de acceso aleatorio) y memorias de lectura/escritura, se recomienda verificar la integridad de los datos con los siguientes métodos:

- Pruebas de patrones de lectura/escritura en el bus de Datos/Dirección.
- Integridad de lectura de datos.
- Revisión de límites de la pila (stack).
- Revisión de validez de rango de bus de dirección.

Así mismo, la integridad del programa y su propia ejecución en el dispositivo de Hardware puede ser revisado con una de las siguientes técnicas:

- Chequeo de revisión de paridad de Hardware.

- Redundancia de Hardware y múltiples revisiones (cross-checking).

- Técnica de Voting.

- Implementación de un "watchdog".

- Cuando el dispositivo de Hardware esté en reposo, ejecutar rutinas de diagnóstico (depende de la aplicación).

En cuestión de las técnicas de voting, en Hardware muchas veces se tienen diferentes señales de acuerdo a parámetros intrínsecos y extrínsecos. Es decir, muchas veces los parámetros se tienen que tomar en cuenta con respecto a otros parámetros, como velocidad, altitud, temperatura o a parámetros internos. Para validar que señal tomar se utilizan las llamadas técnicas de voting.

Caso de Estudio:

Se tienen en un caso hipotético las diferentes trayectorias que deberá seguir un brazo manipulador cuando la entrada sea el perfil de velocidad. Es decir, cuando la velocidad sea entre 0.1 y 5km/hr la salida será y1 con una trayectoria definida. De la misma manera se activará y2 con otra trayectoria de 5.1 a 10km/h y y3 con velocidad mayor a 10.1km/h. Las trayectorias son muy diferentes entre sí y el voting depende exclusivamente de la velocidad a la cual queremos mover el manipulador robótico.

En el caso de estudio anterior, podemos ver diferentes cuestiones. En primer lugar, se tienen diferentes trayectorias que dependen de factores externos al módulo que maneja la trayectoria. En este caso hipotético,   se tienen 3 gráficas con diversas entradas y 3 salidas. Dichas gráficas se pueden almacenar en ROM por medio de una LUT (Look-up table) o una tabla con cada valor en cada fila y su correspondiente valor por columna para cada gráfica. Dichas tablas se muestran en la figura 9.4.

Posteriormente *y* depende al valor leído de entrada, es decir, a su valor de velocidad, se decide que gráfica se toma *y* que trayectoría debería de seguir. Esta técnica se puede utilizar para muchas cosas, desde diferentes valores de entrada como se mostró en el caso de estudio previo, como también, en caso de que ciertos parámetros fallen o se tengan diferentes tablas con valores de tolerancias diferentes, entre otros.

Sería en este caso más complicado si se tienen diferentes perfiles en la misma gráfica o tabla y se trata de decidir que valor tomar con respecto a las característica, como se puede mostrar en la gráfica 9.5.

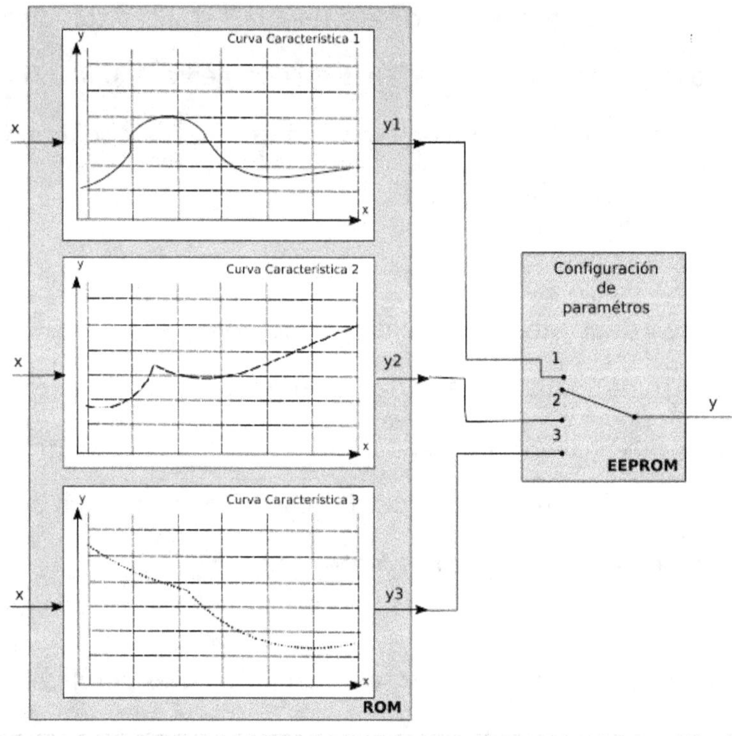

Figura 9.4. Curvas características como entradas a un sistema y técnica de Voting.

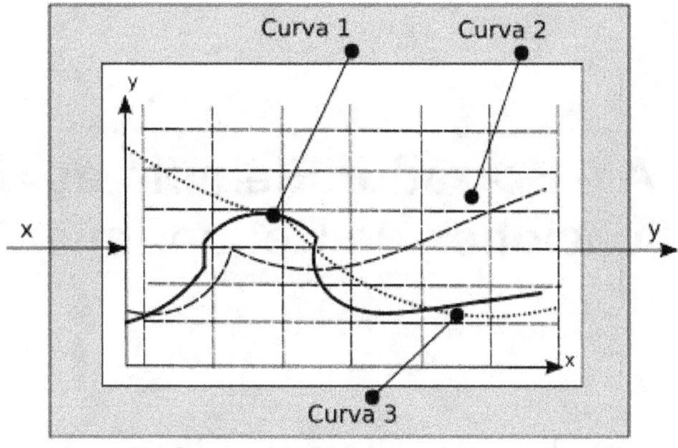

Figura 9.5. Diferentes Curvas características con respecto a un sistema.

Apéndice A – Borrador Ejemplo de un Documento de Especificaciones de Requerimientos de Software (SRS)

<Nombre del Sistema/Programa/Proyecto>

Software Requirement Specifications

v1.0

Octubre 30, 2017

Autores:
<Autor 1>
<Autor 2>
<Autor 3>
…

Revisiones

Fecha	Descripción	Autor	Comentarios
30.10.17	1.0 – Versión Inicial	Marco Aceves, Ph.D.	Versión Inicial

Contenido del SRS

1. Introducción

Este documento indica los requisitos para el proyecto: ___________________________________.

Generalmente los proyectos pueden ser desarrollados de varias formas; este documento sirve para limitar las opciones y crear una propuesta que será la más viable para el desarrollo del proyecto.

1.1 Propósito

El propósito de este documento es crear una descripción detallada de los requisitos para el proyecto que se desarrollara. Aquí se detallan las interacciones externas e internas del sistema, las funcionalidades y las limitaciones que guiarán el desarrollo del sistema.

1.2 Alcance

En este apartado se indica hasta donde se va a llegar, se hace una breve descripción del sistema y se acota el proyecto. Muchas veces el alcance depende de las limitaciones de tiempo, recursos financieros o humanos y tendrá que ser especificado en esta sección.

1.3 Definiciones, Acrónimos, y Abreviaturas

- En forma de lista, se mencionan todas los acrónimos y abreviaturas usadas en este documento.

- Es recomendable poner todas las abreviaturas por más sencillas que parezcan, hay que recordar que el documento de requerimientos (SRS) será leído por personas de diferentes áreas de conocimientos, desde el cliente, empresario o usuario final, hasta gerentes, financieros, recursos humanos, y por supuesto, el equipo de trabajo especializado en Software.

1.4 Referencias

- 830-1998 - IEEE Recommended Practice for Software Requirements Specifications. 1998. ISBN 0-7381-0332-2

1.5 Generalidades

Esta Sección debe incluir lo que contiene este documento de SRS, es decir las secciones

Así mismo, deberá especificar cómo está organizado el SRS.

Además, esta sección usualmente consiste en subsecciones como lo marca el estándar de la IEEE 830-1998, las cuales se añadirán al capítulo 2. Estas son:

1. Perspectiva de Producto

2. Funciones de Producto

3. Características de Usuario

4. Limitaciones

5. Asunciones y Dependencias

2. Descripción General

Esta sección dará una descripción generalizada del sistema. Esta sección no tendrá detalles las funcionalidades específicas, simplemente describe la funcionalidad a grandes rasgos. El propósito de una descripción general es dar una introducción al sistema. Las últimas secciones de la descripción se enfocarán en las limitaciones y suposiciones del sistema.

2.1 Perspectiva del Producto

El sistema __________ consiste de ______ módulos (o subsistemas, partes, etc), los cuales son___________________ . Además de lo anterior, esta sección debe de poner el producto en perspectiva con respecto a otros productos relacionados. En muchas ocasiones, el producto es una parte (o subsistema) del producto completo, también debe de ser definido en esta sección

<Diagrama Top-Down>

2.2 Función del Producto

Esta sección deberá contener únicamente el "para qué" sirve el sistema. Es muy común confundir en este apartado y poner que partes lo componen, de que manera se va a realizar, en que lenguaje, etcétera. Se tiene que ser lo más conciso posible sin olvidar que debe de ser lo suficientemente explícito como para que alguna persona que no conozca del sistema, puede entender para que sirve.

2.3 Características del usuario

En esta sección se debe de incluir que tipo de perfil tiene el usuario. Esto permitirá que los requerimientos puedan ser adecuados al perfil del usuario.

2.4 Limitaciones Generales

En esta sección se deben de incluir no solo las limitaciones técnicas, sino las no funcionales.

Debe de abordarse de manera general, sin entrar en detalles o hacerlo muy a fondo.

3. Requisitos Específicos

Los requerimientos específicos contenidos en esta sección del SRS deben de contener el detalle suficiente para que los diseñadores puedan desarrollar el Sistema que satisfagan dichos requerimientos, al mismo tiempo que los ingenieros de pruebas puedan realizar la validación y verificación en base a dichas pruebas. En la sección 3.2 deberán de enumerarse todos los requerimientos, los estímulos (señales de entrada) respuesta (señales de salida), las pruebas y las dependencias a otros requerimientos (en caso de tenerlos).

Es importante mencionar que todos los requerimientos deben de ser únicos e identificables, para que este documento no deje margen de error o confusión con los requerimientos. Los requerimientos funcionales generalmente se numeran FR1, FR2, …, FRn (Sección 3.2) y los no funcionales como NFR1, NFR2, …, NFRn (Sección 3.5).

3.1 Requisitos de Interfaces Externas

En esta sección se ofrece una descripción detallada de las entradas y salidas del sistema. Esto incluye las interfaces en hardware, software y las interfaces de comunicación y de usuario.

3.1.1 Interfaces de Usuario

En este apartado se hace una descripción general de todas las interfaces de usuario. Las Interfaces de Usuario constan elementos como menús, ventanas, botones, etcétera, y en general cualquier modo de comunicación entre la computadora y un ser humano.

<Diagrama de Graphic User Interfaces (GUI), CLI, o NUI>

3.1.2 Interfaces de Hardware

Las interfaces de Hardware deben de especificar las características lógicas entre cada componente de Hardware y su correspondiente conexión(es) de hardware. Esto incluye configuraciones como el número de puestos, su longitud (en el caso de buses), los sets de instrucciones, así como también los dispositivos que van a ser soportados, sus protocolos, etcétera.

<Diagramas detallados de todas las Interfaces de Hardware>

3.1.3 Interfaces de Software

En este apartado se tiene que especificar el uso de otros productos de software que se necesiten, tales como Sistema operativo de tiempo real (RTOS), Software de encriptación, como llaves, etcétera, otras librerías, módulos que ya estén hechos y que sean necesarios para este producto, pero que no hayan sido realizados por el equipo de desarrolladores del producto en sí. En caso de que se necesite un Software extra, se deberá especificar por estándar lo siguiente para cada uno:

- Nombre.

- Mnemónico.

- Número de Especificación.

- Número de Versión.

- Fuente.

3.1.4 Interfaces de Comunicación

En este apartado se deben de especificar las interfaces de comunicación tales como redes de área local, protocolos de comunicación, etcétera.

<Diagramas de Interfaces de Comunicación>

3.1.5. Limitaciones de Memoria

En este apartado se deben de especificar las características de las memorias tanto primarias como secundarias. En Software Embebido es muy común que existan restricciones de memoria. Se tienen que especificar en estas restricciones el uso de la memoria para datos, y separarse en los distintas clases de memoria según las características del Hardware (RAM, ROM, EEPROM, FLASH, NAND FLASH, RAM Estática o Dinámica, entre otros.

3.2 Requerimientos Funcionales

Esta sección incluye los funcionamientos específicos del sistema, debido a que la mayor parte de esta funcionalidades son seriadas, se implementaran estos de manera incremental. Las pruebas serán descritas a mayor detalle en otros documentos (Planes de Prueba o Test Plans).

Los requerimientos funcionales deben definir las acciones fundamentales que se tienen que considerar en el Software . Generalmente se listan como "Deberán", por ejemplo, "El Sistema Deberá…". Además de la numeración de requerimientos se debe de considerar un diagrama por capas (de sistema principal y seccionándolo en subsistemas) donde se muestren las dependencias de los requerimientos. De esta manera se hará más fácil que se puedan seguir los requerimientos y posteriormente probarlos.

Ejemplo de Requerimientos:

3.2.1   FR1

3.2.1.1 **Requerimiento:** El sensor detecta si se estaciona un vehículo en un lugar reservado.

3.2.1.2 **Descripción:** Solo mandara señal si un objeto esta entre 20cm hasta 2 metros de donde esta ubicado el sensor.

3.2.1.3 **Entradas:** Luz IR

3.2.1.4 **Salidas:** Señal binaria constante, conexión alámbrica; 1 si detecta un carro, 0 en caso contrario.

3.2.1.5 **Pruebas:** Inicialmente, pruebas exploratorias con objetos a varias distancias, después se implementaran pruebas en un ambiente real con carros reales.

3.2.1.6 **Dependencias:** Ninguna

3.2.2   FR2

3.2.2.1 **Requerimiento**: El PIC procesa los datos de múltiples sensores y transmite una señal.

3.2.2.2 **Descripción**: La señal en si solo se manda si se determina que es un vehículo y no otro objeto en un lugar especifico. Se implementara una espera de 30 segundos para asegurar que el objeto que detecta el sensor es realmente un vehículo y no otro objeto Las señales tendrán un identificador.

3.2.2.3 **Entradas**: Señales de múltiples sensores (esto se determina por área).

3.2.2.4 **Salidas**: Señal redundante con checksum que permite verificar la validez de los datos enviados.

3.2.2.5 **Pruebas:** Conjunto de pruebas con variedad de señales en ambientes controlados y no controlados.

3.2.2.6 **Dependencias:** FR1

.

.

.

3.2.4   FRN

3.2.4.1 **Requerimiento:** Último Requerimiento del Sistema.

3.2.4.2 **Descripción:** El usuario puede ejecutar la aplicación directamente de su computadora. La interfaz inicial del sistema será el mapa con las ubicaciones de los lugares reservados.

3.2.4.3 **Entradas:** Ningunas.

3.2.4.4 **Salidas:** Ningunas.

3.2.4.5 **Pruebas:** Se utilizaran pruebas regresivas para verificar el funcionamiento de cada componente del sistema hasta este punto. FR4 requiere pruebas extensivas en un ambiente real.

3.2.3.6 **Dependencias:** FR1, FR2, FR3

3.3 Casos de Uso

Los casos de uso deben de ser numerados como en las anteriores secciones. Estos casos de uso, definen el comportamiento del sistema para cada tarea o proceso.

<Diagramas de Casos de Uso>

3.4 Clases / Objetos

En este apartado es importante mencionar las clases que tiene el sistema y numerarlas, además de deben de mencionar los atributos de la clase y las funciones. Después de mencionar todas las clases que tendrá el sistema, es recomendable agregar un diagrama de clases del producto en cuestión. Por ejemplo:

3.4.1 <Clase 1 / Objeto #1>

3.4.1.1 Atributos:
3.4.1.2 Funciones:

3.4.1.3 Dependencia entre la clase y los Requerimientos Funcionales:

3.4.2 <Clase 2 / Objeto #2>

...

3.5 Requerimientos No Funcionales

Los requerimientos no funcionales (NFR) pueden existir con los siguientes atributos: Rendimiento, Confiabilidad, Disponibilidad, Seguridad, Mantenibilidad, Portabilidad, etcétera. Estos requerimientos deben de listarse únicamente desde el punto de vista del sistema completo. Es decir, no debe de verse los requerimientos no funcionales ni sus atributos desde cada módulo, clase, caso de uso, etc, sino del sistema global.

Estos requerimientos deben de ser cuantificables. Así mismo, tiene que tener los atributos deseados de rendimiento, confiabilidad, disponibilidad, seguridad, mantenibilidad y portabilidad, mismos que tienen que ser redactados en apartados separados.

3.5.1 Rendimiento

3.5.2 Confiabilidad

3.5.3 Disponibilidad

3.5.4 Seguridad:

3.5.5 Mantenibilidad

3.5.6 Portabilidad

3.6 Requerimientos Inversos

En este apartado deben de incluirse requerimientos inversos, en caso de que existan, en caso de que no haya este tipo de requerimientos en el sistema, se deja el apartado con una nota que diga que no existen tales requerimientos en el sistema.

3.7 Limitaciones de Diseño

En este apartado se deben de especificar las limitaciones de diseño. Las limitaciones pueden estar impuestas por estándares, políticas del negocio, limitaciones de hardware, entre otros. Cualquier cosa que pueda ser una limitante en el proyecto de Software deberá de ser redactado en este apartado.

3.8 Requerimientos de Bases de Datos

¿Se usará una base de datos? El que el proyecto tenga una visión de Sistemas Embebidos, no significa que no pueda tener una base de datos o datos que lean leídos y escritos en el Hardware. Es importante conocer los requerimientos de la base de datos. Para cada base de datos es importante mencionar el nombre, el formato de los datos, carga de datos, tamaño máximo, retención de datos, revisión de ingegridad de los datos, etcétera.

3.9 Other Requirements

En esta sección se incluirán otros requerimientos que sea necesario definir y que no caiga en alguna otra categoría.

4. Modelos de Análisis

En esta sección, se incluirán todos los modelos de análisis que se utilizaron en secciones anteriores del documentos de SRS. Cada modelo deberá incluir una introducción y un resúmen de su descripción. Asñi mismo, cada modelo tiene que estar relacionado con requerimientos dentro del SRS.

4.1 Diagramas Secuenciales

4.2 Diagrama de Flujo de Datos (Data Flow Diagrams - DFD)

4.3 Diagrama de Transición de Estados (State-Transition Diagrams - STD)

5. Proceso de Manejo del Cambio

En este apartado, se describe el proceso que se utilizará cada vez que haya modificaciones en el documento del SRS. Cada vez que se cambien las limitaciones, cambios de requerimientos, quién puede realizar cambios y como informará a los miembros del equipo, quién puede aprobar los cambios, etcétera.

Acrónimos

A

*ADC – Analog to Digital Converter (Convertidor Analógico-Digital).

*AFDX – Avionics Full Duplex Ethernet: Sistema de comunicaciones alámbricas muy usado en la industria aeronáutica para transmitir datos dentro del avión.

*ANSI – American National Standards Institute (Instituto Americano de Estándares Nacionales).

*ASIC – Application Specific Integrated Circuit (Circuito Integrado de Aplicación Específica).

*ASP – Analog Signal Processing (Procesamiento de Señales Analógicas).

*AT – Acceptance Test (Prueba aceptada o de aceptación, según el contexto).

B

*BA – Bank Activate (Activación de Banco): Muy utilizado cuando se habla de dispositivos de memoria. principalmente en diagramas de tiempo y DRAM, se utiliza para activar (habilitar) un banco o región de memoria.

*BIPS - Billions of Instructions per Second (Billones de Instrucciones por Segundo).

*BOM – Bill of Materials (Presupuesto o listado de materiales)

C

*CAN - Controller Area Network: Protocolo de comunicación serial típicamente empleado en el sector automotriz para la comunicación en red de múltiples dispositivos.

*CAS – Column Address Strobe: utilizado principalmente para memorias dinámicas.

*CE – Chip Enable (Habilitación del Chip).

*CISC – Complex Instruction Set Computer (Set Complejo de Instrucciones de Computadora).

*CPLD – Complex Programmable Logic Device (Dispositivo Lógico Programable Complejo).

*CPU – Control Processing Unit (Unidad de Control de Procesos).

D

*DAC – Digital to Analog Converter (Convertidor Digital a Analógico).

*DDR – Double Data Date (Taza doble de datos): Se refiere principalmente cuando se habla de tipos de memorias.

*DRAM – Dynamic Random Access Memory (Memoria Dinámica de Acceso Aleatorio).

*DSP – Digital Signal Processing (Procesador Digital de Señales).

*DUT - Device Under Test (Dispositivo bajo Prueba).

*DVFS - Dynamic Voltage and Frequency Scaling (Voltaje Dinámico y Scala de Frecuencia)

E

*EEPROM – Electrically Erasable Programmable Read-Only Memory (Memoria de Solo Lectura Programable Borrable Eléctricamente).

*EPROM – Erasable Programmable Read-Only Memory (Memoria de Solo Lectura Borrable-Programable).

*ES - Embedded System (Sistema Embebido).

F

*FET – Field Effect Transistor (Transistor de Efecto de Campo).

*FLOPS – Floating-Point Operations per Second (Operaciones de Punto Flotante por Segundo)

*FPGA – Field Programmable Gate Array (Arreglo de Compuertas Programables en Campo).

*FPU – Floating Point Units (Unidades de Punto Flotante).

*FW – Firmware.

G

*GAL – Gate Array Logic (Lógica de Arreglo de Compuertas).

*GPL – General Public License (Licencia para el Público en General).

*GPU – Graphic Processing Unit (Unidad de Procesamiento Gráfico).

H

*HDMI – High Definition Multimedia Interface (Interfaz Multimedia de Alta Definición).

*HW – Hardware

I

*I/O – Input /Output (Entrada / Salida o E/S).

*I2C – Inter Integrated Circuit: También conocido como I-cuadrada C, I squared C, I dos C, o IIC.

*IC – Integrated Circuit (Circuito Integrado).

*ICD – Interface Control Document (Documento de Control de Interfaces).

*IDE - Ambiente integral de desarrollo. Es un entorno para la creación de aplicaciones dentro del cual pueden realizarse la mayor parte de las actividades necesarias para el desarrollo de software. Desde acceder a los requerimientos, diseñar, codificar, hasta depurar y liberar software.

*IEC – International Engineering Consortium (Consorcio Internacional de Ingeniería).

*IEEE – Institute of Electrical and Electronics Engineers (Instituto de Ingenieros Eléctricos y Electrónicos).

*IPS – Instruccions per Second (Instrucciones por segundo)

*ISO – Nombre corto para International Organization for Standardization (Organización Internacional para la Estandarización). En un error muy común que se pretenda dar el acrónimo para International Standards Organization (pero es incorrecto).

*ISR – Interrupt Service Routine (Rutina de Interrupción de Servicio).

*IT – Integration Testing (Pruebas de Integración).

*IV&V – Independent Validation and Verification (Validación y Verificación Independiente).

L

*LCD – Liquid Crystal Display (Pantalla de Cristal Líquido).

*LIN – Local Interconnect Network (Red Local Interconectada): Protocolo común para la industria automotriz.

*LLOC – Logical Lines of Code (Líneas Lógicas de Código).

*LOC – Lines of Code (Líneas de Código).

M

*MIPS – Millions of Instructions per Second (Millones de Instrucciones por Segundo).

*MISRA – Motor Industry Software Reliability Association.

*MOSFET – Metal-Oxide Semiconductor Field-Effect Transistor.

N

*NFC – Near Field Communication (Comunicación de Campo Cercano).

*NOP – No Operation (no operación o sin operación).

O

*OPS – Operations per Second (Operaciones por Segundo)

*OS – Operating System (Sistema Operativo).

P

*PC – Personal Computer (Computadora Personal).

*PCB – Printed Circuit Board (Circuito Impreso en Tarjeta).

*PCI – Peripheral Component Interconnect.

*PLA – Programmable Logic Array (Arreglo Lógico Programable).

*PLC – Programmable Logic Controller (Controlador de Lógica Programable).

*PLD – Programmable Logic Device (Dispositivo Lógico Programable).

R

*RAM – Random-Access Memory (Memoria de Acceso Aleatorio).

*RAS – Row Address Strobe.

*RE – Read Enable (Habilitación para lectura).

*RISC – Reduced Instruction Set Computer o Reduced Instruction Set Computing.

*ROM – Read-Only Memory (Memoria de Solo lectura).

*RS232 – Recommended Standard 232 (utilizado para comunicación serial.

*RST – Reset (reseteo).

*RTL – Resistor – Transistor Logic (Lógica de Resistencia – Transistor).

*RTOS – Real-time Operating System (Sistema Operativo de Tiempo Real).

S

*SATA – Serial Advanced Technology Attachment.

*SDI – Serial Digital Interface (Interface Serial Digital).

*SDK – Software Development Kit (Kit de Desarrollo de Software).

*SDLC – Software Development Life Cycle (Ciclo de Vida de Desarrollo de Software).

*SDRAM – Synchronous Dynamic Random Access Memory (Memoria de Acceso Aleatorio Dinámica Síncrona).

*SLOC – Source Lines of Code (Líneas de Código Fuente).

*SoC – System on Chip (Sistema en Chip).

*SPI – Service Provider Interface (Interfaz de Proveedor de Servicios) ó Software Process Improvement (Mejora de Proceso de Software).

*SPLD – Simple Programmable Logic Device (Dispositivo Simple de Lógica Programable).

*SRAM – Static RAM (RAM Estática).

*SRS – Software Requirements Specification (Especificación de Requerimientos de Software)

*ST – System Testing (Prueba de Sistema).

*SW – Software.

T

*TC – Test Case (Caso de Prueba).

*TP – Test Plan (Plan de Prueba).

U

*UART – Universal Asynchronous Receive-Transmitter (Receptor-Transmisor Asíncrono Universal).

*UI – User Interface (Interfaz de Usuario).

*UML – Unified Modeling Language (Lenguaje Unificado para el Modelado).

*USB – Universal Serial Bus (Bus Serial Universal).

*UT – Unit Testing (Prueba de Unidad).

V

*VHDL – VHSIC (Very High Speed Integrated Circuit) Hardware Description Language (Circuito Integrado de Muy Alta Velocidad para Lenguaje de Descripción de Hardware) ó HSIC (Very High Speed Integrated Circuit) Hardware Design Language (Circuito Integrado de Muy Alta Velocidad para Lenguaje de Diseño de Hardware).

Hablemos Embebido
Guía para Diseñar Sistemas Embebidos

Asociación Mexicana de Software Embebido A.C.

Senda de la Aurora,
Colonia Milenio III
C.P. 76060, Querétaro, Qro, México.

Se tiraron 500 ejemplares,

pp. 400.

ISBN: **978-607-98243-1-0**

www.ingramcontent.com/pod-product-compliance
Lightning Source LLC
Chambersburg PA
CBHW081356130726
47998CB00011B/2981